新编21世纪政治学系列教材

国际公务员与国际组织任职

第二版

宋允孚　编著

International Civil Servants and Working with International Organizations

中国人民大学出版社
·北京·

图书在版编目（CIP）数据

国际公务员与国际组织任职/宋允孚编著. --2版
. --北京：中国人民大学出版社，2023.6
新编21世纪政治学系列教材
ISBN 978-7-300-31741-0

Ⅰ.①国… Ⅱ.①宋… Ⅲ.①国际组织-公务员制度
-高等学校-教材 Ⅳ.①D813

中国国家版本馆CIP数据核字（2023）第093597号

新编21世纪政治学系列教材
国际公务员与国际组织任职（第二版）
宋允孚　编著
Guoji Gongwuyuan yu Guoji Zuzhi Renzhi

出版发行	中国人民大学出版社		
社　　址	北京中关村大街31号	**邮政编码**	100080
电　　话	010-62511242（总编室）		010-62511770（质管部）
	010-82501766（邮购部）		010-62514148（门市部）
	010-62515195（发行公司）		010-62515275（盗版举报）
网　　址	http://www.crup.com.cn		
经　　销	新华书店		
印　　刷	天津鑫丰华印务有限公司	**版　　次**	2016年1月第1版
开　　本	787 mm×1092 mm　1/16		2023年6月第2版
印　　张	15.5 插页1	**印　　次**	2023年6月第1次印刷
字　　数	326 000	**定　　价**	48.00元

内容简介

国际组织是全球治理的重要主体之一，成为国际职员是参与全球治理的重要方式。随着中国国际影响力的提升，培养国际组织人才的重要性、必要性和紧迫性更加凸显。《国际公务员与国际组织任职》是国内第一部系统介绍国际公务员与国际组织任职的教材，新版对全书做了重要修订，不仅更新了我国在国际组织任职的人数等相关数据，而且新增了联合国对国际职员核心价值与核心能力的考察要求（包括其最新的“价值观和行为框架”）等重要内容。作者在书中较为详细地论述了国际职员的职务分类、招聘程序、行为标准、福利待遇等，同时基于自身十多年的国际组织任职经历，对怎样成为国际职员以及怎样在国际组织“站住脚”和“升上去”等读者关切的问题做了解答，为想要成为国际职员的人士提供了重要经验。本书用许多真实的案例告诉读者，国际职员并不神秘，做国际职员也并不似想象的那么困难。本书内容完整、语言生动、案例丰富，可作为高等院校和有关培训班的教材，亦可作为对国际组织任职感兴趣的人士的重要参考。

作者简介

宋允孚　19岁出国留学，在国外学习、工作20多年（包括在摩洛哥穆罕默德五世大学文学院学习，在美国乔治敦大学进修，在法国国家行政管理学院培训，去非洲参加援外医疗队工作），掌握英、法两门外语。1968年起，在中华人民共和国卫生部从事外事工作26年，曾任外事司司长、国际交流中心主任。1994年应聘到世界卫生组织工作，历时14年，任对外关系部门资深外事官，并升任“联合国改革及伙伴关系”协调员。

2011年撰写了国内第一部详细介绍做国际公务员的专著《做国际公务员——求职、任职、升职的经验分享》，2016年编著国内本领域第一部教材《国际公务员与国际组织任职》，2017年作为总顾问参与《新编公务员外事礼仪》编写，2019年主编《国际公务员素质建设与求职指南》，2020年撰写《全球治理　家国情怀——国际公务员的成长》。为《健康报》、《中华英才》和《神州学人》等报刊杂志撰写多篇文章。

2021年，中国教育发展战略学会成立国际胜任力培养专业委员会，请其担任学术委员会副主任；2020年，教育部中外人文交流中心成立专家指导委员会邀其为专家；2017—2020年，吉林大学等5所高校请其为客座教授（非兼职公益性），北京大学等24所高校请其为国际组织人才培养特聘顾问、实践导师。

十多年来，为国家有关部门、团体和各地高校举办的国际组织任职暨后备人员培训班、国际组织人才训练营等授课讲座400余场，深受好评。（作者联系方式：yunfusong@163.com）

总序

改革开放是新中国成立以来的又一次革命，给中国带来了革命性变化。这种革命性变化不仅体现在经济、政治等层面的现实生活上，而且还体现在因现实的变迁而带来的理论上的创新和发展以及由此带来的政治学学科建设上的成就方面。

在我国，计划经济体制已经让位于社会主义市场经济体制，同时由经济变革带来的政治体制上的变化也是有目共睹的。首先，在民主法治建设上，政治的制度化正在加强。其次，在国家结构上，过去在计划经济时期的简单的单一制已经转变为更加复杂的国家结构关系。中央与地方、地方政府与地方政府之间的关系有了更多的市场经济特征。再次，在国家与社会之间的关系上，也发生了方向性变化。最后，在意识形态上，过去那种对待马克思主义、毛泽东思想的封闭、激进而又教条的态度已经转变为开放、理性而又灵活的态度。所有这些变革，都是我们以前所无法想象的。当然，在政治进步的同时，存在的问题也不容回避。那就是迫切需要建立一套约束政府权力、使人民群众的真实意愿和利益诉求能够得到顺畅表达的机制，以便从根本上保证社会的稳定与和谐。这些问题的解决，不仅需要实际工作者在体制创新方面的实践，更需要政治学学科的发展和政治学专业人才的智慧与理论贡献。

我国的政治变革既是对政治学研究工作的挑战，又是促使政治学发展的良好机遇。我国的政治学在这种压力与机遇并存的环境中正在快步前进。首先，在学科分类上，政治学已经从法学中独立出来而成为一级学科。其次，在学科分支上，政治学从马克思主义政治理论、制度史、思想史发展成为学科门类更加丰富、更加有特色的一门学科，诸如新政治经济学、政治社会学、政治心理学、政治文化、政治学方法论等。再次，在研究方法上，从单一的阶级分析法发展成为以历史唯物主义为基础的多元化方法论，诸如行为主义、理性选择主义以及方兴未艾的新制度主义。最后，在问题研究上，无论是深度还是广度，我国政治学界都取得了可喜的成就，为中国的政治发展和政治变革做出了自己应有的贡献。当然，在看到成绩的同时，也不能无视发展中的不足。作为中国政治学学科建设和发展的见证人，我们不能不为政治学发展中的结构性缺失而忧心忡忡。比如，就专业刊物而言，不要说与经济学、法学和历史学比较，就是和政治学的二级学科国际关系比较，政治学专业刊物的数量也是少之又少。这种现象严重制约了我国政治学的发展，很多优秀的研究成果只能散见于综合性学术刊物和大学学报。

中国政治学学科发展的基础是高校政治学专业建设。自 1980 年恢复政治学专业以来，政治学系或政治与行政管理学系已经成为很多高校的普遍性建制。而且在各高校政治学专业竞相发展的过程中，我们很高兴地看到各个高校的政治学学科建设，无不生机勃勃，成就斐然。其中特别值得一提的是中国人民大学。人所共知，中国人民大学一直是中国近代政治制度的研究重镇。同时，中国人民大学在学科发展中非常注重教材建设，经过专业优化组合的“新编 21 世纪政治学系列教材”在全国享有很高的声誉，是我国很多高校政治学专业和行政管理学专业的必备教科书。从已经出版的教材来看，我认为，“新编 21 世纪政治学系列教材”具有如下特点：

第一，体系上的创新性与独特性。教科书固然应该有通用的内容，但是在教材林立的今天，千篇一律而了无特色的教材是难以立足的，也难以为社会所认可和接受。“新编 21 世纪政治学系列教材”中的每一本教材在体系上的创新性与独特性都是很突出的。

第二，内容上的研究性与新颖性。体系上的独特性应该由内容上的研究性与新颖性构成。教科书不但要介绍一般性的概念和理论，还应该容纳最新的理论研究成果以及对有关理论成果的看法与评价。该系列教材的一个重要特征是，这些教材都是作者们基于自己多年的教学与研究心得而撰写的具有新意的研究性作品。一本好的教科书之所以享有盛名，就在于其因体系上的独特性和内容上的研究性而形成的权威性。

第三，观点上的全面性与选择性。教科书是一种通论性的著作，因而包容的学术观点、理论应该尽量全面。但是，在信息爆炸的时代，一本书企图容纳所有的观点是不可能，也是不必要的。因为有的观点不过是个别学者的偶发奇想而不具有普遍性。这就需要撰写者去伪存真，认真取舍。我很高兴地看到，本系列教材在追求观点的全面性时，也没有忘记选择性原则。

第四，方法论上的马克思主义原则性与包容性。我国的社会科学研究离不开马克思主义的基本方法论，尤其离不开历史唯物主义的指导，政治科学更是如此。但是马克思主义并不是凭空产生的，它是在吸纳人类精神文明优秀成果的基础上产生的，马克思主义的发展同样少不了与其他理论流派的碰撞以及对人类文明成果的借鉴与扬弃。封闭的马克思主义是没有生命力的，坚持马克思主义并不排除对其他理论流派的介绍与分析。正是基于这样的指导思想，本套教材在介绍马克思主义政治学的同时，能运用历史唯物主义的基本原理兼容并蓄地介绍和分析其他理论流派。

本套教材的上述特点决定了它们不但是有关专业的教师和学生必备的教学和学习用书，也是政治学研究者的重要参考书籍。虽然具有上述优点和特征，但是十全十美的社会科学著作是不存在的，因此，本套教材中的缺点与不足在所难免。衷心希望专家学者、广大读者积极批评、热情指正！

赵宝煦

第二版前言

2021 年 12 月 30 日，中国人民大学与国际文化交流学术联盟举办“新时代人才强国战略与全球治理人才培养”研讨会，我应邀做主题为“从全球抗击新冠探讨全球治理”的主旨发言。是日，中国人民大学出版社商谈修订《国际公务员与国际组织任职》一书事宜。修订图书和研讨会似无关联，其实涉及同一个主题。

在此，我介绍一下当年写作这本书的初衷以及这次修订的背景和修订要点。

先说说我的写作初衷。《国际公务员与国际组织任职》于 2015 年 5 月脱稿，2016 年第一次出版。这是 2011 年《做国际公务员——求职、任职、升职的经验分享》出版 5 年后我编写的第一本教材。《做国际公务员》是国内这方面的首部专著，当年写这本书，与个人经历和时代背景相关。1964 年，我高中毕业被公派出国留学。1968 年被分配至原卫生部外事局（现国家卫健委国际合作司），从事国际卫生合作交流 26 年。1994 年应聘到世界卫生组织工作。2007 年退休回国时正值美国次贷危机向全球蔓延，并引发全球金融危机，此次危机对国际金融稳定、世界经济增长造成极大冲击，也给中国带来很大挑战。中国政府及时调整宏观经济政策，努力使经济平稳运行。从国际角度看，全球经济的不平衡引发全世界的广泛关注，势必会引起国际社会的全球话语权之争。

2008 年 6 月，美国《外交》杂志刊登了彼得森国际经济研究所弗雷德·伯格斯滕的一篇文章，其中提出了“两国集团”（G2）构想。他认为，美国要鼓励中国在全球经济中承担更多责任，和中国分享全球经济的领导地位。美国经济史学家尼尔·弗格森认为：全球金融危机使中国成为可与美匹敌的强国，两国进入所谓“共生时代”。这是一种颇具迷惑性的提法，我们要保持清醒的头脑。然而，这在某种程度上反映出国际社会越来越重视中国在国际事务当中的作用，我们也确实应该考虑如何在国际舞台上发挥更大的影响力。

我在世界卫生组织工作了14年，深感我国在国际组织中的代表性始终不足。2010年，国务院新闻办公室发布《中国的人力资源状况》白皮书，提到我国在各类国际组织中的任职人员只有1 002位，与我们的国际地位很不匹配。我撰写这两本书，初衷是普及国际公务员的相关知识，引起国内公众和有关单位对培养国际组织人才的关注。首部专著出版时，正值国内少数单位筹办国际组织后备人员培训。如中国科学技术协会、中国科学院、人社部、农业部举办国际组织后备人员培训班，中国联合国协会为大学生举办国际公务员能力建设暑期培训班，我应邀参加这些培训工作。同时，我也开始探索在高校普及该领域的知识，但效果不甚理想，初期颇感困难。倒是高校的学生思想活跃，有人在互联网看到《做国际公务员》出版，主动和我联系。2012年，黑龙江大学学生会邀请我去哈尔滨为几所高校做讲座，虽然食宿交通费用全部自理，我也欣然前往。同年，北京大学医学部、清华大学及中国传媒大学的学生社团也请我做公益讲座。如今，当年的同学已经有人实现了到国际组织实习或任职的理想，令我非常欣慰。

随着我国在国际事务中的作用日益重要，国家机关工作人员、社会组织人员以及高校师生等群体越来越需要更多地了解培养优秀人才到国际组织任职的必要性、重要性、紧迫性。经与出版社研究，决定在《做国际公务员》基础上编写一本全新的教材《国际公务员与国际组织任职》，供高校师生和有关单位参考。《国际组织任职与国际公务员》2016年元月出版可谓恰逢其时。2015年10月12日，中共中央政治局就全球治理格局和全球治理体制进行第二十七次集体学习，外交学院秦亚青教授介绍了德国前总理勃兰特1990年提出的全球治理理念。习近平总书记指出，国际社会普遍认为，全球治理体制变革正处在历史转折点上。随着全球性挑战增多，加强全球治理、推进全球治理体制变革已是大势所趋。这不仅事关应对各种全球性挑战，而且事关给国际秩序和国际体系定规则、定方向；不仅事关对发展制高点的争夺，而且事关各国在国际秩序和国际体系长远制度性安排中的地位和作用。要加强能力建设和战略投入，加强对全球治理的理论研究，高度重视全球治理方面的人才培养。2016年9月27日，习近平在主持中共中央政治局第三十五次集体学习时提出："参与全球治理需要一大批熟悉党和国家方针政策、了解我国国情、具有全球视野、熟练运用外语、通晓国际规则、精通国际谈判的专业人才。要加强全球治理人才队伍建设，突破人才瓶颈，做好人才储备，为我国参与全球治理提供有力人才支撑。"①

当前修订《国际公务员与国际组织任职》同样是形势需要。2017年，教育部提出"鼓励支持大学生到国际组织实习任职"，我参加了人社部和教育部组织的全国巡讲；2019年我与同事一起主编《国际公务员素质建设与求职指南》；2020年撰写《全球治理　家国情怀——国际公务员的成长》，北京大学等29所高校聘我为国

① 习近平．习近平谈治国理政：第2卷．北京：外文出版社，2017：450.

际组织人才培养专家顾问、实践导师或客座教授；教育部中外人文交流中心、中国教育发展战略学会国际胜任力培养专业委员会先后请我担任专家指导委员会专家、学术委员会副主任。10 多年来，我做的讲座近 400 场，在讲座的互动中也深受各种启发，感到这次修订确有必要。

2021 年 10 月 25 日，习近平主席在中华人民共和国恢复联合国合法席位 50 周年纪念会议上指出："我们应该坚决维护联合国权威和地位，共同践行真正的多边主义。推动构建人类命运共同体，需要一个强有力的联合国，需要改革和建设全球治理体系。"作为联合国常任理事国和世界第二大经济体，中国在联合国及其专门机构当然要有相应的代表性。2021 年 12 月 24 日第 76 届联合国大会通过常规预算经费分摊比例，2022 年我国会费比 2021 年提高 3%，占会费总额的 15.254%。按地区分配原则，中国职员的比例将进一步提高，培养国际组织人才的重要性、必要性、紧迫性更加凸显。这次修订的内容，主要涉及以下几个方面：

第一，更新相关数据。加强全球治理人才队伍建设，要"突破人才瓶颈，做好人才储备"。高校开展国际胜任力人才培养，是做好人才储备的基础性和长期性工作。"突破人才瓶颈"则需要有关部门进一步加强工作力度。2021 年 9 月，中央人才工作会议提出人才强国的"四个面向"；同年 11 月召开的十九届六中全会指出："世界百年未有之大变局和新冠肺炎疫情全球大流行交织影响，外部环境更趋复杂严峻。"国际组织人才培养形势十分紧迫，任务迫在眉睫，工作刻不容缓。2020 年，联合国有 36 827 名职员，我国在联合国有 545 位职员，占职员总数的 1.48%；和 2019 年相比，我国在联合国的职员减少了 20 人（2019 年 565 人占职员总数的 1.54%）。本版保留第一版的数据，补充了最新统计，供读者对照比较。

第二，1999 年，联合国发布了《联合国未来胜任力报告》(*United Nations Competencies for the Future*)，2010 年编写《联合国能力开发：实用指南》(*U N Competency Development*：*A Practical Guide*)，提出国际职员必须具备的核心价值与核心能力。联合国系统其他机构也都开发了各自的"能力框架"。这是联合国的人力资源管理各流程的重要依据，包括员工队伍的规划、学习、业绩管理，这些核心价值与核心能力要求也是招聘考核的依据。联合国秘书处讨论酝酿在此基础上提出"联合国价值观和行为框架"(UN Values and Behaviours Framework)。这个新框架包括四个价值观，即包容、正直（过去译为诚信，英文为 integrity）、谦逊、人性和五种行为（联系和协作、分析和规划、交付有积极影响的成果、学习和发展、适应和创新）。本版补充了《联合国能力开发：实用指南》的主要内容。

第三，全球治理要双轮驱动或两条腿走路。全球治理理念包含五大要素，即全球治理的价值、规则、主体、客体及效果。本书仅结合国际组织人才培养，探讨全球治理的主体。现在，国内开展国际组织人才培养，实际是在培养将来投身全球治理的人才。国际组织是全球治理的重要主体之一，应聘到国际组织成为国际公务员，是参与全球治理的一种方式。国际公务员的门槛很高，并不是所有参加培训的人都能成为国际公务员。在国际组织任职的还有另一类人员，如联合国大会（或世界卫生大会）选举产生的大会主席、副主席，又如世界卫生组织执行委员会委员等。这些人并不是在秘书处工作并领取薪酬的国际公务员，但在国际组织的大会或执行机构，他们发挥着特殊的作用。此外，国际非政府组织数量更多，专业领域分布更广。国际非政府组织的工作人员也不属于国际公务员，但在全球治理中同样具有特殊作用。本书第六章对此有专门介绍。

本书修订工作得到有关方面的支持和鼓励。在此，谨对周廷华女士热情提供相关资料、中国人民大学出版社同志的认真高效编辑表示衷心感谢。由于水平有限加之时间紧张，书中存在的不足之处，恳请读者和专家指正。

宋允孚

2022 年 3 月 15 日于北京景园大厦

目录

绪论

国际组织任职与国际职员

2021 年 10 月 25 日，习近平主席在中华人民共和国恢复联合国合法席位 50 周年纪念会议上指出："我们应该坚决维护联合国权威和地位，共同践行真正的多边主义。推动构建人类命运共同体，需要一个强有力的联合国，需要改革和建设全球治理体系。"全球治理是 1990 年德国前总理勃兰特提出的理念，得到了国际社会的广泛认同。2015 年 10 月 12 日中共中央政治局第二十七次集体学习时，习近平总书记指出，国际社会普遍认为，全球治理体制变革正处在历史转折点上。随着全球性挑战增多，加强全球治理、推进全球治理体制变革已是大势所趋。这不仅事关应对各种全球性挑战，而且事关给国际秩序和国际体系定规则、定方向；不仅事关对发展制高点的争夺，而且事关各国在国际秩序和国际体系长远制度性安排中的地位和作用。

全球治理的理念包含五大要素：全球治理的价值、规则、主体、客体及效果。所谓全球治理主体，指的是参与制定全球治理的规则并参与实施的机构或组织，其中包括政府、国际政府组织及非政府组织。随着世界多极化、经济全球化、文化多样化、社会信息化的深入发展，国际组织在全球治理和国际事务中的作用越来越突出，各国越来越重视以国际组织为平台的多边外交。中国作为一个发展中大国，要提升在国际事务中的影响力，必须进一步提升在国际组织中的代表性和话语权。

国际组织概述

国际组织（International Organization）是近代出现的跨国性的组织，一般由多个国家政府或民间团体组成。国际组织最早于 19 世纪出现在欧洲，是工业革命后欧洲国家多边关系发展的产物，是欧洲国家为在某些特定领域进行合作而成立的机构，后来国际组织扩及世界范围。

根据国际协会联盟（Union of International Associations，1907 年创建）编纂的权威出版物《国际组织年鉴》（*Yearbook of International Organizations*），20 世纪初有 200 余个国际组织，50 年代有 1 000 余个，70 年代末增至 8 200 余个，1990 年约为 2.7 万个，1998 年有 4.8 万余个，21 世纪初达 5.9 万余个，2016 年增至 7.2 万余个。国际组织的性质宗旨、地域分布、成员构成各不相同，大致可以分成政府间国际组织、国际非政府组织、全球性国际组织、区域性国际组织、政治性国际组织、专业性国际组织等。

◇ 政府间国际组织（International Governmental Organizations，IGOs）：一般只有主权国家才能参加、通过具有法律约束力的公约而成立的国际组织。如世界最大的一般政治性组织联合国（United Nations）、联合国各专门机构（Specialized Agencies of the United Nations）。

◇ 国际非政府组织（International Non-Governmental Organizations，INGOs）：未经政府间协议而建立，由独立机构、民间组织、志愿协会等团体组成的国际组织。如红十字国际委员会（International Committee of the Red Cross，ICRC）、国际奥林匹克委员会（International Olympic Committee，IOC）、国际科学理事会（International Council for Science，ICSU）。国际非政府组织占国际组织总数的 90%左右，数量远高于政府间国际组织。

◇ 全球性国际组织：其成员覆盖世界各地，名称多以联合国、世界（World）、全球（Global）、国际（International）的英文字母缩写 UN、W、G、I 开头。如联合国儿童基金会（United Nations Children's Fund，UNICEF），世界卫生组织（World Health Organization，WHO），抗击艾滋病、结核和疟疾全球基金（Global Fund to Fight AIDS, Tuberculosis and Malaria），国际劳工组织（International Labour Organization，ILO）等。

◇ 区域性国际组织：其成员一般分布在同一地区，名称带有区域特色，如亚太经济合作组织（Asia-Pacific Economic Cooperation，APEC）、非洲联盟（African Union，AU）、欧洲联盟（European Union，EU）等。区域性国际组织的成员虽然比全球性国际组织少，但区域性国际组织的数量远高于全球性国际组织，占全部国际组织的 70%以上。

◇ 政治性国际组织：如联合国是世界最大的政治性政府间国际组织，又如独立国家联合体（Commonwealth of Independent States，CIS）是苏联解体后由多个原加盟共和国组成的一个区域性政府间国际组织。

◇ 专业性国际组织：如世界贸易组织（World Trade Organization，WTO）是联合国的专门机构，属于政府间国际组织；又如国际科学理事会是最大的国际学术性组织，属于国际非政府组织。

简言之，不同的国际组织有不同的宗旨和规则，国际组织是会员国（会员）①

---

① 一般只有主权国家才能参加政府间国际组织，其成员称会员或成员（member state）。个别政府间国际组织的成员，包括国家和地区（如世界贸易组织成员为独立关税区），称为会员或成员（member）。国际非政府组织的成员，一般称为会员（member），包括组织会员（国家/团体会员）和个人会员。

共同制定游戏规则、协调多边事务、分配国际资源的重要平台。由于历史原因，大部分重要的国际组织长期以来由西方国家主导，包括运作规则、人员构成、文化氛围、工作语言等。各国在政治制度、宗教信仰、价值观念、文化习俗、经济水平等方面存在着巨大差异，因此在不同领域出现分歧和利益冲突在所难免。在国际组织中，发展中国家与西方发达国家的博弈一直存在。2014 年 11 月，习近平总书记在中央外事工作会议上指出，要切实推进多边外交，推动国际体系和全球治理改革，增加我国和广大发展中国家的代表性和话语权。

国际组织任职

在国际组织中提升中国的代表性和话语权，重要途径之一是推送优秀人才到国际组织中任职，通过参加各种活动，参与实际具体运作，进而掌握国际组织的游戏规则，增加中国在国际组织中的影响力。

1971 年中华人民共和国恢复在联合国的合法席位，这是我国走向世界舞台的关键一步。其后，我国先后恢复在国际劳工组织、国际民用航空组织、联合国教科文组织、万国邮政联盟、世界卫生组织、世界气象组织、国际电信联盟、国际海事组织的合法席位。1972—1973 年，我国开始参加联合国所属机构的活动，如联合国开发计划署、联合国环境规划署、联合国工业发展组织、联合国贸易与发展会议等。50 年来，中国与国际组织的关系经历了从被动到主动、从扮演一般角色到争取重要位置的曲折过程。在相当长的时期内，我国没有人参与联合国及其专门机构的高层职位的竞选，在政府间国际组织任职的中国人总的来说数量少、职位低、影响小。我国民间团体在改革开放后开始参与国际非政府组织的活动，但是进入国际非政府组织领导层的中国人，同样数量不多。

1998 年，中国第一次在联合国的专门机构参加竞选重要职位。中国推荐已受聘在国际电信联盟（International Telecommunication Union，ITU）工作的专业官员赵厚麟参加竞选联盟标准化局局长职位。国际电信联盟下设三个局，标准化局局长的职位不属于最高层领导，但要通过竞选产生。赵厚麟有在该组织内工作十余年的经历，经过三轮角逐最终当选局长，从而改写了欧洲人占据该职位百年的历史。中国第一次参加联合国专门机构首席行政首长竞选，发生在 8 年之后的 2006 年，是联合国成立 60 多年来我国的首次尝试。严格说来，这件事有一定的偶然性。2003 年，世界卫生组织改选总干事，韩国候选人李钟郁博士在 5 月召开的世界卫生大会上当选，并于 7 月 21 日正式就职。2006 年 5 月，李钟郁突发脑出血不幸病逝，于是世界卫生组织启动临时措施，酝酿半年后，2006 年 11 月召开特别会议补选新总干事并悼念已故总干事李钟郁博士。有 13 个国家参选，候选人包括厄瓜多尔总统、莫桑比克总理、墨西哥卫生部长、西班牙卫生部长、法国前卫生部长，以及中国政府提名的陈冯富珍（时任世界卫生组织助理总干事）等。这 13 位候选人最后有 5 位出线，接受世界卫生组织执委会的面试，经过执委会的几轮投票，最终陈冯富珍当选，2007 年 1 月正式就职，任期 5 年。我国提名人成功胜选，反映了国家的软实力、影响力，也体现了政府的执行力。这次参选，我国政府给予了大力支持。2012 年 5 月 23 日，在第 65 届世界卫生大会上，陈冯富珍成功连任，任期至 2017 年 6 月。

党的十八大以来，我国对外工作得到进一步丰富和发展，在国际组织开展多边外交更加活跃，中国人的面孔越来越多地出现在国际组织中。2013 年以来，我国竞选国际组织一把手，以及被国际组织一把手任命担任高级职务的情况大致如下：

◇ 2013 年 6 月 24 日，在维也纳举行的联合国工业发展组织（United Nations Industrial Development Organization，UNIDO）第 41 届理事会上，中国政府推荐的财政部副部长李勇当选新任总干事。这是内地中国人首次担任联合国专门机构一把手。该组织成立于 1966 年，1985 年成为联合国专门机构，截至 2022 年 6 月，共有 170 个会员国，行政首长总干事相当于联合国副秘书长级别官员。2017 年 11 月 27 日，在工发组织第 17 届大会上李勇连任，2021 年底卸任。该组织的宗旨是帮助发展中国家实现可持续工业发展和促进工业发展合作。李勇于 2003 年 9 月至 2013 年 6 月任财政部副部长，曾任财政部世界银行司司长。

◇ 2013 年 8 月 13 日，徐浩良被联合国秘书长潘基文任命为联合国助理秘书长、联合国开发计划署助理署长兼亚太局局长。徐浩良 1995 年加入联合国开发计划署，从实习生做起，先后在哈萨克斯坦、巴基斯坦、东帝汶、伊朗等国家担任协调员、副代表、代表，担任联合国开发计划署欧洲和独联体局、亚太局等地区机构的领导职务。2019 年 7 月 3 日，联合国秘书长安东尼奥·古特雷斯任命徐浩良为联合国开发计划署政策与方案支助局局长。古特雷斯表示："徐浩良在多个任务区领导了大规模的变革进程，建立了高绩效团队，并显著地提升了效率。他非常重视明确的战略愿景、协作文化和持续创新的思维模式，与同事合作提供有影响力的发展解决方案。"他是非经中国政府推荐、我国在联合国系统职务最高的国际职员。

◇ 2013 年 8 月 17 日，世界贸易组织候任总干事任命中国常驻世界贸易组织大使易小准为副总干事，他是世界贸易组织第一位来自中国的副总干事。易小准自 20 世纪 80 年代起一直在国内从事国际贸易相关工作，曾任商务部国际经贸关系司司长，商务部副部长，中国常驻世界贸易组织代表、大使，常驻联合国日内瓦办事处和瑞士其他国际组织副代表。

◇ 2013 年 9 月 21 日，在圣彼得堡举行的第 36 届国际标准化组织（International Organization for Standardization，ISO）大会上，中国标准化专家委员会委员、国际钢铁协会副主席、鞍山钢铁集团公司总经理张晓刚当选主席，任期自 2015 年 1 月 1 日至 2017 年 12 月 31 日。这是该组织 1947 年成立以来，中国人首次担任最高领导职务。张晓刚 2014 年以候任主席身份参与该组织领导工作。国际标准化组织是由各国及地区标准化团体组成的国际非政府组织，主要作用是为在全球范围内制定国际标准达成一致意见提供一种机制。

◇ 2013 年 11 月 5 日，在法国巴黎召开的联合国教科文组织（United Nations

Educational，Scientific and Cultural Organization，UNESCO）第 37 届大会上，中国教育部副部长、中国联合国教科文组织全国委员会主任郝平当选为新一届大会主席，任期两年。这是中国人首次担任这个以教育、科学和文化促进各国合作的联合国专门机构的大会主席。

◇ 2014 年 9 月 22 日，在日内瓦举行的世界知识产权组织（World Intellectual Property Organization，WIPO）会员国大会第 54 届系列会议上，王彬颖女士成功连任副总干事。王彬颖 1992 年到世界知识产权组织工作，从普通项目官员做起，先后在总干事办公室、行政支助服务部门、大会事务部等多个部门工作。在中国政府支持下，2006 年被任命为助理总干事，2009 年擢升为副总干事。

◇ 2014 年 10 月 23 日，在国际电信联盟第 19 次全权代表大会上，中国推荐的赵厚麟作为唯一候选人高票当选秘书长，成为国际电信联盟 150 年历史上首位中国籍秘书长。2018 年他高票连任，任期自 2019 年 1 月 1 日开始，为期 4 年，于 2022 年 12 月 31 日卸任。赵厚麟 1986 年应聘到国际电信联盟国际电报电话咨询委员会秘书局。1998 年，当选国际电信联盟标准化局局长，2002 年连任。2006 年当选国际电联副秘书长，2010 年竞选连任。

◇ 2015 年 3 月 11 日，在国际民用航空组织（International Civil Aviation Organization，ICAO）第 204 届理事会上，中国推荐的柳芳当选秘书长，于 8 月就任。同时参选的有来自阿联酋、澳大利亚、印度和中国的四位候选人，柳芳在 36 个理事国首轮投票中以 19 票当选，成为国际民用航空组织自成立以来的首位中国籍秘书长，也是该组织首位女性秘书长。2018 年 3 月 16 日国际民用航空组织第 213 届理事会一致通过了唯一候选人柳芳连任秘书长，她已于 2021 年 7 月 31 日卸任。柳芳 2007 年应聘到国际民用航空组织，任该组织行政服务局局长。

◇ 2016 年 1 月 16 日亚洲基础设施投资银行（Asian Infrastructure Investment Bank，AIIB，简称“亚投行”）正式开业，并举行亚投行理事会成立大会，金立群当选为亚投行首任行长。2020 年 7 月 28 日，在亚投行第五届理事会年会上，金立群顺利获选亚投行第二任行长，任期自 2021 年 1 月 16 日开始。金立群曾任财政部世界银行司司长、财政部部长助理、财政部副部长；参与亚投行的筹备工作，任亚投行多边临时秘书处秘书长。亚投行是区域性政府间多边开发机构，宗旨是促进亚洲区域建设互联互通和经济一体化进程，加强我国与其他亚洲国家和地区的合作，是中国倡议设立的多边金融机构，截至 2021 年 10 月，亚投行有 104 个成员。

◇ 2017 年 10 月，联合国教科文组织召开第 202 次执行局全会，提名新任总干事，9 个国家推荐候选人。中国推荐时任教科文组织负责教育事务的助理总干事唐虔参选，但第一轮投票落选。最终，法国文化部长奥德蕾・阿祖莱女士当选并于 2017 年 11 月 10 日获第 39 届大会批准，11 月 15 日正式就任。2018 年 3 月 28 日阿祖莱总干事任命中国驻比利时大使曲星为联合国教科文组织副总干事。曲星曾任外交学院副院长、中国驻法国大使馆公使、中国国际问题研究所所长、中国驻比利时王国大使。

◇ 2017 年 6 月 8 日，联合国秘书长古特雷斯任命中国提名的刘振民为副秘书长，接替 2012 年担任副秘书长的吴红波，主管经济与社会事务。刘振民曾任中国常驻联合国日内瓦办事处和瑞士其他国际组织代表团大使、外交部副部长，从事外交工作 35 年，长期致力于促进双边、地区和全球性事务的发展与合作。曾参与气候变化谈判十年，包括参加《京都议定书》和《巴黎协定》谈判，还广泛参与保护南极和海洋等重要国际活动。

◇ 2019 年 6 月 23 日，联合国粮食及农业组织（Food and Agriculture Organization of the United Nations，FAO）第 41 届会议在意大利首都罗马召开，中国政府推荐的屈冬玉在首轮选举中高票当选总干事，成为该组织首位中国籍总干事。屈冬玉时任中国农业农村部副部长，他长期从事农业农村工作，在政策规划、行政管理、改革创新、国际合作等方面拥有丰富的实践经验，曾担任宁夏回族自治区副主席、中国农业科学院副院长等职务，并深度参与联合国、二十国集团、亚太经合组织等机制下的农业交流合作。联合国粮食及农业组织成立于 1945 年，总部设在意大利罗马，是联合国系统中专门的农业机构，在全球粮农政策交流、标准制定、信息统计等方面具有重要影响力。

◇ 2020 年 3 月世界知识产权组织总干事换届，有 10 个国家推荐了候选人（后有 5 人退选），中国推荐时任副总干事王彬颖参选，最终新加坡知识产权局邓鸿森局长高票当选。新任总干事任命王彬颖留任副总干事，同年 12 月 3 日获得世界知识产权组织协调委员会批准。

◇ 2021 年 5 月 4 日，世贸组织第七任总干事恩戈齐·奥孔乔-伊维拉宣布任命中国商务部副部长张向晨为世贸组织新任副总干事。张向晨在国际贸易领域工作超过 30 年，曾于 2017 年至 2020 年担任中国常驻世贸组织代表，对世贸组织、国际贸易谈判等相关问题有长期和深入的研究。

越来越多的中国人在国际组织就任高级官员，其大背景是中国与国际组织的关系发生了变化。综合实力不断增长的中国需要更大的话语权，中国人出任国际组织的高级职务有助于提升中国对全球治理和国际体系的参与程度，有助于扩大中国在国际事务中的影响力。然而，国际组织的一把手和其他国际公务员一样，他们都不是国家的外交代表。他们不能在国际组织中代表本国利益，必须忠于所在国际组织，整体上忠于联合国。国际组织一把手有任期限制，一般最多任职两届。联合国现有 193 个会员国，任何国家都不可能长期担任一把手。可见，竞选国际组织一把手没有可持续性。中国 2006 年至 2020 年共 8 次推荐候选人参加国际组织一把手的竞选活动，5 次取得成功，2 次遗憾落选，1 次当选但 2 年后辞职，其中的经验、教训值得总结。总体上讲，目前中国在联合国等政府间国际组织中任职的普遍状况是代表性不足，表现为结构失衡、人数较少、职位偏低，与我国国际地位不相匹配。我国在国际组织的任职人员，不仅总体数量低于主要发达国家，甚至低于一些发展中国家，高级官员的比例更低。根据按地域分配原则（geographic distribution），中国职员数量一直低于分配给中国的合理幅度（reasonable ranges）或理想幅度

(desirable ranges)，属于缺额状态（under-represented），即我们通常所说的代表性不足。

截至2014年6月底，联合国共有41 426名职员，中国450人，占职员总数的1.08%。按地域分配原则，中国的合理幅度为119～161人，实际只有71人。据联合国第76届大会最新统计，2020年12月31日秘书处职员减至36 827名，我国有545人，占职员总数的1.48%；和2019年相比减少20人（2019年565名，占总数的1.54%）。2020年中国的合理幅度是237～321人，实际有95人。在联合国专门机构的中国职员情况类似。以世卫组织为例，截至2013年年底，世卫组织共有7 296名职员，大部分国家达到了理想幅度；英国、法国、德国、意大利、加拿大、澳大利亚等49国超出各自的理想幅度；17个处于缺额状态的国家，包括中国。我国的理想幅度为44～64人，实有32人，甚至还不如某些发展中国家，如菲律宾理想幅度1～8人，实有39人；印度理想幅度6～19人，实有102人。世卫组织2020年职员增至8 447名，按地域分配中国的理想幅度为46～63人，我们仅39人，依然属于代表性不足。比中国职员人数多的有10个国家，分别是美国180人、英国125人、印度124人、法国124人、德国90人、加拿大68人、意大利63人、澳大利亚61人、菲律宾49人、西班牙44人。

高级职员对国际组织的运作和管理具有重要作用。2013年联合国五个常任理事国各有一位副秘书长级别高级职员，司长以上岗位中国人数最少，仅11人，而美国55人、英国22人、法国16人、俄罗斯15人；我国甚至低于非常任理事国，如德国18人、日本13人。2020年情况略有改变：我国司长以上岗位增至13人（+2），上述其他国家有所减少或者维持不变：美国43人（−12）、英国18人（−4）、法国16人、俄罗斯9人（−6）、德国18人、日本11人（−2）。

我国在国际组织任职人员结构失衡、人数较少、职位偏低，涉及历史原因、国家政策、人才培养、推送方式等多方面因素。这些我们将在第一章深入探讨。原因之一是，国内公众对国际组织和国际公务员的了解十分有限。2012年以来，中国人成功竞选国际组织的一把手，媒体广泛报道，称之为国际组织的“中国掌门人”。这里简单介绍一下国际组织的一般常识。

国际组织通常设三个层次的机关，即权力机关、执行机关、办事机关。以世界卫生组织等联合国专门机构为例，这三个层次的机关如下：

◇ 最高权力机关为全体成员大会，其职责是负责制定方针政策、通过预算、选举执行机关成员，选举秘书处首席行政官。大会每年或每隔若干年召开，如世界卫生大会每年5月召开一次，联合国教科文组织大会每两年召开一次，万国邮政联盟（Universal Postal Union，UPU）大会每五年召开一次。全体成员大会选举主席、副主席等官员（officers）若干人，任期与会期一致。

◇ 执行机关为执行委员会，或执行局、理事会，每年开会2～3次，其职责是负责执行大会决议，提出建议、计划和方案。其组成人员一般是大会选举少数国家，由这些国家指定该领域的权威人士担任委员，委员任期不等，如世界卫生组织执委任期为 3 年，联合国教科文组织执委任期为 4 年。执行机关每次会议在其成员中选举产生主席、副主席等官员主持会议。

◇ 秘书处是国际组织的办事机关，其职责是负责权力机关、执行机关委托的工作，为其提供便利，处理经常性事务。秘书处工作人员通过招聘签订合同任职，受行政首长领导；首席行政官由大会选举产生，任期不一，如世界卫生组织总干事任期为 5 年，联合国教科文组织任期为 4 年。

媒体报道的上述几位“中国掌门人”，涉及两种性质不同的任职。

◇ 一类是国际组织的职员（employees）。陈冯富珍、李勇、赵厚麟、柳芳、屈冬玉担任国际组织总干事或秘书长，徐浩良、曲星、王彬颖、张向晨担任联合国专门机构助理秘书长或副总干事，虽然担任高级职务，但都属于国际组织秘书处的工作人员范畴，统称为国际职员或者国际公务员（international civil servant）。严格说来，国际组织秘书处的任务是为其成员提供服务，为国际组织权力机关和执行机关提供服务，执行它们的决定，向其报告工作。《世界卫生组织组织法》明确规定，总干事是卫生大会、执行委员会、本组织各委员会、小组委员会及本组织所召开各种会议之当然秘书，秘书长得委派人员代行此项职务。国际公务员是国际组织的雇员，国际组织支付薪金。国际公务员必须效忠其所在组织，不能代表自己的国家。联合国的秘书长、联合国专门机构的总干事（秘书长或干事长）通过竞选产生，其余职位基本上通过公开招聘遴选。国际公务员包括秘书等一般事务类人员、专业人员、局长及更高职位人员。应聘到国际组织秘书处做国际公务员，类似报考国家公务员到国家机关，只不过前者是国际职场，后者是国内职场。当然，受聘到国际组织的条件和国家公务员的标准不尽相同，需要具备的能力和素质可能更高一些。但是对年轻人来说，应聘到国际组织是完全可能的，他们可以从低级职员做起，在校就读也可以到国际组织实习，积累积淀经验，锻炼历练能力，以便日后在国际舞台和国际事务中发挥更大作用。本书前五章主要介绍国际职员即国际公务员。

◇ 另一类是国际组织的官员。郝平和张晓刚当选联合国教科文组织主席和国际标准化组织主席，都属于国际组织官员。所谓国际组织官员，是指在国际组织当选领导职务或其他职务、为国际组织办事但是不拿薪酬的人员。他们主要在召开大会或执行特定任务期间履行职责，并不常驻国际组织；他们担任国际组织官员，并不影响他们国内的职务。当选政府间国际组织官员的人，大都是来自各国政府部门的领导（部长、副部长）或者是政府有关方面负责人（司长、局长）。当选国际非政府组织官员的，大多是国内相关学会、协会的负责人（会长、副会长）或者是相关学科的带头人。他们代表各自国家的官方或非政府组织参与国际组织的活动。由于政府间国际组织和国际非政府组织的性质不同，在这两类国际组织任职的任务、作用和角色也不尽相同，第六章将进一步讨论。

简言之，无论到国际组织做国际公务员，还是到国际组织担任官员，都是参与全球治理。我认为参加全球治理要双轮驱动或两条腿走路。国际公务员是参与全球治理的重要力量，其作用不可替代。但是，更大量参与全球治理的并非国际公务员，而是国家公务员，乃至企事业单位的员工。无论是国际公务员还是国家工作人员，参与全球治理都需要具备同样的国际胜任力。根据我国在国际组织任职人员的履历不难看出他们有很多共同共通之处。他们都接受过国内外的良好教育，在相关专业领域深耕多年并有所建树；他们能以全球视野观察和处理问题，热心为世界人民和国际社会服务；他们了解中西文化的差异，有较丰富的国际经验，深谙国际规则，精通一门甚至几门外语，擅长与国际社会打交道；他们既有中国情怀，深知国家利益之所在，又有国际视野，了解国际关系，善于在两者之间找到平衡点。这样优秀的人才到国际组织任职，自然会把中国智慧、中国文化、中国的哲学思想、中国人的思维方式带进国际组织，对国际事务产生潜移默化的影响。他们的任职，有助于我国扩大国际影响力，提升国际话语权，促进与国际接轨；他们在为世界人民服务的同时，客观上也是在为祖国和人民服务。

当今世界是一个变革的世界，是一个新机遇、新挑战层出不穷的世界，我们处在一个国际体系和国际秩序深度调整的时代。党的十九届六中全会指出，世界百年未有之大变局和新冠肺炎疫情全球大流行交织影响，外部环境更趋复杂严峻。党的二十大报告指出：人类社会面临着前所未有的挑战。推送更多的中国人到国际组织任职，既是我国提升国际地位和影响力的自身需要，也是当今国际社会对我国的期盼。中国有 14 亿多人口，人才济济，推送优秀人才到国际组织任职应该不困难，关键是需要进一步加大全社会各界各方面对这项工作的了解和认识，需要有关部门和单位做到有针对性、计划性、预见性地培养国际型、复合型人才。只有如此，方能推送更多符合条件的优秀人才走向世界舞台。

第一章

什么是国际公务员

国际公务员英文为“international civil servant”，国内常称为“国际职员”。实际上，国际职员涵盖的范围更广，泛指在各类国际组织工作的职员，其中既包括政府间国际组织的职员，也包括国际非政府组织的职员。

本章所讨论的国际公务员，专指那些在政府间国际组织工作的职员，他们任职的机构主要在联合国系统，包括联合国秘书处、联合国所属机构、联合国各专门机构等。本书前五章主要讨论的是狭义的国际职员，即国际公务员。

国际公务员和国家公务员都是公务员，但有区别。他们的共同点是：首先，都必须忠诚。国家公务员要忠于自己的祖国；国际公务员要效忠其所服务的组织，不得接受本国政府或其他任何第三方的指示。其次，他们从事的都是公务活动。公务员这个提法，在中国是改革开放多年之后才逐步流行的。我国自 1987 年才正式提出建立国家公务员制度，当时有不少人弄不清什么是“公务员”。其实，公务员就是过去所说的干部。“干部”一词是舶来品，源自“cadre”；“公务员”一词也是舶来品，源自“civil servant”。“civil”意为“文职的、民事的”，对应“military”，译为“武职的、军事的”；“servant”本身是“仆人”或“服务员”的意思。“civil servant”就是文职服务员，有的译为“文官”，有的译为“文职公务员”。第二次世界大战前，日本就使用“文官”称谓，战后改为“公务员”。世界上大多数国家都建立了公务员制度，将在政府从事公务活动的人员统称为“公务员”。过去中国偏重政府的管理职能，现在强调政府的服务职能，“干部”的称谓也改成“公务员”，这反映了观念的转变。按照以人为本、执政为民的理念，不论是叫干部还是叫公务员，都不应是“做官当老爷”，而应是“人民公仆”，为人民服务。

目前，人们对国家公务员职位非常看重，不少毕业生把“国考”作为自己的职业选择。根据媒体报道，2009 年以来，每年报考人数都超过百万，2013 年达到 150

万人的高峰。据国家公务员局网站公布的统计数据，2021 年度国考报名过审人数已经超过 110 万人，最热岗位的竞争比已达到 2 774∶1。由此可见国家公务员的竞争力度之大、应聘难度之高。与报考国家公务员相似但又不同的是，报考国际公务员，供选择的职位更少，被录取的概率更低，可享受的待遇更高。国际公务员是名副其实的公仆。做国际公务员，不是当官而是服务，是在更大范围内服务：为国际组织的所有会员国服务、为各国民众服务、为世界人民服务。能到国际组织做国际公务员，不仅是一个机遇、一种职业、一份荣耀，更是一个挑战、一份责任、一种义务。

第一节　国际职员的职务分类

在联合国及其专门机构工作的国际公务员可以有不同的分类。按职务类别，可分为一般事务类人员、专业及以上级别人员、高级官员；按招聘属地，可分为全球招聘、当地招聘；按职位性质，可分为按地域分配名额、不受地域限制分配名额；按任用合同类型，可分为长期、定期和临时三类。

按照职务类别，可分为三大类，如表 1－1 所示：

表 1－1　国际职员的职务类别

<table>
<tr><th colspan="2">职务类别</th><th>英文名称</th><th>招聘方式</th></tr>
<tr><td colspan="2">一般事务类人员</td><td>general service，G staff</td><td>当地招聘</td></tr>
<tr><td rowspan="2">专业及以上级别人员</td><td>业务人员</td><td>professional，P staff</td><td>全球招聘</td></tr>
<tr><td>司级人员</td><td>director</td><td>竞聘或任命</td></tr>
<tr><td colspan="2">高级官员</td><td>senior official</td><td>通常由任命产生</td></tr>
</table>

◇ 一般事务类人员（简称 G staff）。这类职员从事一般事务性工作，一般从国际组织所在地招聘，主要从事秘书和行政助理工作，从最低 G1 至最高 G7 共有七个级别。

◇ 专业及以上级别人员包括业务人员（简称 P staff）和司级人员（简称 D 级），是从世界各国招聘的人员，从事国际组织的各项业务工作，专业涉及面较宽。例如，世界卫生组织 60％以上业务人员的专业背景是和医药卫生有关的医学、生物学，其他为信息、财务、人事、法律、外交、语文等各种专业。这类职员从最低的 P1 到最高的 P5 共有五个级别。P5 级人员享受外交待遇。个别国际组织，如世界卫生组织设有 P6，相当于 D1。专业级别以上人员指司级人员，一般是国际组织各内设部门的负责人，分为 D1 和 D2 两个级别，大部分由国际组织行政首长任命产生，在形式上有的也参与竞聘。

◇ 高级官员有两类：一类是联合国首席行政首长（联合国秘书长）、联合国专门机构的一把手（如世界卫生组织总干事、国际劳工组织干事长等），他们由联合国大会或相应国际组织代表大会选举产生，其工作期限、工资待遇等均由全体大会审定并签订合同；另一类是联合国秘书长任命的若干副手（联合国副秘书长、助理秘书长等）、联合国专门机构一把手任命的主要助手（如世界卫生组织副总干事、助理总干事、总干事代表或顾问等）。

按照联合国公布的数据（参见联合国 A/65/350 和 A/69/292 号文件），截至 2014 年 6 月 30 日，秘书处有来自 187 个会员国的 41 426 名工作人员，比 2010 年的 44 134 人减少 2 700 余人。根据联合国第 76 届大会最新统计（参见 A/76/570 文件），截至 2020 年 12 月 31 日，秘书处职员总人数为 36 827 名，比 2014 年减少 4 599 人。2020 年联合国专业及以上级别人员在不同级别的分布人数见图 1－1（USG 为副秘书长，ASG 为助理秘书长）：

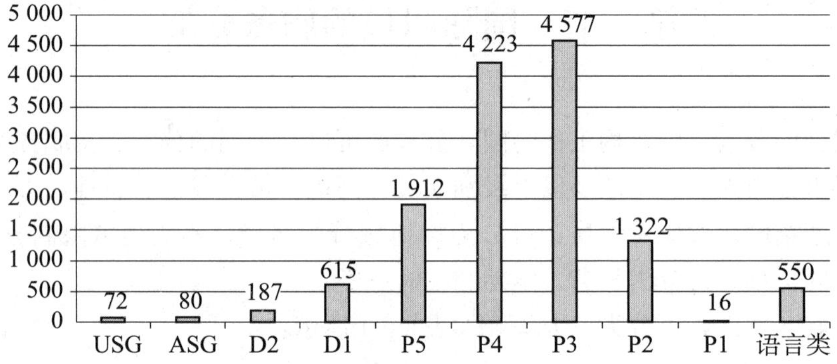

图 1－1　2020 年联合国秘书处专业及以上级别职员人数情况

按任用合同类型，分为长期、定期、临时三类。据联合国 2021 年发布的统计数据，2020 年长期合同人员 23 682 人，占总人数的 64.3%；定期合同人员 10 501 人，占总人数的 28.5%；临时合同人员 2 644 人，占总人数的 7.2%。

按年龄分析，越是高层，平均年龄越大，人数也就越少。一般来说，联合国及其专门机构不是培养人而是使用人的机构，即国际公务员参加国际组织工作前要在本国或国外受过较好教育、具有较长的工作经历和深厚的阅历。联合国强调员工队伍年轻化，但是自 2018 年 1 月 1 日起，现行工作人员的退休年龄调整为 65 岁，近五年来联合国职员的平均年龄在上升，2020 年增加到 46.8 岁。图 1－2 为联合国秘书处工作人员年龄及人数情况。

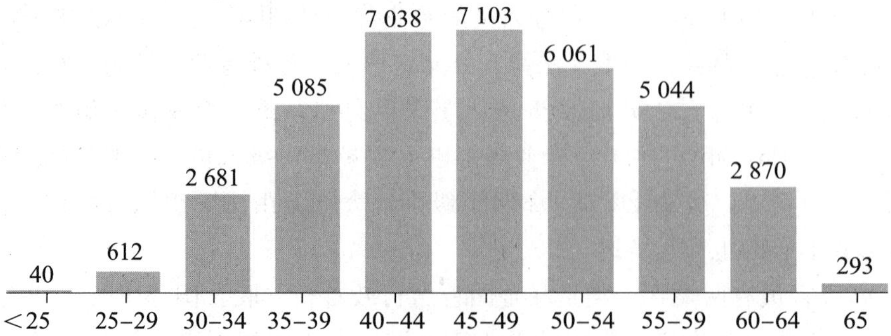

图 1－2　2020 年联合国秘书处工作人员年龄及人数

从图 1－2 中可以看出，最集中的年龄组为 40～44 岁和 45～49 岁，约 1.4 万人。

按性别分析，国际机构提倡男女机会平等，同等条件下，鼓励录用女职员。联合国及其专门机构女性职员比例在逐步提高。2014 年联合国女性职员占专业及以上级别人员的 34.1%，2016 年占 37.6%，2020 年增至 40.9%。女性在入选者中的比例比她们在全部申请群体中的比例高出约 18 个百分点。

第二节 国际职员的招聘程序

中国招聘国家公务员要考虑政治、业务、品德、身体等各方面的条件。我国以《中华人民共和国公务员法》规范公务员的管理，保障公务员的权益，加强公务员的监督；坚持公开、平等、竞争、择优的原则，依照法定的权限、条件、标准和程序进行；坚持监督约束与激励保障并重的原则；坚持任人唯贤、德才兼备的原则，注重工作实绩。

国际公务员招聘同样讲究政治、业务、品德等方面的条件，实行公开、平等、竞争、择优原则，只是提法和侧重点不同而已。联合国及其专门机构积 70 余年的经验，形成了一套比较完善的人事管理制度。下面从招聘原则与条件、招聘办法与应聘途径、中国籍国际公务员状况等方面，简单介绍一些有关情况。

招聘原则与条件

《联合国宪章》第 101 条规定：招聘国际公务员的标准“应以求达效率、才干及忠诚之最高标准为首要考虑”，同时规定在“可能范围内，应充分注意地域上之普及”。这里谈到两个方面，一是对应聘人员个人素质的要求，“效率、才干、忠诚”这六个字涵盖了能力、态度、品质三方面的基本要求；二是政治方面的考虑。自联合国建立以来，会员国就一直非常关心其国民在联合国秘书处工作人员中的人数。联合国规定了理想幅度办法，也称按地域分配原则。联合国于 1988 年 1 月 1 日起实施的招聘办法包括以下内容：

（1）根据理想幅度办法征聘的工作人员，担任由经常预算供资的业务及其以上职类中受地域分配限制的职位，任期至少一年。1988 年确定的基数是 2 700 个职位。

（2）上述 2 700 个职位的基数取决于（但不等于）受地域分配限制的员额数目。受地域分配限制的（编入预算的）员额数每增加或减少 100 个时，基数也要做出相应调整。

（3）确定的基数按三个因素在会员国间进行分配，这些因素是：

◇ 会籍因素：职位总数 40%平均分配给每一个会员国。

◇ 会费因素：职位总数 55%按各国缴纳会费比额分配。

◇ 人口因素：职位总数 5% 依会员国人口按比例分配。

（4）根据以上三个条件，计算出的数目作为算术中点，然后上下增减 15%形成理想幅度。

截至 2014 年 6 月底，在联合国的 41 426 名职员中，有 2 901 名职员是根据理想幅度办法或按地域分配原则征聘的。2020 年秘书处有 3 129 名按地域分配的员额（青年专业人员方案下征聘的除外）。由于历史原因和各国人才资源不同，各国在联合国职员中的名额分布实际并不均衡。各国任职人数状况可以大致分为四类：无人任职、任职人数偏低、任职人数在理想幅度之内、任职人数偏高。对不同类型国家在国际组织中的任职情况，将在谈到中国籍国际公务员情况时做进一步分析。

理想幅度办法或按地域分配原则考虑的是国家因素，是职员任用的政策性规定。在个人素质方面，联合国提出的“效率、才干及忠诚之最高标准”和中国有某种共同共通之处，有业务要求（效率、才干），也有品质层面的考量（忠诚）。联合国及其专门机构在业务层面的要求，因岗位、任务等方面的不同而各有侧重。举例来说，世界卫生组织侧重公共卫生领域，要求应聘人员必须具备下列条件：

● 具有高水准技术知识，大学毕业、有专业研修或同等学力；

● 认同并致力于世界卫生组织的政策与项目（世界卫生组织公布的工作方向和总任务有 13 个目标可供选择）；

● 具有良好的分析能力、对公共卫生政策有强烈兴趣；

● 能适应在跨文化氛围的团队里进行工作；

● 具有与该工作相关的国家工作经验或国际工作经验，可以是医官或流行病学、公共卫生、环境卫生、卫生科学、卫生统计、卫生经济、政策分析等方面的专业人员，也可以是财务、人力资源、信息、法律、行政管理等方面的专业人员；

● 联合国有六种正式语言（阿拉伯语、汉语、英语、法语、俄语、西班牙语），但工作语言通常为英语或法语（视该组织所在地而定），一般要求精通一种工作语言，同时具有另一种工作语言的工作知识（working knowledge）。

适应跨文化氛围和语言方面的要求，是由国际组织的特殊性所决定的。一般来说，专业人员被任命前必须在该领域具有良好的培训经历和经验，职员招聘过程中的竞争和审核都相当严格，被录用者人数有限。至于学历和工作经历方面的具体要求，各机构均视各职务级别而定。

国际组织实行男女平等原则，促进实现男女职员（特别是高级官员）比例更加均衡，鼓励妇女应聘专业职位，在同等条件下优先考虑合格女性候选人。联合国系统 1990 年规定 62 岁退休，一般不任命年龄接近或已经是 62 岁的人员。2018 年 1 月 1 日，退休年龄调整为 65 岁，退休年龄不区分性别。

世界卫生组织的专业及以上级别人员在全球范围内的招聘要求见表 1 - 2：

表 1-2　世界卫生组织专业及以上级别岗位招聘要求

级别	工作经验	学历要求	语言要求
P1	1 年	学士学位/同等学力	大多数职位需要熟练掌握英语或法语，并能使用另一种联合国正式语言（阿拉伯语、汉语、俄语、西班牙语）。懂第三种语言可优先，语种视工作地点而定。
P2	2 年		
P3	5 年		
P4	7 年	硕士学位/同等学力	
P5	10 年		
P6/D1/D2	15 年		

世界卫生组织既重视学历，也重视实际工作经验。工作经验指相关专业工作经验，具有发展中国家的工作经验优先。语言要求是国际组织的特点之一，一般国际组织的工作语言是英语和法语（因所在地不同而变化，有的机构也以阿拉伯语、西班牙语为工作语言）。

世界卫生组织国家专业官员（NPO）在所在国家当地招聘，更强调在国家一级的工作经验。国家专业官员是世界卫生组织专业团队的重要组成部分，分为四级，其工作经验与学历要求：NO-A 相当于 P1，NO-B 相当于 P2，NO-C 相当于 P3，NO-D 相当于 P4。

一般事务类人员通常需要熟练掌握一种联合国正式语言并能使用另一种联合国正式语言，会第三种语言是一个优势。语言要求取决于工作地点。具体要求如下：

- G3：至少 2 年的工作经验并已完成中学、技校或商业学校课程。
- G4：至少 3 年的工作经验并已完成中学、技术或商业学校课程。
- G5：至少 5 年的工作经验并已完成中学、技校或商业学校课程。
- G6：至少 8 年的工作经验并已完成中学、技校或商业学校课程。
- G7：至少 10 年的工作经验并已完成中学、技校或商业学校课程。

招聘办法与应聘途径

联合国及其专门机构的首席行政首长（联合国秘书长、各机构的主要负责人）由会员国代表大会选举产生，其他人员大部分是招聘产生，但也有少部分是最高行政首长任命的，不同类别和不同级别的职员，招聘具体办法不同。

◇ 公开招聘。联合国及其专门机构出现职位空缺或设立新职位时，一般均在其官方网站公布招聘信息，联合国称“job opening”，世界卫生组织称“vacancy notice”。招聘信息内容包括：职位名称、职位级别、合同期限、工作地点、岗位职责、应聘条件、报名期限、薪酬待遇等。一般事务类人员从国际组织所在国家当地招聘，专业及以上级别人员从全球招聘。符合岗位资格要求的人员，需履行网上报名手续，经审核符合应聘条件的参加竞争考核，包括笔试和面试，最后由国际组织确定入职人选。公开招聘的职位有两种情况，一类是对所有人开放，还有一类适用在职职员内部晋升。如果对所有人开放，一般来说已经在职的国际职员胜出概率更大。有些空缺职位列出的某些要求，可能是按照现有某职员的情况编写的，他人被录取的可能很低。

◇ 个别招聘。某些高级职位，是首席行政首长根据有关国家政府推荐，双方沟通达成一致意见后，个别履行聘用手续的。这个过程对外界来说并不是公开的，实际上是某种形式的“政治任命”。例如，联合国副秘书长的聘任，基本上是常任理事国提名后与秘书长磋商达成一致意见后由秘书长任命的。再如，世界卫生组织助理总干事或执行主任，甚至司长也是总干事根据有关国家政府的推荐，双方沟通协商后由总干事任命的。

◇ 借调形式（secondment），由国家向国际组织提供专项自愿捐款，用于支持本国推荐的借调人员。从各国政府借调人员的做法，第一次世界大战后成立“国际联盟”之时就已存在。有些国家早已实践多年。例如，日本政府通过自愿捐款，派厚生省年轻官员到世卫组织，在商定的岗位（大部分是 P5）任职二三年，然后回国。若干年后，有的应聘回到世卫组织担任更高职务，甚至被任命为司长乃至助理总干事。2004 年 5 月，我国与世卫组织签订合作备忘录，选拔推荐年轻有为的同志，借调到世界卫生组织。有的同志在结束借调后被录用为正式职员。

◇ 签署特别协定。这类似借调，但采取的方式不同。有的国家与世卫组织签署协定，提供专项自愿捐款用于从该国选拔国际职员。世卫组织照章公布职位空缺，实际录用的是该国针对每个空缺职位提交的三个候选人之一，世卫组织保留聘任的决定权，聘用的职员大多在非洲国家、非洲地区办事处工作。

◇ 初级专业人员（Junior Professional Officer，JPO），世卫组织原称准业务官员（Associate Professional Officer，APO）。初级专业人员是根据国际组织和出资国之间的双边协议招募的。人选通常是捐款国的国民（但有个别捐款国，如荷兰也资助发展中国家的国民）。申报者需要具有大学第一个学位和至少两年的专业经验，职位为 P1 或 P2 级别。受资助职位的数量每年都有所不同，并因捐款国而异。初级专业人员任期为一年，表现良好的经捐款国同意也可延长。初级专业人员不能直接转为正式职员。如果希望成为正式职员，可以根据职位空缺提出申请，并参加正常的招聘程序。笔者在世卫组织任职时，仅有一些发达国家（奥地利、比利时、卢森堡、德国、意大利、法国、西班牙、丹麦、芬兰、挪威、瑞典、瑞士、日本、韩国）出资培养本国青年的项目。中国政府自 2017 年开始提供捐款，资助本国年轻人参加初级专业官员项目。申请世卫组织初级专业官员要符合以下基本要求：

- 年龄在 32 岁以下；
- 有公共卫生、行政或管理硕士学位（或同等学力）；
- 英语流利（书面及口语），最好掌握另一种正式语言；
- 掌握信息技术（文字处理、数据应用、讲演软件、互联网）；
- 有战略思考能力、良好表达能力；

- 可以独立或与团队工作；
- 遵守《联合国宪章》及专门机构的使命；
- 至少有两年专业工作经验（最好是发展中国家的工作经验）。

◇ 青年专业人员方案（Young Professional Program，YPP）是联合国的一项招聘计划，目的是招聘高素质的专业人才，到联合国秘书处做国际公务员。候选人需通过入职考试，正式入职联合国时需参加职业发展计划的培训。YPP 考试每年举行一次，仅对在联合国秘书处无人任职或任职人员代表性不足的国家开放。中国目前仍属于代表性不足。参加国的名单在联合国网站上公布，每年都会有所变化。根据联合国的人员配置需求，每年申请人可报考的科目有所不同，职责和所需教育背景及专业能力也因此不尽相同。对考试科目感兴趣且符合条件的考生必须通过联合国工作人员选拔系统 Inspira（inspira. un. org）提交申请。申请人须满足下列基本要求：

- 拥有相应的国籍；
- 具备相关领域的本科或以上学历；
- 考试当年年龄为 32 周岁及以下；
- 能流利使用英文或法文。

所有的申请都将经过筛选，确保符合参加各项考试科目的具体条件。如果一个国家有超过 40 名申请人具备资格参加同一考试，将根据他们取得的最高学历、联合国正式语言掌握情况和相关工作经验进一步排名和筛选。符合申报条件的要参加竞争考试，包括笔试和口试。笔试在网上进行，分一到两个阶段。在公布最终笔试结果之前，候选人可能还需要通过一个简短的在线评估接受一轮核查。笔试包括一般性试卷和专业试卷：

- 同一天开放的青年专业人员方案考试一般性试卷题目相同。试题必须用英文或法文作答，考查在联合国这样复杂的国际组织工作所需的基本技能。
- 专业试卷考查该科目的专业知识，通常包括选择题和问答题。试题数量因科目而异。

通过笔试的候选人将参加口试，口试形式为胜任能力视频会议面试，面试官由专门考试委员会的成员组成。评审工作结束后，结果将分别告知各位候选人。青年专业人员方案征聘考试每年考查的科目有所不同。通过青年专业人员方案征聘考试的候选人将被列入征聘名册，等待适当的职位空缺，有效期为三年。但是，列入名册并不保证能得到聘用。当联合国秘书处位于亚的斯亚贝巴、曼谷、贝鲁特、日内瓦、内罗毕、纽约、圣地亚哥、维也纳等地的办事处出现职位空缺时，则可能从名册中挑选候选人。通过考试的候选人必须愿意在联合国任何工作地点或地方办事处工作。一旦入选，联合国秘书处将与候选人签署 P1 或 P2 级别的两年定期合同。两年期满后，如果青年专业人员的表现令人满意，将可以签署连续合同。他们还可能有机会调到自己感兴趣的其他职位，通常被调到不同的部门和工作地点。方案旨在为工作人员提供新的机会，让他们的职业生涯发展多元化，让他们获得新的技能，为事业进步打下坚实的基础。YPP 考试是我国年轻人争取入职联合国的途径之一。

◇ 实习生。实习生不属于国际公务员，但是年轻学子进入外交和公共政策领域的一个很好的机会。实习生可以亲身体验国际组织的日常工作环境，与国际组织工作人员一起共事，接触各方面的专家与高管，了解并参与高级会议等。实习生只承担力所能及的工作，但可为日后的成长开拓更大空间。联合国总部每年都接受实习人员，申请人的实习内容必须与联合国工作相关（如国际关系、国际法、经济、政治、新闻、人口、翻译、公共行政等）。联合国专门机构也都非常重视实习生，例如世界卫生组织把接受实习生作为培养公共卫生领域的未来领导人看待。国际组织为实习生提供办公室和必要的办公设备，不收取任何费用，但食宿交通费和签证手续费等需要自理。申请实习的人必须是在校硕士或博士研究生，或者是在读的应届本科生，熟练掌握实习所在地的工作语言（世卫组织总部为英语或法语），年龄为 20 岁以上。

申请实习人员所学专业必须与国际组织的工作相关。但是，申请时不要把选择的国际组织局限得过死过窄，有的国际组织名称看似与你的专业不对口，但是在这些国际组织里也可能有专业对口的岗位。国际组织的工作涉及相当广泛的专业领域。例如，联合国的工作就涉及国际关系、国际法、政治学、经济学、统计学、新闻、翻译、公共行政、人口、信息技术、语言文字、编辑出版、计算机等专业。联合国专门机构都有自己的主要业务，但专业并不局限于一个领域。以世卫组织为例，该组织涉及的专业有三大类：

◇ 第一类：牙科、营养、医学、护理和兽医专业。这类专业人员占职员总数的 60%左右，其中大部分为医学专业人员，包括公共卫生、传染病学、流行病学、家庭卫生、精神卫生、非传染病、免疫等专业。

◇ 第二类：行政管理专业（计算机信息技术、行政管理、财务、人力资源、对外关系、技术合作、新闻信息、项目管理分析等）。这类专业人员占 30%左右。

◇ 第三类：其他十余类专业（生命科学、统计、作家、翻译、社会学、经济学等）。这类人员人数较少，比例也比较低。

世界卫生组织对实习生的要求是：年龄至少 20 岁；具备其就读大学或同等机构提供的正式资格课程（本科、毕业或研究生）的学习经历，专业为与世卫组织的技术工作有关的公共卫生、医学或社会领域，或管理、行政、通信、对外关系等相关领域；开始实习之前，已在大学或同等机构完成三年全日制学习（学士学位或同等资历）；至少能流利地使用实习地点所用的工作语言之一；与世卫组织工作人员没有亲属关系（如儿女、兄妹或父母亲）；以前没有参加过世卫组织的实习生规划。

申请办法：通过世界卫生组织就业网站发布的实习岗位空缺通知，使用在线招聘系统（Stellis）申请。不可在 Stellis 以外申请实习。世卫组织提供各种工作领域和不同地点（区域办事处、国家办事处或总部）的实习岗位。

注意事项：实习生必须能够全职工作 6 周～24 周。必须提供学习课程的就读证明或完成最后学业的证明。必须披露可能与工作期间将参与的活动内容有潜在利益冲突的情况（利益申报），包括参加实习的经济支持。在实习开始前提供体检证明。世卫组织不与任何赞助者、大学或机构签署实习协议，只接受世界高等教育数据库（World Higher Education Database，WHED）认可的教育资格（名单见 http：//www. whed. net）。世卫组织只联系被录取者，未被录取可再次申请其他实习岗位。

我国国家留学基金管理委员会（简称留基委）自 2017 年开始为实习生提供资助。资助对象为国内普通高校或科研机构的应届本科、硕士、博士毕业生（毕业年度内的）或全日制在读本科、硕士、博士学生。年龄满 18 周岁，不超过 32 周岁。已获得国际组织正式实习录用通知。实习地点应为海外的国际组织总部、地区办事处等。实习期限一般为 3～12 个月，实习结束前如获同一岗位延期，可申请延长资助一次，延期后总资助期限一般不超过 12 个月。资助往返国际旅费、奖学金（含伙食费、住宿费、交通费、电话费、医疗保险费、交际费、安置费等）标准 1 800 欧元/月、2 400 美元/月或 2 500 瑞士法郎/月。有关详细信息请浏览国家留学基金管理委员会网站 https：//www. csc. edu. cn。

国家留学基金管理委员会已经和联合国教科文组织等多个国际机构签署合作协议，在国内组织到国际组织实习的笔试面试。通过留基委考核的人员经国际组织最终审核即可前往实习。如果通过所在学校或其他关系获得国际组织接受实习的通知，也可以通过所在学校报国家留学基金管理委员会申请资助。

建议对到国际组织实习和工作感兴趣的朋友注意浏览不同国际组织的网站，从中寻找与自己专业对口的岗位。

中国籍国际公务员

在分析我国在国际组织任职人员的情况之前，首先来看看联合国及其专门机构国际职员的大体情况。

◇ 联合国秘书处职员总数：2014 年联合国共有职员 41 426 人，包括纽约秘书处、日内瓦办事处及附属机构人员。这 41 426 人既包括非地域名额分配人员，如语言类专业人员、其他附属机构人员、就地招聘的 G 级一般事务类人员；也包括按地域分配人员 2 901 名。2020 年秘书处职员总数减至 36 827 名，其中按地域分配人员增加至 3 129 名。

◇ 按地域分配名额。截至 2014 年 6 月，15 个国家在联合国秘书处无人任职（均系小国或岛国）；38 个国家任职人数偏低，其中既包括中国、巴西等发展中国家，也包括美国、日本及比利时、卢森堡、挪威等发达国家；120 个国家人数在理想幅度之内；20 个国家人数过多，包括奥地利、加拿大、法国、爱尔兰、意大利、英国等发达国家。2020 年，无人任职的有 20 个国家，任职人数偏低的有 37 个国家

（包括中国），任职人数偏多的有 27 个国家。

◇ 高级职位人员。2002 年至 2006 年，副秘书长/助理秘书长和 D1/D2 级以上职位，来自发展中国家的人员比例下降，但人数仍高于理想幅度。同一时期，来自发达国家的高级职员比例增加，但人数仍然低于发达国家平均理想幅度。2002 年至 2006 年，来自经济转型国家的高级职员百分比有波动，到 2006 年 6 月 30 日，D2/D1 级别职员人数高于理想幅度，助理秘书长职员人数低于理想幅度。

2014 年，发达国家与发展中国家及经济转型国家在联合国秘书处高级职位的任职人数已趋均衡，副秘书长级别的比例为 13∶15，助理秘书长的比例为 11∶12。但是，司局级领导岗位依然是发达国家高于发展中国家，D2 为 55∶21，D1 为 142∶90。专业官员的比例相差不是很悬殊，为 1 675∶1 226。

2020 年高级职位的情况有进一步变化：副秘书长和助理秘书长这两个级别，发展中国家 32 人（比 2016 年增加 5 人），高于发达国家的 25 人（比 2016 年减少 1 人）；D2/D1 级别，发展中国家 131 人（比 2016 年增加 10 人），低于发达国家的 192 人（比 2016 年增加 9 人）（见表 1－3）。从整体看，高级职员的比例发展中国家占 43%，发达国家占 57%。2016 年和 2020 年的情况可参阅表 1－3。

表 1－3　2016 年与 2020 年发达国家和发展中国家在联合国秘书处高级职位任职人数比较

	副秘书长		助理秘书长		司长 D2		司长 D1	
	2016	2020	2016	2020	2016	2020	2016	2020
发展中国家	17	21	10	11	32	28	89	103
女	8	17	3	4	8	9	32	67
男	9	4	7	7	24	19	57	36
发达国家	13	11	23	14	47	50	136	142
女	1	6	7	8	20	24	57	64
男	12	5	16	6	27	26	79	78
高级官员共计	30	32	33	25	79	78	225	245

我国媒体常提到要支持发展中国家提升在国际组织的代表性，表 1－3 的统计显示来自发展中国家的官员比例整体上逐步上升。表 1－4 显示截至 2022 年 6 月，18 个国际组织的主要负责人，9 位来自发展中国家，占 50%。

表 1－4　18 个国际组织的主要负责人国别及任职时间

序号	国际组织名称	国别及任职时间	序号	国际组织名称	国别及任职时间
1	联合国工业发展组织	德国，2021 年	6	联合国教科文组织	法国，2021 年连任
2	万国邮政联盟	日本，2021 年	7	联合国世界旅游组织	格鲁吉亚，2021 年连任
3	世界卫生组织	埃塞俄比亚，2022 年连任	8	国际电信联盟	中国，2018 年连任
4	国际农业发展基金	多哥，2021 年连任	9	国际民用航空组织	哥伦比亚，2021
5	国际劳工组织	英国，2016 年连任	10	联合国儿童基金会	美国，2022 年

续表

序号	国际组织名称	国别及任职时间	序号	国际组织名称	国别及任职时间
11	世界贸易组织	尼日利亚，2021 年	15	世界气象组织	芬兰，2019 年连任
12	联合国粮食及农业组织	中国，2019 年	16	世界银行	美国，2019 年
13	国际货币基金组织	保加利亚，2019 年	17	国际海事组织	韩国，2020 年连任
14	国际原子能机构	阿根廷，2019 年	18	世界知识产权组织	新加坡，2020 年

◇ 中国职员情况分析。中国是联合国安理会常任理事国、世界人口大国和第二大经济体，但中国公民在联合国及其专门机构的任职状况至今与我国的国际地位很不相称。本书绪论已经讲过，这种状况涉及历史原因、国家政策、人才培养、推送方式等多方面的因素。中华人民共和国 1971 年 10 月恢复在联合国的合法席位，1972 年 4 月我国政府推送时任中联部副秘书长的资深外交家唐明照出任联合国副秘书长。当时国内正值“文革”，没有推送大批合格国际职员的条件。周恩来总理决定留用尚在联合国工作的原中国名下的职员。那时，国内缺乏具备国际工作经验的人才，外语是难点之一。1979 年起我国在京举办联合国译员培训班，至 1993 年，共举办了 12 期，培养了 263 位口译、笔译人才，其中大部分人后来到国际组织任职或在国内从事相关领域工作。我国的国际组织人才培养和推送工作起步相对较晚，初期对在国际组织的任职人员缺乏激励机制。由于那时我国不对外公布 GDP 数字，我国向联合国缴纳的会费被高估，1978 年向联合国缴纳的会费占总额的 5.5%。随着中国改革开放，我国对外公布 GDP 数字后，中国会费比重逐步下降，1983 年至 2000 年期间低于 1%，1995 年最低为 0.72%。20 世纪 90 年代初期，国家出台关于国际职员的新政策，国际职员的收入不再上缴。总的来说，我们的国际组织人才的培养不够普及；对联合国等国际组织的运作机制研究不足，对其用人制度和聘用规则了解不深，国际职员的推送方式不够灵活。1973 年以来，我国有 9 人担任联合国副秘书长，总体上保持了连续性，但他们的平均入职年龄为 61.5 岁，平均的任职时间为 5.4 年；同一时期我国向世卫组织推送 9 位助理秘书长级别人员，既有成功的案例也有值得总结的教训。

21 世纪初，在联合国秘书处及附属各机构工作的中国职员有 500 多人，其中语言类专业人员约 100 人。2006 年 6 月 30 日，按地域分配原则中国职员的理想幅度为 58～79 人，实际仅 60 人。2006 年中国会费占总额的 2.02%，2013—2015 年升至 5.15%；按地域分配的理想幅度升至 119～161 人，实际只有 71 人，远低于幅度下限，属代表性不足。至 2014 年，中国在联合国有 450 位职员，占职员总数的 1.09%，排名第 11 位。如表 1-5 所示，在 11 个国家中，中国职员人数最少，其中包括菲律宾、印度。

表 1-5　2014 年部分国家在联合国职员人数及比例

	国家	人数	比例（%）
1	美国	2 611	6.30
2	法国	1 484	3.58
3	英国	931	2.25
4	菲律宾	775	1.87
5	意大利	765	1.85
6	加拿大	654	1.58
7	印度	601	1.45
8	俄国	562	1.36
9	德国	516	1.25
10	西班牙	459	1.10
11	中国	450	1.09

根据联合国 2021 年 12 月发布的文件（A/76/570），2020 年中国职员有 546 人，排名第 21 位，比 2019 年减少 20 人。20 个国家的职员人数高于中国，表 1-6 展示了与 2019 年相比的变化。

表 1-6　2020 年 20 个国家的联合国职员人数及变化（与 2019 年相比）

序号	国家	人数	百分比	同 2019 年相比	序号	国家	人数	百分比	同 2019 年相比
1	美国	2 482	6.74%	−0.13%	11	英国	808	2.19%	−0.09%
2	刚果（金）	1 856	5.04%	−0.06%	12	埃塞俄比亚	790	2.15%	−0.06%
3	肯尼亚	1 729	4.69%	+0.01%	13	乌干达	673	1.83%	+0.01%
4	南苏丹	1 396	3.79%	+0.03%	14	中非	671	1.82%	+0.02%
5	法国	1 388	3.77%	−0.31%	15	菲律宾	647	1.76%	−0.07%
6	苏丹	1 248	3.39%	+0.01%	16	加拿大	643	1.75%	—
7	黎巴嫩	1 157	3.14%	−0.06%	17	伊拉克	598	1.62%	+0.04%
8	阿富汗	942	2.56%	−0.04%	18	印　度	574	1.56%	—
9	马里	894	2.43%	+0.11%	19	西班牙	564	1.53%	−0.06%
10	意大利	850	2.31%	+0.10%	20	德　国	563	1.53%	−0.02%

从表 1-6 中可以看出，不仅美国、英国、法国、意大利、加拿大等发达国家的职员比中国高，而且有 13 个发展中国家的职员也比我国多，包括印度、菲律宾。

中国人在联合国专门机构的任职情况大同小异。以世界卫生组织为例，2013 年，世界卫生组织共有 7 296 名职员，194 个会员国中，96 个达到其理想幅度，32 个会员国为无额国，17 个为缺额国，49 个为超额国。我国属于缺额国家，代表性甚至还不如印度等国家。表 1-7 是 2013 年中国与其他 12 个国家的职员在世界卫生组织按地域分配的情况。发达国家缴纳的会费高，理想幅度也高，实际人数多高于理想幅度（美国和日本例外，但其高级职员人数高于我国）。我国会费比额不低，但仍代表性不足，人数还不及印度和菲律宾。

表 1-7　2013 年中国与其他 12 个国家的职员在世界卫生组织按地域分配的情况

理想幅度排序	国家	理想幅度（人）	实际人数	分类
1	美国	187～256	151	缺额↘
2	日本	96～127	34	缺额↘
3	德国	53～76	89	超额↗
4	中国	44～64	32	缺额↘
5	意大利	40～52	61	超额↗
6	法国	38～56	101	超额↗
7	英国	38～56	93	超额↗
8	加拿大	28～39	49	超额↗
9	西班牙	28～29	39	适度
10	澳大利亚	20～29	44	超额↗
11	荷兰	16～26	71	超额↗
12	印度	6～19	102	超额↗
13	菲律宾	1～8	39	超额↗

截至 2020 年底，世界卫生组织共有职员 8 447 人，职员人数排在前 10 位的国家依次为：美国 180 人、英国 125 人、印度 124 人、法国 112 人、德国 90 人、加拿大 68 人、意大利 63 人、澳大利亚 61 人、菲律宾 49 人、西班牙 44 人。我国理想幅度为 46～63 人，实有 40 人，排第 11 位。有 48 个国家超过其理想幅度。与美、英、法、俄相比，我国 P5 以上职员仅高于俄罗斯，表 1-8 为 2020 年联合国安理会常任理事国在世界卫生组织中的职员数量。

表 1-8　2020 年联合国安理会常任理事国在世界卫生组织中的职员数量

国家	理想幅度	实际人数	P1	P2	P3	P4	P5	D1	D2	高级
美国	188～255	180		3	31	65	56	14	9	2
英国	39～54	125	1	5	18	31	47	20	2	1
法国	50～68	112		3	23	42	33	7	3	1
中国	46～63	40			8	15	11	4	1	1
俄罗斯	23～32	23		2	5	9	4	1	2	0

此外，很多发展中国家在世卫组织中按地域分配的职员人数超出其理想幅度，如印度和菲律宾等国（见表 1-9），而我国的理想幅度为 46～63，实际仅有 40 人（摘录自 A75/31 文件）。

表 1-9　世界卫生组织中按地域分配的职员人数超额国家

国家	理想幅度	实际人数	国家	理想幅度	实际人数
印度	7～14	122	菲律宾	1～9	48
加拿大	28～39	70	乌干达	1～8	46
澳大利亚	20～28	58	埃及	1～9	41

以下是联合国部分专门机构的名称、网址及标志，供感兴趣的朋友参考：

◇ 联合国粮食及农业组织（Food and Agriculture Organization of the United Nations，FAO）

网址 http：//www. fao. org

◇ 国际原子能机构（International Atomic Energy Agency，IAEA）

网址 http：//www. iaea. org

◇ 国际民用航空组织（International Civil Aviation Organization，ICAO）

网址 http：//www. icao. int

◇ 国际农业发展基金（International Fund for Agricultural Development，IFAD）

网址 http：//www. ifad. org

◇ 国际劳工组织（International Labour Organization，ILO）

网址 http：//www. ilo. org

◇ 国际海事组织（International Maritime Organization，IMO）

网址 http：//www. imo. org

◇ 国际货币基金组织（International Monetary Fund，IMF）

网址 http：//www. imf. org

◇ 国际电信联盟（International Telecommunication Union，ITU）

网址 http：//www. itu. org

◇ 联合国教育、科学及文化组织（United Nations Educational，Scientific and Cultural Organization，UNESCO）

网址 http：//www. unesco. org

◇ 联合国工业发展组织（United Nations Industrial Development Organization，UNIDO）

网址 http：//www. unido. org

◇ 世界旅游组织（World Tourism Organization）

网址 http：//www. unwto. org

◇ 万国邮政联盟（Universal Postal Union，UPU）

网址 http：//www. upu. int

◇ 世界银行（The World Bank）

网址 http：//www. worldbank. org

◇ 世界卫生组织（World Health Organization，WHO）

网址 http：//www. who. int

◇ 世界知识产权组织（World Intellectual Property Organization，WIPO）

网址 http：//www. wipo. int

◇ 世界气象组织（World Meteorological Organization，WMO）

网址 http：//www. wmo. int

◇ 世界贸易组织（World Trade Organization，WTO）

网址 http：//www. wto. org

联合国粮食及农业组织　国际原子能机构　国际民用航空组织

国际农业发展基金　国际劳工组织　国际海事组织

国际货币基金组织　国际电信联盟　联合国教育、科学及文化组织

联合国工业发展组织　世界旅游组织　万国邮政联盟　世界银行

世界卫生组织　世界知识产权组织　世界气象组织　世界贸易组织

第三节　国际职员的行为标准

国际组织对其职员的行为有明确规范。1952 年，联合国的国际公务员制度咨询委员会依照联合国各专门机构行政首长的要求，审议国际公务员行为标准问题，认为此问题至关重要：秘书处人员保持最高行为标准关系到国际组织能否顺利实现其宗旨。1954 年，委员会编写《关于国际公务员行为标准的报告》，对国际公务员的行为准则做出具体规定。1975 年，国际公务员制度咨询委员会更名为国际公务员制度委员会。

我国这方面起步较晚，1987 年党的十三大决定在国家行政机关推行国家公务员制度，1988 年，第七届全国人民代表大会提出要抓紧建立和逐步实施国家公务员制度，1993 年颁布《国家公务员暂行条例》，2002 年人事部印发第一部《国家公

务员行为规范》。

国际组织对国际公务员的行为规范，与我国多年来努力推行的《公务员法》有很多相同、相似、相近之处。不同之处是：中国有中国的国情，独具中国特色，尤其是在政治方面；而国际公务员的行为规范历史更长，更加国际化。

国际公务员的行为规范包括以下内容：

忠诚与包容

《联合国宪章》规定，国际职员行为准则的根本标准和最高标准是忠诚（loyalty）。国际公务员要忠诚于国际组织，应具有与之相同的国际视野，用自己的正直与国际观确保把组织的利益置于个人利益之上。所谓忠诚，包括诚信（integrity）、诚实（honesty）、忠实（fidelity）等最基本的个人品质。所有的工作人员，不论是长期任用、临时任用，还是从会员国借调，在他们为国际组织服务期间均为国际公务员或称为国际职员。国际公务员来自不同国家，但不是其本国的代表，也不能自视为本国政府与国际组织间的联络代理人，更不具有代理人的一般授权或合法理由。

国际职员必须律己为公，一切都必须为所在国际组织的利益着想；避免私人利益与其所在国际组织的利益发生冲突。忠诚表现在执行任务的独立性。联合国及其专门机构规定，国际职员接受国际组织的任命就意味着他们不得寻求或接受其所在国际组织以外的任何政府（或当局）的指示。联合国秘书长当选就职后，要在联合国大会上宣誓。世界卫生组织新任总干事则要在所有会员参加的世界卫生大会的公开会议上进行庄严宣誓。所有应聘的职员都必须宣誓。通常高级职员由首席行政首长主持宣誓，一般职员书面签署誓词。例如，《世界卫生组织人事条例》中明确规定“所有职员应签署下列誓言或声明：我庄严宣誓（保证、确证、允诺）竭尽忠诚、审慎和自觉地执行委诸我作为世界卫生组织国际文职人员的职责，在履行职责及调整我的操守时，我将以世界卫生组织的利益为唯一考虑，并不寻求或接受任何政府或本组织以外的其他机构对我工作的指示”。

2012年8月1日，我国资深外交官吴红波大使被任命为联合国副秘书长，负责经济和社会事务。8月6日，在联合国秘书长潘基文的主持下，吴红波进行宣誓。他在接受国内媒体采访时坦言，要做好三个转变：一是身份转变，从中国外交官到国际公务员的转变，是个跨度不小的转变；二是工作方式转变，过去上级、同事、部属都是中国人，现在的同事则来自世界各国；三是工作目标转变。吴红波说，作为中国外交官，主要是为中国的利益而工作，作为国际公务员，就要为国际社会服务。吴红波同时也指出，“为国际社会服务也包括中国利益在内，两者并不矛盾”。

国际公务员来自世界各国，每个国家和民族都有各自的政治制度、宗教信仰、文化传统、生活习俗。不同文化文明没有高低贵贱之分，只有各自不同的特色，因此，《国际公务员行为标准》规定国际公务员必须理解并容忍同事的不同观点、不同文化、不同工作习惯，对来自不同国籍、宗教、文化背景的人不存偏见、成见，避免发表有可能被解释为有成见、不容他人的评论（尤其在面临国家利益或政治问题时）。当然，这并不意味着国际职员必须放弃自己的民族感情、政治和宗教信仰，但必须要学会保留和通融。

国际公务员还必须做到正直公正（impartiality）、独立（independence）和谨慎（discretion）。公正意味着客观公允、不带成见，尤其面临政治、宗教争端时更应保持公正。国际职员的个人观点和信念不受侵犯，但是他们没有以私人身份“采取立场”的自由，他们不得以党派成员的身份参与争端，或就有争议的问题单独抑或作为某集团的成员公开表态。

宗旨与奉献

《国际公务员行为标准》规定，联合国遵奉的价值观也必须是指导国际公务员行动的原则，即基本人权、社会正义、人格尊严与价值、尊重男女平等、尊重国家不分大小的平等权利。因为，联合国要体现世界人民最崇高的愿望，其宗旨是让人类免遭战祸，让所有人能够有尊严和自由地生活。国际公务员有责任将这些理想转变为现实，为世界和平、维护人权、社会进步、国际合作而服务。

国际组织是由会员国组成的，各组织的秘书处是为会员国提供服务的机构，而不是决策机关。国际组织秘书处的职能，主要是为该国际组织的工作提供方便和协助并执行其决定。秘书处必须团结一致，国际职员必须服从首席行政首长的领导，到其指派的地点工作或活动，对行政首长负责，原则上要 24 小时听命于行政首长的指派和指令。在处理上下级关系方面，担任国际组织领导职务的人员，要在维护纪律与公平对待下属之间取得平衡，不折不扣地让下属表达意见（特别是与自己见解相左的下级的意见），不能有任何威胁，不能对他们的意见有个人偏好，不能接受或涉嫌接受下属的馈赠。下级则要认识、理解纪律的重要性，并以此规范自己的行为。下级必须履行规定的义务，毫不隐瞒地向上级全面报告有关事项的实际情况和想法。下级有保留个人意见、把个人意见记入正式档案的权利，但是一旦领导做出了决定，就必须接受并且执行，必要时甚至需要为领导的决定进行辩护，即使这个决定不符合个人看法，也必须这样做。

此外，国际职员的私生活也受到其职务性质的一定影响。原则上，国际职员的个人生活不受其所在组织干涉。但是，个人的私生活不得导致国际组织的声誉受损。国际职员品行不端的情况虽很少出现，但一旦发生，就会造成极坏的影响。因此，国际职员的个人行为要有较高的标准，在某些方面比对国家公务员的要求更高。

国际职员要具有爱心与献身精神。《国际公务员行为标准》第 52 条规定，国际公务员必须积极主动坚持文件列出的价值、原则和标准。他们应当胸怀责任感，促进他们加入联合国系统时为之献身的伟大理想。国际组织是为世界人民服务的，国际公务员应有超越宗教信仰、文化背景、政治派别、国家疆界的无疆大爱、仁爱之心。卡洛·乌尔巴尼（Carlo Urbani，1956—2003）医生，是世界卫生组织驻越南的代表。在SARS肆虐之时，他为越南控制疾病的流行做出了巨大贡献。为了观察疫情变化，他每天接触病人，自己也受到感染，不幸于2003年3月29日逝世，终年46岁。乌尔巴尼是意大利人，曾任大学医院传染病专科医师，后参加无国界医生组织，投身于最不发达国家艰苦地区的寄生虫病防治工作多年。1999年代表无国界医生组织前往奥斯陆接受诺贝尔和平奖。世界卫生组织总干事布伦特兰说："乌尔巴尼的去世让我们每个人都很悲痛，他的去世再一次激励我们为忠诚于公共卫生事业而工作。"为纪念乌尔巴尼对防治SARS的贡献，科学家将从他身上分离出来的SARS病毒定名为乌尔巴尼毒株。

联合国自1948年执行维和任务以来，有2 000多名联合国工作人员在袭击、爆炸等暴力事件和交通事故中牺牲。巴西籍职员塞尔吉奥·维埃拉·德梅洛（Sergio Vieira de Mello，1948—2003）在联合国系统工作33年，通晓葡萄牙语、英语、法语、西班牙语和意大利语。他大学毕业后进入联合国难民署工作，先后任联合国驻波黑保护部队民政事务官员、联合国难民署助理高级专员、联合国负责人道主义事务副秘书长、联合国人道主义协调办公室主任、联合国人权事务高级专员、联合国伊拉克问题特别代表。2003年8月19日，巴格达发生爆炸袭击，他和22位同事以身殉职。德梅洛是继1948年联合国驻中东特使贝纳多特（瑞典人）被犹太极端分子杀害后，联合国又一位以身殉职的高级长官。安南称赞德梅洛一生致力于减轻他人的苦难，帮助结束冲突及进行战后社会重建，是"人类的杰出公仆"。

我国1990年首次参与联合国维和行动，派出与各维和军事观察员，2008年首次参加了亚丁湾和索马里海域护航行动，现在是联合国安理会五大常任理事国当中派出维和人员数量最多的国家。2015年3月27日，联合国维和出兵国参谋长会议在纽约联合国总部开幕。我国副总参谋长孙建国海军上将出席，他指出："中国军队先后参与24项联合国维和行动，累计派出官兵3万余人次。有10名中国维和人员在执行任务中殉职。他们把和平带给这些遥远的国度，把平安带给当地民众。作为中国人，他们代表了中国作为一个负责任大国的形象；作为蓝盔战士，他们履行了《国际公务员行为标准》。"2020年是中国军队参加联合国维和行动30周年，国新办9月18日发表《中国军队参加联合国维和行动30年》白皮书。白皮书指出，30年来中国军队认真践行《联合国宪章》宗旨和原则，先后参加25项联合国维和行动，累计派出维和官兵4万余人次，16名中国官兵为了和平事业献出了宝贵生命。

身份之转换

国际公务员不是也不能自视为国家代表，他们必须忠于国际组织。然而，国际公务员都有自己的祖国。国际公务员天天处理同国际组织和有关国家的各种“公共关系”，包括同各国政府官员、民间团体、学术机构打交道。在某种意义上讲，他们也是国家“公共外交”的参与者。他们不是国家的代表，更确切地说不是本国政府或任何政党、机构、组织的代表，但是，他们体现着国家的形象。中国人民大学新闻学院赵启正院长在《公共外交战略》一书中说：“中国公共外交的基本任务是向世界说明中国，促进外国公众认识真正的中国，包括中国的文化传统、社会发展、经济状况、政治体制和对内、对外政策，等等。”实际上，中国的国际公务员也在发挥着这样的作用。过去，一般把“外交”看得十分神秘。出于国家安全考虑，各国政府在外交事务中对某些东西实行保密，常人不得而知。但是，随着社会发展和时代进步，“外交”已不再是政府外交部门的“专利”。大家熟知的“乒乓外交”，它可以让小球转动大球；“熊猫外交”则使我国与不同社会制度的国家拉近彼此的距离。小小银球和憨态熊猫都可以进行“公共外交”，何况国际公务员！国际公务员大部分是在其业务范围内从事专业技术工作，履行公务员的国际职责。但是，他们首先是人，是来自不同文明的各个国家的自然人，不论是在公务活动还是在业余活动中，都会反映出各自国家的特定文化特征。

说国际公务员参与本国“公共外交”，这似乎和《国际公务员行为标准》的规定相互矛盾。实际上，只要处理得当得法，两者未必发生冲突。《标准》的第 9 条、第 10 条提到，处理政治或宗教信仰时，国际公务员的个人意见不可侵犯，慎重地表达意见“并不是说国际公务员必须放弃他们个人的政治观点或国家观点”，只是要求他们“必须在任何时候都保持广泛的国际观以及对整个国际社会的理解”。第 15 条规定：“不受歧视是一项基本人权。国际公务员应不加任何区别地尊重所有人的尊严、价值和平等。”国际公务员自身的人权、尊严、价值也自然包括在内。关于政治，《标准》第 48 条规定，国际公务员“不应参与政治活动，例如竞选或担任当地或国家政治职位”；但是，“这不表示他们不可以参与地方社区或民间活动，但这种参与必须符合在联合国系统的服务宣誓”。《标准》第 49 条规定，“政党党员身份的重要性因国家而异，因此难以制定对所有情况一律适用的标准。一般而言，国际公务员可以是某一政党的党员，但该政党的主导观点及其对党员规定的义务必须符合联合国系统的服务誓言”。笔者认为，中国的国际公务员的民族文化传统是相对稳定的，他们的一言一行都体现着中华民族的传统、文明。借用《公共外交》的表述：“凡有机会和能力进行国际交往的机构、组织和广大公众都应该具备参与公共外交的意识——它既是一种自觉性，又是一种广泛的爱国情怀的表现。”“中国的公众不只是外国公共外交的受众，而更应该是中国公共外交的积极力量。对于经常参与公共外交活动的人士而言，还要练好‘内知国情，外知世界’的基本功。”中国国际公务员置身于国际氛围之中，身在国外，爱国之心比在国内更加强烈、更加明显。绝大部分中国国际公务员都不愧是中国“公共外交”的践行者。对于有志于在国际组织工作的年轻人来讲，一方面须自觉加强“公共外交”的意识，同时也要放眼世界，培养全球化意识，从全球化视野来加强社会责任感和国际责任感，关注世界动态，为将来参与国际组织和国际事务做准备。

第四节　国际职员的福利待遇

联合国及其专门机构的办公地点分散在世界许多国家的不同城市，各地的国际公务员薪金和福利待遇，原则上采用联合国秘书处的统一标准，具体标准由联合国大会决定。国际公务员薪金原本规定要向西方国家公务员的较高的标准看齐。由于经费困难，目前国际公务员的薪水实际水平和西方国家公务员的平均薪水水平基本相当，但比发展中国家（包括中国）要高出许多。随着改革开放和国民经济的长期稳定发展，我国公务员的待遇与国际公务员的差距逐渐缩小。国际公务员的待遇，对于发展中国家公民自然有吸引力。抛开工资水平，更值得我们关注的是联合国等国际组织已形成一整套成熟、完备的规章制度，充分考虑职员各方面情况，更加体现以人为本的理念，更加人性化、规范化、制度化、公开化、透明化，值得学习借鉴。

基本薪金

国际公务员的薪水，从确定方式上可分为特定标准与固定标准、已婚与单身标准、定期与临时等。

薪水(salary)

在联合国及其专门机构任职人员的薪酬大致分成几类。国际组织主要负责人的待遇（包括任期、薪水、招待费等）由选举其产生的国际组织大会决定，并由大会主席代表国际组织与之签署书面任用合同。其他职员的工资，联合国根据岗位、级别实际确定薪金表，具体分为以下几类：

◇ 专业及以上职类（professional and higher categories）：这类人员的薪金参照会员国薪酬最高的国家公务员水平确定。国际公务员制度委员会定期进行检查，以确定薪酬水平最高的会员国的国家公务员制度，并根据其规模和结构进行比较。目前，美国联邦公务员的薪酬被视为最高。联合国的薪级表涵盖专业人员（P1 至 P5）、司长（D1 和 D2）、助理秘书长和副秘书长。

◇ 外勤服务类别（field service category）：受雇参加维持和平特派团和联合国电信系统运作的人员属于国际征聘人员，有权享受国际组织的一系列福利。薪酬结构与专业人员类似，有一个适用于全球的薪级表。这一类别设七个等级，也是通过与美国联邦公务员制度中的类似职位比较确定的。

◇ 一般事务及有关职类（general service and related categories）：这些类别人员按当地标准支付工资。薪金水平相当于当地从事类似工作人员的最佳水平，由公务员制度委员会进行调查后确定。总部所在地的调查，由公务员制度委员会负责并提出薪金表，供联合国和世界卫生组织最后批准。非总部所在地，由联合国和采用联合国共同制度的某些机构调查。

表1-10是2023年1月生效的联合国公布的专业及以上级别人员的薪级表，适用于联合国系统在全球的各机构，其中“gross”为基薪毛额，“net”为基薪净额（从基薪毛额中扣除薪金税）。国际公务员工资以美元为单位计算，可领取美元，也可全部或部分领取当地货币，视职员工作地点而定。如工作地点在日内瓦可领瑞士法郎，在欧盟国家则可领欧元。职员每个月实际领到的薪水由两部分组成，即基本工资＋岗位调整（post adjustment）。所谓的岗位调整，取决于不同工作地点的物价消费指数（CPI），由联合国有关部门确定岗位调整的比例。这类似于我国过去国家干部享受的地区补贴，同级别的工资标准虽然一样，但是消费水平高的地区有地区补贴。联合国系统岗位调整的计算办法更为复杂，既有物价消费指数因素，同时还有美元对当地货币的汇率变化因素。一般来说，在发达国家工作的岗位调整高于在发展中国家的岗位调整，这主要是物价消费指数的原因。21世纪初，在美国纽约工作的国际公务员岗位调整占基本工资的30%～40%，近年来则上升至200%。而在肯尼亚内罗毕则为7%～8%。此外，在同一城市工作，不同时期的岗位调整也不断变化。1994年，日内瓦的岗位调整比率为70%左右，一度降到30%～40%，现在为93.4%。这样的办法，可以保证不论汇率和物价消费水平怎么变化，国际公务员的实际生活水平基本不受影响。

补助（allowance）

如上所述，已婚职员基本工资高于单身职员，包含了给受抚养配偶的补贴（条件是配偶没有工作或工资低于规定标准）。此外，未婚职员如果供养不能自食其力的亲属（如父母），也可申请对其中一人予以补助。最后，所有职员的未成年子女均可得到生活补助和教育补助。每个子女每月约得100美元生活补助。在读的未成年子女，每人每年可以报销学杂费的75%（补助金额视学校所在国家的实际水平而定，联合国对各国的学杂费都规定了上限，超出部分自理）。再有，国际公务员还有若干一次性补助，例如初次上任时除提供搬家费外还发放安家费（相当于30天的出差补贴），离任时有搬家费、归国遣返费。其中，搬家费在各国际组织中规定的具体办法不同，在规定重量/体积的上限内，由国际组织通过招标选定搬家公司，提供门对门（door to door）服务（包括所有家用物品的包装、发运、卸货、保险及可能发生损坏丢失的索赔）。也有的国际组织为节约开支，把搬家费的80%包干发给本人，由个人自行处理搬家事宜。在条件艰苦地区工作的职员还享受艰苦补助。受聘期间被改派到其他国家或地区工作，因公出差等也都有相应的补助。

表 1-10　业务官员（P1 至 D2）年薪表，2023 年 1 月 1 日起生效

单位：美元

Level		*I*	*II*	*III*	*IV*	*V*	*VI*	*VII*	*VIII*	*IX*	*X*	*XI*	*XII*	*XIII*
D-2	**Gross**	**154 212**	**157 747**	**161 282**	**164 820**	**168 359**	**171 895**	**175 429**	**178 968**	**182 503**	**186 038**			
	Net	117 280	119 613	121 946	124 281	126 617	128 951	131 283	133 619	135 952	138 285			
D-1	**Gross**	**137 890**	**140 817**	**143 750**	**146 680**	**149 599**	**152 683**	**155 789**	**158 889**	**161 998**	**165 102**	**168 206**	**171 308**	**174 415**
	Net	106 023	108 072	110 125	112 176	114 219	116 271	118 321	120 367	122 419	124 467	126 516	128 563	130 614
P-5	**Gross**	**118 901**	**121 393**	**123 886**	**126 373**	**128 866**	**131 353**	**133 847**	**136 336**	**138 827**	**141 316**	**143 809**	**146 294**	**148 790**
	Net	92 731	94 475	96 220	97 961	99 706	101 447	103 193	104 935	106 679	108 421	110 166	111 906	113 653
P-4	**Gross**	**97 139**	**99 353**	**101 701**	**104 104**	**106 507**	**108 910**	**111 317**	**113 720**	**116 123**	**118 523**	**120 931**	**123 329**	**125 733**
	Net	77 326	79 008	80 691	82 373	84 055	85 737	87 422	89 104	90 786	92 466	94 152	95 830	97 513
P-3	**Gross**	**79 764**	**81 813**	**83 863**	**85 909**	**87 961**	**90 008**	**92 057**	**94 108**	**96 155**	**98 203**	**100 279**	**102 501**	**104 727**
	Net	64 121	65 678	67 236	68 791	70 350	71 906	73 463	75 022	76 578	78 134	79 695	81 251	82 809
P-2	**Gross**	**61 680**	**63 512**	**65 343**	**67 175**	**69 011**	**70 845**	**72 680**	**74 507**	**76 341**	**78 172**	**80 005**	**81 842**	**83 672**
	Net	50 377	51 769	53 161	54 553	55 948	57 342	58 737	60 125	61 519	62 911	64 304	65 700	67 091
P-1	**Gross**	**47 471**	**48 896**	**50 349**	**51 905**	**53 459**	**55 017**	**56 570**	**58 128**	**59 682**	**61 239**	**62 793**	**64 347**	**65 904**
	Net	39 401	40 584	41 765	42 948	44 129	45 313	46 493	47 677	48 858	50 042	51 223	52 404	53 587

注：gross 为毛工资，net 为净工资，每个级别设 13 个档次（step）。正常每年上调一档，颜色加深的两年上调一档。

国际组织对职员享受福利的审查相当严格。例如，职员每年都要汇报家庭实际情况，如实反映婚姻状况、子女就读等方面的变化，防止多领不应享受的补助。又如，申领出差补助时要详细填表，如出差时受到招待享受部分免费食宿，必须逐项扣除。再如，国际组织规定所有职员不论级别，乘坐飞机时只有飞行超过 8 小时才可以乘坐公务舱。2003 年 4 月，李钟郁作为世界卫生组织候任总干事访问我国，从日内瓦到北京旅途飞行十几个小时，虽然他一个月后即将成为该组织最高行政首长，但仍轻装简从只身一人出访，和其他职员一样乘坐公务舱而不是甲等舱。世界卫生组织的出差补助，过去高级官员的补助高于业务官员，后来也改为不论级别出差补助一律平等。

社会保险　医疗养老俱全

国际组织的医疗、养老金等社会保险机制相当成熟健全。养老金和医疗保险费由职员所在组织承担 2/3，个人承担 1/3，每月自动从薪金中扣除。

◇ 医疗保险。国际组织统一确定保险公司。国际组织选定的险种很好，几乎涵盖所有疾病。以世界卫生组织为例，职工的健康保险包括口腔科治疗、洗牙、镶牙、植牙、配眼镜等。就诊住院没有指定医院的限制，个人可自选私人医生或医院就诊，持有医生处方可到市面任何药房买药，诊疗费、住院费、医药费均先由个人支付，一年内凭单据报销 80%。如医药费超过月收入的 15%，可以申请所在组织提前预付，以后从工资中扣除。职员退休，参保时间超过 10 年的可继续参加，本人按养老金的一定比例每月缴纳保金。参保时间不满 10 年但愿意继续参加的，职员个人须一次性缴纳剩余年限的足额保金。

◇ 养恤保险。也就是通常所说的养老保险，联合国系统的职员养老金由设在美国纽约的专门机构——联合国合办工作人员养恤基金（United Nations Joint Staff Pension Fund）负责管理，个人每月缴纳的数额占其净收入的 10%左右。该机构每年向每位职工提供一份养老保险对账单，注明参加时间、已缴金额、提前终止可支付金额、到达退休年龄可领取金额等。养老金一般到规定的退休年龄（1990 年之前应聘的职员为 60 岁，此后应聘的为 62 岁，2018 年起改为 65 岁）方可支付。养老金可以采取两种不同办法领取：一般由养老金基金按月向职员本人指定的银行账户汇出其养老金；职员到达退休年龄时，也可以申请提前领取一定比例的养老金（不得超过已缴全部保金的 1/3），以后每月领取的养老金数额则相应减少。此外，也有未满退休年龄因离开国际组织而终止参保的，他们也有两种领取办法：或一次性领回个人所缴保金及利息，或待年满退休年龄之后按月领取应得的金额。如果退休职员去世，其配偶仍可继续领取该职员养老金的一半，直至离开人世。

休假制度　颇具国际特色

联合国及其专门机构有各种节假日。除星期六、星期日以外，一般有 10 天法定节日放假（圣诞、元旦、复活节和所在国其他节庆日等，各组织具体安排略有不同）。此外还有年假、探亲假、病假、产假。

◇ 年假（annual leave）。每年共 30 个工作日，计算办法：每工作满一个月可以享受带薪假 2.5 天，最短可以以半天计算，在不影响工作的前提下，职员的年假可根据本人意愿安排在任何时间。为达到休息目的，还规定每年至少休 15 天，其余的 15 天可转至次年，但最多累计不得超过 60 天，如果累计天数高于 60 天则超出部分作废。退休时累积的年假，可发给相应天数日薪作为补偿，但不得超过 60 天。

◇ 探亲假（home leave）。每两年可回国探亲一次，时间计算在年假之内，目的是让职员回国重温自己祖国的文化，可以享受探亲假的是全球范围招聘的职员，不包括当地招聘人员。如果职员的家乡离工作地点路程远，其旅途所用时间不计入年假之内（如瑞士到中国往返合计按增加 3 天计算）。国际组织一般直接为职员支付探亲往返机票，中转的食宿也可以报销。为节约经费、简化手续，世界卫生组织已改为包干制，按不打折的正常往返票款额的 75%发给个人支配。职员的配偶及未成年子女享受同样待遇，子女在第三国就读可以到父母工作地或者随父母回国探亲，由职员自己选择。享受探亲假有几个条件：（1）工作满两年方可探亲一次；（2）探亲后至少继续回原国际组织工作 6 个月，也就是说探亲回单位后需要有足够长的合同；（3）回国在原常住城市逗留 2 周以上方可销账（现在时间上已经放宽要求，不太严格）。如果预支了探亲费，但是未满足上述探亲的条件，则已领取的款项须如数返还。

◇ 病假。一般不用出示病假证明，每人每年可休 7 天病假，一次最短半天，最长 3 天，3 天以上需要医生出具证明。每年病假累计天数不能超过 6 个月，4 年病假累计不得超过 9 个月。超过者工资按规定相应降低。

◇ 产假。女职员分娩享受 16 周的产假，产假可以提前在产前开始。如果男职员配偶生孩子，男职员也有 4 周的陪产假。

特惠待遇　便利开展工作

根据联合国及其专门机构与有关国家政府的约定，国际职员的所得税已由国际组织扣除，所以其收入不再向工作所在国的政府缴纳税款，银行存款生息（如银行代缴税款）可在规定期限之内申请退税。在日内瓦任职的高级职员（专业级别 P5 以上官员）享受外交待遇，如每三年可免税购买一辆汽车（可同时有两辆外交牌照的轿车）、免缴燃油税、单次购物超过一定金额（100 瑞士法郎）免缴增值税，当地政府颁发身份证标明享受外交待遇，凭证可自由进出机场候机厅，为国际公务员出差休假和迎送客人提供方便。此外，鉴于国际公务员执行公务的特殊身份，联合国还为联合国及其专门机构的国际公务员颁发特别护照，即联合国的通行证，持证人因公可在会员国享受到各种必要的支持和便利。

联合国鼓励工作人员学习和使用正式语言。在多个考试地点，每年两次面向全系统工作人员举办语言资格考试。专业及以上级别人员，如通过一门正式语言（母语除外）的资格考试，每年可提前一个月获按级加薪。

思考题

1. 国际公务员的职务是如何分类的？
2. 应聘国际公务员有哪些途径？
3. 报考国际公务员需要具备什么条件？
4. 国际公务员要遵守怎样的行为标准？
5. 国际公务员的行为标准与国家公务员的有什么相同与不同之处？

第二章

国际职员的胜任力

第三、四、五章将讨论如何在国际组织求职、任职和升职，即怎样才能“进得去”“站住脚”“升上去”。第二章先来介绍联合国对国际公务员的价值观和胜任力方面的总体要求。这些要求是联合国招聘国际公务员的依据，也是对在职国际公务员进行绩效考核、奖惩等管理工作的依据。

联合国肩负维护和平、促进发展、保障人权的崇高使命，国际职员为完成上述使命必须具备相应素质。为此，联合国自成立以来建立了一整套人力资源管理制度，包括国际公务员行为标准、工作人员条例等。任何人竞聘国际组织职位，都要了解国际组织对国际公务员的基本要求。2010 年联合国助理秘书长凯瑟琳·波拉德（Catherine Pollard）主持编写了《联合国能力开发：实用指南》（*UN Competency Development*：*A Practical Guide*，简称《实用指南》）（见图 2-1）。

图 2-1 《实用指南》封面图

《实用指南》详细论述了国际公务员需要具备的三项核心价值、八项核心能力，以及领导岗位人员的六项管理能力。在联合国任职，不论担任什么职务，从事什么工作，都必须具备这些核心价值和核心能力；管理人员还要具备核心管理能力。三项核心价值指：诚信/正直（integrity）[①]、敬业/专业精神（professionalism）、尊重多样性（respect for diversity）。八项核心能力包括：沟通能力、团队精神（teamwork）、规划和组织能力（planning & organizing）、责任心（accountability）、客户导向（client orientation）、创新精神（creativity）、技术意识（technological awareness）、不断学习（commitment to continuous learning）。六项管理能力指：战略视野（vision）、领导能力（leadership）、赋权增能（empowering others）、绩效管理（managing performance）、信任建设（building trust）、决策能力（judgment/decision-making）。这些要求既是人员培训内容，也是招聘录用、年度考核、提拔晋升的依据。

第一节　国际职员的核心价值

诚信

《国际公务员行为标准》第 5 条规定："《联合国宪章》中遵奉的诚信/正直概念概括了国际公务员行为的各个方面，包括诚实、坦率、公正和廉洁等品格。这些品格如《联合国宪章》中遵奉的才干和效率一样基本。"诚信涵盖诚实、真实、公正、不腐（honesty，truthfulness，impartiality and incorruptibility），是国际职员必须遵循的首要原则。诚信的衡量指标如表 2－1 所示。

表 2－1　诚信的衡量指标

诚信的积极指标	诚信的负面指标
（1）工作中体现公正、公平、诚实、真实	（1）随心所欲地解读原则和道德规范
（2）不考虑个人得失	（2）寻求个人利益
（3）决策时能抵制不当政治压力	（3）遇到压力妥协让步
（4）不滥用权力或权威	（4）观察问题主观性强，有偏心
（5）支持所有符合组织利益的决定	（5）为人不可靠
（6）制止不符合职业道德/规范的行为	（6）为人有时不诚实

对国际职员的诚信要求：

- 积极主动寻求了解、理解本组织所看重的价值，审视自己的行为，确保在行为上践行本组织的价值；
- 做任何事情，绝不考虑个人得失，即使遇到政治压力，仍然坚持原则；

① "诚信"与正直在本书中均译自同一个英文单词"integrity"。

● 确保自己的所有言行及决定都符合本组织的最大利益，遇到潜在有争议的问题，咨询比自己资深的上司；

● 随时审视自己或他人是否有违背道德操守或缺乏诚信的行为，一旦发现，立即采取行动加以纠正；随时随地宣传、倡导诚信的重要性。

联合国道德操守办公室组织员工参加诚信培训，对道德操守取得共识，正确分析存在的问题和表现，促使员工在日常工作和行为中严格遵循诚信要求。

敬业/专业精神

联合国对敬业/专业精神的定义是：专注、自觉、有效地在规定时间内完成任务，做出成绩。国际职员必须具备本专业领域的专门知识和技能，以最佳状态和坚定毅力工作，充分发挥最大的潜力；在日常工作中与时俱进，随时了解本领域的最新发展；在履行职责时尽量使用最有效的技术和工具，达到专业最高水准；必须自觉、有效地完成任务，不掺杂个人考虑；遇到困难和挑战能够坚守，遇到压力有自制力。敬业/专业精神的衡量指标如表2-2所示。

表2-2　敬业/专业精神的衡量指标

敬业/专业精神的积极指标	敬业/专业精神的负面指标
（1）为自己的工作和成绩感到自豪	（1）取得成绩的动力不足
（2）表现出专业能力，熟悉本领域业务	（2）对自己的工作领域及专业不太熟悉
（3）自觉有效兑现承诺，遵守时限，完成任务，做出成绩	（3）满足于已有成绩
（4）动机纯正，不掺杂个人考虑	（4）制订的指标和目标不高，容易实现
（5）遇到困难、问题和挑战时，能够坚守	（5）遇到压力，容易被击垮
（6）面对紧张压力时，能保持平静	（6）遇到挫折或严峻挑战，不易重拾信心

对国际职员敬业精神的要求：

● 永远兑现所有承诺，永远按时完成任务，工作特别出色，超出所有期望；

● 为完成工作任务感到自豪，尽最大可能提高工作质量；

● 遇到困难，保持冷静和信心，尽显专业能力；

● 在日常工作和活动中不断提高自身及他人的专业水准。

尊重多样性

国际职员来自不同国家，他们把不同背景经历、不同文化带进国际组织。多元文化既是优势和财富，也带来了特殊的挑战。为了在多元文化氛围有效开展工作，国际职员必须认识尊重他国风俗习惯的重要性，与来自不同背景的人有效合作，平等地对待同事，尊重并理解不同意见，随时审视自己的想法，不歧视任何个人或群体。国际职员必须互相尊重、互相包容，共同开拓创造，应对挑战和复杂问题。尊重多样性的衡量指标如表 2-3 所示。

表 2-3　尊重多样性衡量指标

<table>
<tr><th>尊重多样性的积极指标</th><th>尊重多样性的负面指标</th></tr>
<tr><td>（1）能与不同背景的人有效共事</td><td>（1）无法与不同背景的人共事</td></tr>
<tr><td>（2）尊重所有人，维护他们的尊严</td><td>（2）不能敏感地意识到持不同意见人士的需要</td></tr>
<tr><td>（3）平等对待男女人士</td><td>（3）有时会冒犯背景不同的人士</td></tr>
<tr><td>（4）尊重和理解不同意见，并在日常工作和决策时体现对不同意见的理解</td><td rowspan="3">（4）不能从持不同意见人士的角度来看待问题</td></tr>
<tr><td>（5）随时审视自己的偏见和行为，以免带有成见</td></tr>
<tr><td>（6）绝不歧视任何个人或群体</td></tr>
</table>

对国际职员尊重多样性的要求：

- 能够与不同背景的人士有效共事；
- 主动征求并听取不同意见；
- 检查自己的言行，确保不存在偏见和歧视；
- 反对偏见，一旦发现，积极设法消除偏见；并积极鼓励他人尊重多样性。

第二节　国际职员的核心能力

沟通能力

联合国所有职员都必须具备沟通能力，这不仅涉及从事对外宣传、对外发挥影响力的职员；也包括下达指示、通报情况、进行演讲、参与谈判和讨论、提供咨询等方面的人员。国际职员在日常工作中也需要相互交流与沟通。联合国把沟通能力作为第一项核心能力，联合国专门机构几乎都把沟通能力放在各项胜任力之首。沟通能力的衡量指标如表 2-4 所示。

表 2-4　沟通能力的衡量指标

<table>
<tr><th>沟通能力的积极指标</th><th>沟通能力的负面指标</th></tr>
<tr><td>（1）清晰并有效地进行口头和书面表达</td><td>（1）讲话时缺乏信心</td></tr>
<tr><td rowspan="2">（2）能倾听他人的意见，正确解读他人的想法，并做出正确反应</td><td>（2）书面表达语言含糊不清，冗长啰唆</td></tr>
<tr><td>（3）使用不当语言，沟通方式呆板单一</td></tr>
<tr><td rowspan="2">（3）能提出要求澄清问题，并对双向沟通表现出兴趣</td><td>（4）面对面交流时缺少表情</td></tr>
<tr><td>（5）时常让读者或听者失去兴趣</td></tr>
<tr><td rowspan="2">（4）能使用适合听众的语言、语调、风格和形式进行沟通</td><td>（6）主题不集中，不时转换主题</td></tr>
<tr><td>（7）受众对你的沟通效率无积极反馈</td></tr>
<tr><td>（5）愿意分享信息，主动介绍情况</td><td>（8）无理由拒绝分享信息</td></tr>
</table>

联合国职员经常要参加讨论和辩论；起草文字材料、报告、通讯及信函；起草技术咨询意见或提供技术支持，包括面对面咨询，通过电话、电邮或书面材料等方式提供意见或支持；为不同的受众做演讲；宣传理念和设想，或者通过有说服力的案例来影响他人。沟通能力是所有工作人员的一项必备能力。

对国际职员沟通能力的要求：

- 能够提出问题，并能够集中注意力倾听；
- 能够准确判断不同受众的需要；
- 能够使用简单明了的语言陈述复杂的技术信息；
- 永远能够使用清晰、简洁的语言进行沟通。

国际组织的工作很大程度上要通过“文山会海”来完成，组织会议，参加会议，通过会议达成一致，形成文件，这些都需要工作人员的沟通能力。

团队精神

国际组织往往要求团队工作，支持同事的工作，为团队的决定和结果共担责任，需要鼓励其他同事努力做贡献，与其他部门同事进行合作，在一个团队里共同建设团队文化、团队行为准则。团队精神的衡量指标如表 2 - 5 所示。

表 2 - 5　团队精神的衡量指标

团队精神的积极指标	团队精神的负面指标
（1）为实现组织的目标与同事合作共事	（1）几乎从不支持同事的工作
（2）真心重视他人想法和专门知识，愿意向他人学习，主动征求他人想法	（2）喜欢独自工作
	（3）强调实现个人的目标
（3）把团队目标置于自己的目标之上	（4）很少考虑他人意见和贡献
（4）与团队成员达成共识和一致方向	（5）喜欢单独采取行动
（5）支持并执行团队做出的决定，哪怕这些决定不能完全反映自己的观点	（6）不理睬或破坏多数人做出的决定
（6）团队有成绩时共享，出问题时共担责任	（7）将团队成绩据为己有；出了问题，把责任推给他人

对国际职员团队精神的要求：

- 在团队中合作顺利，事业成功；
- 在团队内外广泛协商，主动征求各方意见，并认真听取他人的想法；
- 永远把团队的目标置于个人目标之上；
- 与团队成员共担责任，互相支持。

团队精神对国际职员来说极为重要。所有人员都要为同一目标而努力，也只有拧成一股绳才能完成使命。

规划和组织能力

这是联合国所有职员必须具备的能力。国际职员每年都要做表现考核（performance assessment），包括年初制订工作计划、年中回顾、年末评估。工作计划涵盖当年要实现的目标、准备采取的措施以及检验目标成功实现的标准。管理人员不仅要制订自己的目标和措施，还要帮助下属确定目标及措施。制订工作计划，涉及设定轻重缓急事项的能力以及为适应变化而可能对工作或项目优先次序进行调整的能力，规划并有效使用时间和资源的能力，制订详细项目计划的能力，根据计划掌握进度的能力，高效率、高质量地完成任务的能力等。所有员工都需要具备规划和组织能力。规划和组织能力的衡量指标如表 2－6 所示。

表 2－6　规划和组织能力衡量指标

<table>
<tr><th>规划和组织能力的积极指标</th><th>规划和组织能力的负面指标</th></tr>
<tr><td rowspan="2">(1) 为实现已定的战略，制订合适的目标</td><td>(1) 没有明确的轻重缓急的安排</td></tr>
<tr><td>(2) 杂乱无章，缺乏系统性</td></tr>
<tr><td rowspan="2">(2) 确定优先事项及任务，并适时进行必要的调整</td><td>(3) 制订的工作计划不切实际</td></tr>
<tr><td>(4) 制订的时间表不切实际</td></tr>
<tr><td>(3) 为完成任务，妥善分配时间和资源</td><td>(5) 工作进程偏离原定目标</td></tr>
<tr><td rowspan="2">(4) 做计划时，能够预测风险，并能为紧急情况预留应对余地</td><td>(6) 延误完成任务的时限</td></tr>
<tr><td>(7) 不能完成任务；不检查工作</td></tr>
<tr><td>(5) 监测计划和行动的进展，并能适时进行调整</td><td rowspan="2">(8) 不愿意根据新的要求而改变计划</td></tr>
<tr><td>(6) 有效利用时间</td></tr>
</table>

对国际职员规划和组织能力的要求：

- 制定的目标和计划总是既明确又可衡量，并依照目标和计划来开展工作；
- 高效使用时间，从不误期，从不因太忙而耽误工期；
- 能随时因情况变化而主动调整计划；
- 积极根据计划和目标来检查自己的工作表现，一旦工作中出现滑坡苗头，随时采取补救措施。

联合国每个部门都有各自的工作计划，包括年度计划及具体任务或项目的实施计划，每位员工必须根据部门计划制订个人的目标和计划，包括具体落实步骤、时间表以及每个步骤所需时间和资源。

责任心

国际职员必须遵循规章制度，按时保质完成各项任务，并对完成任务的成本和预算负责，对共同完成任务的同事负责，对本单位工作水准负责。责任心的衡量指标如表 2－7 所示。

表 2-7　责任心的衡量指标

责任心的积极指标	责任心的负面指标
（1）承担所有的责任，兑现所有的承诺	（1）推诿责任
（2）按照规定的时间、成本和质量标准，负责在自己的工作领域做出成果	（2）不兑现承诺
（3）确保所有运作符合组织的规章制度	（3）完成任务的质量低劣
（4）支持下属，实施监督，并为下派的任务承担责任	（4）对应达到的标准不清楚
	（5）工作效率低下
（5）为本人及本单位的缺陷承担个人责任	（6）常降低标准，总想走捷径
	（7）一旦把任务下派给他人，就不再关心完成任务的水准

对国际职员责任心的要求：

● 承担所有事项的全部责任，甚至在问题显现前就承认问题的存在；

● 对自己需要交付的工作任务，不断努力提高质量水准；

● 从文字到精神都维护和执行本组织的所有规章制度，积极了解对自己工作有重大关系的规则；

● 积极寻找个人的不足，并努力改正；不断提高自己的工作质量。

所有国际职员都必须有责任心，必须了解国际组织的要求，遵守联合国所有的规章制度，牢记联合国及有关各方的利益，不断改进工作，提高工作质量和水准，特别是必须按时高质量地完成任务，有担当精神，积极主动认识缺陷与不足并努力克服。

客户导向

对国际职员来说，客户指各种服务对象，包括向本组织内外的各类客户提供各项服务，如会议服务、项目管理和支持、咨询或指导意见等，客户包括直接及间接对服务对象，以及工作流程下游的同事。这就离不开培育各种伙伴关系。国际职员的客户导向也是核心能力之一。客户导向的衡量指标如表 2-8 所示。

表 2-8　客户导向的衡量指标

客户导向的积极指标	客户导向的负面指标
（1）把所有的服务对象都看成客户，从客户角度来看待事物	（1）没有充分了解客户的想法
（2）获得客户信任和尊重，与他们建立并保持有效的伙伴关系	（2）很少考虑帮助他人
（3）弄清客户需要，采取合适的措施来满足他们的需要	（3）与人联络感情、建立关系较慢
（4）随时关注客户的内部及外部情况，了解进展，预测问题	（4）不积极满足客户的要求
（5）随时向客户通报项目进展或挫折	（5）几乎没有证据表明获得了客户的积极反馈
（6）确保按期向客户交付产品或服务	（6）不积极向客户通报有关情况

对国际职员客户导向的要求：

- 把工作中接触到的所有人都看成自己的客户；
- 积极主动明确哪些是自己的客户，在信任和尊重基础上与他们建立起牢固关系；
- 积极主动地了解客户现在及潜在的要求，并了解满足客户要求的方式；
- 与客户坦诚沟通，并随时向他们通报进展及可能影响他们的任何问题。

简言之，国际职员要根据客户导向这项核心能力要求，从广义上去理解客户，把为所有客户服务放在首位，倾听并满足客户的要求，在信任和尊重的基础上与他们建立有效的关系，确保重视客户，并为客户带来改变。

创新精神

在国际组织工作常常需要制订新方案、启动新服务、提出新理念或新的解决方案；根据新情况改进或调整原有方案或服务项目；参与制订组织结构、体系或战略；等等。没有“创新精神”，无法履行这样的职责。创新精神的衡量指标如表 2－9 所示。

表 2－9　创新精神的衡量指标

创新精神的积极指标	创新精神的负面指标
（1）积极寻求改进方案或服务项目	（1）不能迅速提出新设想
（2）为解决问题和满足客户要求，提出有别于他人的新解决方案	（2）习惯用常规方法看待问题
	（3）满足于接受现状
（3）宣传新理念，说服他人考虑新设想	（4）解决问题时缺少创新精神
（4）对新的不寻常的想法，愿意承担预期风险，跳出固有思维模式思考问题	（5）保持固有的思维方式
	（6）谨慎对待新方法
（5）愿意接受新设想、新做法	（7）想不出替代方法
（6）不受现有想法和传统方法的束缚	（8）安于接受过时的工作方法
	（9）提出的建议往往不被人接受
	（10）工作中缺乏创造性

对国际职员创新精神的要求：

- 积极寻找机会，不断改进服务和方案；
- 积极寻找机会，实施开发新方案或新服务的项目；
- 愿意承担风险，愿意试验不太成熟的解决问题的方法；
- 经常创造性地提出新设想，能够跳出固有思维模式来思考问题。

总之，国际职员要不断寻求新思路、新方法、新方案、新项目。联合国看重创新思维，鼓励尝试新事物、新方法。

技术意识

当代信息技术发展日新月异，联合国也需要依靠先进的信息技术支撑其工作。联合国是政治性很强的国际组织，为什么强调技术？因为联合国的很多工作都要使用新技术、新硬件和软件才能完成，除需要专业技术人员支撑这个庞大系统的运转外，所有员工都需要与时俱进。技术意识的衡量指标如表 2－10 所示。

表 2－10　技术意识的衡量指标

技术意识的积极指标	技术意识的负面指标
(1) 与时俱进，跟踪技术发展	(1) 对技术的了解十分有限
(2) 了解并理解适用办公室技术的适用性及局限性	(2) 对研究技术没有兴趣
(3) 积极将合适的技术应用于合适的任务	(3) 对将技术应用于工作不积极
(4) 表现出学习新技术的意愿	(4) 对将技术应用工作的了解十分有限

对国际职员践行技术意识的要求：

- 积极跟踪相关领域的新技术发展；
- 积极思考通过更有效使用技术来提高办公室工作效率的方法；
- 欢迎并学习使用新技术的最佳方法。

技术意识的英文原文是 technological awareness，其内涵重点是对技术的认识和采用技术的意愿，而不单纯是技术知识或技术能力本身。这一核心能力所要求的不仅仅是会使用哪种技术，更在于能否紧跟技术发展，是否有学习使用技术的积极性，是否愿意接受技术上挑战性很强的工作。

不断学习

联合国在维护和平、促进发展、维护人权等各方面要应对各种新情况。国际职员必须提供与时俱进的专业意见，使用新方法，解决新问题。只有坚持学习，才能有所提高，不断学习的精神必不可少。不断学习的衡量指标如表 2－11 所示。

表 2－11　不断学习的衡量指标

不断学习的积极指标	不断学习的负面指标
(1) 跟踪了解自己专业或领域最新发展	(1) 对本领域专门知识的了解十分有限
(2) 积极寻求专业及个人层面不断发展	(2) 不能与时俱进
(3) 努力帮助同事及下属学习	(3) 不能积极承担有助个人发展的任务
(4) 愿意向他人学习	(4) 不愿意帮助别人学习
(5) 主动征求意见，不断学习，不断改进	(5) 很少有人认为你有专门知识
	(6) 听到别人的反馈意见，常常辩解
	(7) 不是任何领域的权威

对国际职员不断学习的要求：

- 寻找并充分利用一切机会，更新自己的专业知识；
- 主动征求他人意见，不断自我反省，找出个人有待发展的领域；
- 根据自己的现状及今后的发展需要，制订明确的个人发展计划，定期根据计划检查自己的进步情况；
- 重视向他人学习，积极寻找可帮自己增长知识、提高认识的人士。

时代在进步，形势在发展，问题和挑战不断出现，肩负三大使命的联合国必须适应变化，推动进步。这要靠国际公务员不断学习、与时俱进，这也是为什么联合国把它列为八项核心能力之一。

联合国非常重视国际职员的在职培训，经常举办各种培训班，包括必修课（mandatory learning）、语言课（language learning）、在线课（online learning）等。必修课大多为在线培训，新入职人员半年内必须参加一系列培训，如“外地基本安全培训”“预防工作场所骚扰、性骚扰和滥用权力”“艾滋病毒/艾滋病情况介绍”“联合国的道德操守与廉政”“联合国的人权责任”“信息安全意识”等课程；管理人员有“表现管理和开发”课程，面试考官有“基于能力的选拔和面试技巧”课程，采购人员有“采购套餐”课程，维和人员有“文职官员派驻前培训”课程等。

第三节　管理人员的管理能力

联合国秘书处的管理人员分为高级管理人员和中低级管理人员。两级管理人员的基本职责相同，都要具备六项核心管理能力，高级领导（division）、部（department）级以上单位，通常负有建章立制或建设文化的责任。以下是六项核心管理能力的具体内容。

战略视野

各级管理人员都应该具有战略视野。领导者必须保证使人们具有战略视野，而且能够身体力行，让战略视野成为自己工作、生活中不可缺少的东西。领导者必须为团队确定长期目标，并使其成为有血有肉的东西。联合国所有管理人员必须具有战略视野，制订远景规划，明确前进方向。个人战略视野及部门战略构想，必须与联合国总目标一致，必须能够充分利用机会，规避风险，领导部门全体人员共同完成任务。战略视野的衡量指标如表 2 - 12 所示。

表 2 - 12　战略视野衡量指标

战略视野的积极指标	战略视野的负面指标
（1）找准有战略意义的问题、机会及风险	（1）不看大局，只看细节
	（2）不能预测未来的需求
（2）明确无误地将本单位的目标与联合国的宏伟战略目标相对接	（3）看问题眼光短浅；没有战略头脑
	（4）用简单化的方式来考虑未来
（3）确定并宣传本组织的大目标，激励下属为实现这一目标而努力	（5）眼光只盯着短期目标
	（6）考虑问题非常狭隘
（4）感染、激励下属，使他们对美好前景充满激情和憧憬	（7）不能激发下属对战略大目标的兴趣

对管理人员战略视野的要求：

● 能够明确无误地找准战略问题、机会及风险，并就问题、机会及风险制订一个有轻重缓急顺序的计划，能够积极乐观地预测未来；

● 积极理解联合国的总战略，并结合联合国的总战略来制订本单位的工作规划；

● 经常积极向下属宣传本组织的总战略，激励下属为此奋斗，鼓励他们为战略大讨论献计献策。

领导能力

管理人员管理下属和团队，要为下属及团队制订战略目标，解决团队内部及团队之间的矛盾和问题，引领变革，有时还要代表团队或部门乃至联合国。要顺利履行这些职责，就需要具有领导能力。领导能力的衡量指标如表 2-13 所示。

表 2-13　领导能力衡量指标

领导能力的积极指标	领导能力的负面指标
（1）成为别人愿意效仿的榜样	（1）对管理角色感到不自在
（2）为下属赋权增能，使他们能将战略目标转化为具体成果	（2）不采取任何立场
	（3）逃避领导责任
（3）积极制订实现目标的战略	（4）不制订明确的目标
（4）广泛建立并维护积极的工作关系，了解需要，赢得支持	（5）不为团队指明行动方向
	（6）不愿与人打交道
（5）预测可能的矛盾与冲突，并寻求各方能接受的方案来解决问题	（7）不知道如何激励员工
	（8）不能正确下放权力
（6）不安于现状，不断追求变革与改进	（9）倾向于让别人来挑头
（7）勇于采纳正确但不受欢迎的立场	（10）不知如何处理矛盾或冲突

对管理人员领导能力的要求：

● 能够发挥领导和榜样作用，能够激励下属效仿与学习；

● 能够制订战略，协调整个团队方方面面的力量，实现团队明确的目标，定期向下属宣传团队的目标和战略，并与团队成员一起为实现目标和战略而努力；

● 能够预测、明确并迅速应对团队内部可能产生的矛盾，积极与有关人士共同努力寻找各方可接受的解决方案；

● 特别能够激励、推动团队成员在各个领域不断变革，不断改进工作。

联合国要履行宏伟艰巨的使命，管理人员必须具备领导能力。他们必须学会倾听，建设健康关系，赢得广泛支持，发挥表率作用，领导推动变革，带领工作人员完成神圣使命。

赋权增能

联合国要履行使命，不能只靠管理人员，而要靠所有工作人员的共同努力。管理人员必须发挥每一个员工的积极性，发挥团队的作用，激励所有人员努力工作；必须合理分配工作任务，为他们制订合适的工作目标；还要积极协调部门内及部门外的各项工作。赋权增能是管理人员的一项基本能力、基本职责。赋权增能的衡量指标如表 2－14 所示。

表 2－14　赋权增能衡量指标

<table>
<tr><th>赋权增能的积极指标</th><th>赋权增能的负面指标</th></tr>
<tr><td rowspan="2">（1）下放职责，明确工作要求，并在重要领域给下属自主处事权</td><td>（1）自己包揽一切事务</td></tr>
<tr><td>（2）不能独立自主地分配任务</td></tr>
<tr><td>（2）鼓励下属制订有挑战性的目标</td><td>（3）不给下属充分、明确的指示</td></tr>
<tr><td rowspan="2">（3）要求下属担起责任，把自己职责范围内的事情做好</td><td>（4）不鼓励主动精神</td></tr>
<tr><td>（5）承担过度，使自己处于超负荷状态</td></tr>
<tr><td>（4）真心实意赞赏下属的所有贡献及专长</td><td>（6）不到特别必要时，不征求他人意见</td></tr>
<tr><td>（5）赞赏并奖励所有的成绩和努力</td><td>（7）不能充分发挥下属的能力</td></tr>
<tr><td>（6）让所有人员参与有关事项的决策过程</td><td>（8）使自己成为离不开的人</td></tr>
</table>

对管理人员赋权增能的要求：

- 热情积极给下属压担子，明确工作要求，尽可能让下属有自主处事权；
- 与下属共同制定目标，鼓励下属制订具有挑战性的高目标，帮助下属实现目标；
- 用各种方式激励下属努力工作，根据下属的个人情况及所面临的问题，决定使用合适的方式方法；
- 尽可能广泛地让下属及同事参与关乎他们的政策的决策，征求他们的意见与建议，并始终尊重他人的意见。

优秀的管理人员，必须知道什么任务必须亲力亲为，什么工作应该分派给下属；必须了解每一个工作人员的专门知识和能力长处；必须知道如何下放权责、让下属明白工作要求；必须尊重珍视每位员工的意见。获得下属的信任是管理人员成功的重要保证。给下属"赋权增能"是管理人员必备的能力。

绩效管理

管理人员，不管什么级别都要管理员工和团队，确保取得成果。在这个过程中，要建立上下级的报告体系，给下级压担子、派任务，根据任务情况合理使用人力资源，定期总结工作，监测工作表现和项目进展，评估下属表现，通过正式或非正式的方式向下属反馈评估情况，指导下属的工作，帮助下属制订并支持他们的个人发展计划。只有如此，才能确保员工取得最佳成绩，确保团队出色完成任务。绩效管理的衡量指标如表 2－15 所示。

表 2－15　绩效管理衡量指标

绩效管理的积极指标	绩效管理的负面指标
（1）能正确地下放职责和自主决策权	（1）不向下属明确工作要求
（2）确保所领导的每位员工都明白自己职能、责任及上下级报告体系	（2）分派工作时不是根据人的能力
（3）准确判断完成一项任务所需时间及资源，并根据下属的才能分配工作任务	（3）不按工作要求及限期监测工作进展
（4）随时根据工作要求及限期监测进展	（4）评估工作人员的表现时只凭主观印象
（5）定期与下属讨论其工作表现，提供反馈意见，进行具体指导	（5）下属出了错，采取不容忍态度
（6）鼓励下属有适当的冒险精神，下属出错时支持下属	（6）团队出了错，设法推卸责任
（7）积极支持下属个人及职业生涯发展	（7）不积极与下属讨论其表现，没有一致统一的标准
（8）公平、公正地评估下属的工作表现	（8）对下属的个人及职业生涯的发展，采取不支持态度

对管理人员绩效管理的要求：

● 建立起上下级汇报体系，明确管理人员与下属各自的职责范围，定期检查这一汇报体系，确保所建立的机制支持绩效目标的实现；

● 定期向所有下属提供明确、具体的反馈意见，通过辅导以及其他方式及时解决团队成员中存在的表现欠佳问题；

● 认真做好下属的绩效管理工作，重视绩效评估工作，包括正式评估和非正式的讨论，评估前做充分的准备工作，始终公平对待下属；

● 支持下属个人发展和职业生涯志向，帮助他们在现岗位进一步提高，同时帮助他们实现长期目标。

绩效管理是管理人员的首要职责。管理人员必须首先进行评估和指导，包括正式绩效评估以及非正式有关绩效问题的讨论。正式绩效评估，与我国机关里的年度考核类似，但要求更具体、内容更充实、频率更高。联合国职员绩效评估报告，包括年初工作计划（制订想要达到的目标、措施及达标标准）、年中回顾（检查达标情况）、年末总结（检查年初制订的每项目标的落实情况）。在上述三个阶段，管理人员都要与下属当面沟通，共同制订工作计划，包括下属的职业发展计划、学习目标、提高完成本职工作所需能力等。绩效讨论是一个持续的过程，绩效评估和面对面的讨论是双向的，管理人员与下属之间可以有接受与不接受、建议与反对的过程。

绩效管理说到底是为了激励团队成员，取得最佳绩效。联合国举办各种绩效管理培训课程，内容涵盖“解决管理问题”“如何处理有难度的管理案子”等。管理人员必须定义哪些表现属于表现欠佳，及时发现值得警觉的苗头，分析确定问题的根源，制订解决方案，提出改进措施，帮助下属改进工作表现。

信任建设

管理人员如果得不到下属、团队及各方信任，就无法管理好下属及团队，无法分派任务，无法与部门内外谈判与沟通。信任建设的衡量指标如表 2-16 所示。

表 2-16　信任建设衡量指标

信任建设的积极指标	信任建设的负面指标
（1）建立人人能够发表意见、采取行动而无须害怕的良好环境	（1）抱有个人目的，掩盖自己的意图和想法
（2）管理方式，深思熟虑且可预测	（2）管理方法不可预测，前后不一致
（3）运作高度透明，没有潜规则	（3）常常不兑现承诺
（4）对同事、下属、客户都有信心	（4）言行不一
（5）恰如其分地赞赏他人的努力	（5）不鼓励他人自由表达意见，或让人难以自由表达意见
（6）落实达成一致的所有措施	（6）言行有时鲁莽、不检点
（7）正确妥善处理所有敏感或保密信息	

对管理人员践行信任建设的要求：

● 鼓励开放开明，使人能自由发表意见而无须害怕被针对，鼓励下属公开解决互相之间的问题；

● 确保所有管理信息和措施均经深思熟虑、互不矛盾、可以预测，如下属有疑问，完全可以解释制订这些管理措施的考虑；

● 公开表示对同事及下属有信心，合理分派工作，让他们自主完成任务，不施加不必要的干预；

● 正确妥善处理敏感及保密信息，不随意轻率瞎说，并鼓励他人也这么做，看到有人破坏信任，立即采取坚决措施予以制止。

联合国工作涉及世界各国的利益，往往复杂敏感。国际职员来自不同国家，具有不同背景，协调各方力量合作共事，并不容易。单打独斗不行，必须依靠团队力量。这要靠各级管理人员营造信任的气氛，建设开放的文化环境，集思广益，发挥每一个人的积极性和主观能动性。这是信任建设追求的效果，也是管理人员必备的能力。

决策能力

决策是所有管理人员的日常工作，可能影响所领导的下属和团队，甚至可能影响到联合国、会员国以及联合国其他工作人员。所以，在决策前必须收集各种信息，对各种情况做出尽可能正确的预判，以便做出深思熟虑的决策，解决复杂的问题，或者提出替代措施与行动方案。为了大局和整体利益，有时不得不做出艰难抉择。判断能力和决策能力至关重要，是核心管理能力之一。决策能力的衡量指标如表 2-17 所示。

表 2-17　决策能力衡量指标

决策能力的积极指标	决策能力的负面指标
（1）能够在复杂的情况下找准关键问题，并能迅速抓住问题的核心	（1）把问题看成事务的整体
	（2）所做决定不合逻辑
（2）决策前，能够充分收集有关信息	（3）运用直觉做决策
（3）能充分考虑决策对其他人及对联合国可能产生的积极影响及消极影响	（4）看问题太主观
	（5）解决问题缓慢
（4）根据所有收集到的信息，提出行动方案或建议	（6）冒不必要的风险
	（7）得出不合适的结论
（5）根据事实来检查假设的合理性	（8）不试图收集更多信息
（6）确定所提议的行动方案能否实现决策明示及强调的宗旨	（9）孤立地看待信息数据
（7）必要时，能够做出艰难的抉择	（10）看不到问题的核心或实质
	（11）难以做出艰难的抉择

对管理人员决策能力的要求：

- 能够及时聚焦关键问题，迅速收集、分析、理解数据信息，并正确、准确地从各个层面了解、理解复杂的情况；
- 做决定/决策时，能够从多方面、多角度考虑可能产生的影响，包括对内部、对联合国及对外的方方面面影响；
- 能使用所获信息，分析方方面面的情况，征求相关专家意见，根据事实检查各种假设的合理性，确保做出深思熟虑的决策；
- 自觉做出艰难甚至不受欢迎的正确决定，并捍卫之。

综上所述，联合国的核心价值、核心能力和管理能力是对国际职员的基本要求。这套体系是联合国招聘人才、建设世界一流国际职员队伍的依据和标准，也是招聘面试、晋升面试及对职员表现进行考评的内容。要想加入国际组织、在国际组织中站住脚并且有所发展，就必须了解上述核心价值与核心能力。

第四节　联合国新的价值观和行为框架

联合国人力资源管理办公室（Office of Human Resources Management，OHRM）在调查研究基础上，广泛征求秘书处员工和联合国系统相关机构的意见，正在对现行的能力框架（三项核心价值、八项核心能力及六项管理能力）做出必要调整，提出一个新框架。现行能力框架实施了多年，一直是联合国秘书处人员招聘、职业发展和晋升的重要工具。近 20 年来，技术、社会、人口和环境都在不断变化，不仅影响到未来的工作，还影响到工作场所的文化，以及工作所需的行为、技能、属性和知识，因此有必要制定一个新的能力框架，以适应新形势的需要。新的“联合国价值观与行为规范框架”是对现行能力框架主要内容的延续和发展，构成一种既具有时代性又有感召力的组织文化的基础。新框架的具体内容，有待联合国正式发布，目前的方案包含九个要素，即四项价值观（values）和五项行为规范（behaviours），这将成为指导秘书处职员如何建立关系，如何履行职责，为各种人力资源流程（包括员工队伍规划、征聘、学习和业绩管理）提供依据。

联合国秘书处认为，作为一个组织，我们的文化代表着我们的特征。这反映了秘书处同事之间的彼此关系、秘书处工作和世界之间的关系，也是人们对秘书处的感受。我们的文化是对我们作为一个集体的界定，而不仅仅是我们每个人的总和。我们的文化是塑造我们一切行为的规范——从我们如何在日常工作中打交道，到我们如何与他人合作，实现我们对未来的向往与追求。这份文件首次尝试阐明我们对联合国秘书处文化的愿景。这一愿景描述了我们是什么样的组织，我们想成为什么样的组织，以及为何我们的文化的每一个方面都很重要。这一愿景既志存高远，又基于当下经验，是秘书处 4 500 名职员共同创建的。这四项价值观和五项行为规范，对秘书处职员和联合国今后的工作都很重要。

新框架的四项价值观是：包容（inclusion）、正直（integrity，这是联合国现在的译法，过去译为“诚信”）、谦逊（humility）、人性（humanity）。五项行为规范是：联系和协作（connect and collaborate）、分析和规划（analyse and plan）、交付有积极影响的成果（deliver results with positive impact）、学习和发展（learn and develop）、适应和创新（adapt and innovate）。秘书处对由此构成的组织文化做如下描述：

● 包容：联合国秘书处的文化是一种使人人都能全身心投入工作的文化。国际公务员重视并尊重差异和多样性，积极反对各种偏见和歧视。这样做是因为国际职员致力于所有人的社会正义，并知道多样化的投入会带来更好的结果。实际上，包容价值观与原来提出的核心价值尊重多样性在本质上是相同和相通的。尊重多样性是表象，其核心恰恰是包容心态。

● 正直：延续核心价值诚信的要求。国际公务员在所有行动中都坚持联合国的行为标准，因为他们的言行影响到其彼此之间及其与服务对象之间的信誉和信任。这一点很重要，因为国际职员需要相互信任，也需要别人信任他们，以便为可以为所服务的人和事业交付成果。

● 谦逊：国际公务员重视彼此的技能、知识和经验，认识到任何人都无法知道所有正确答案。谦逊不是软弱的标志，而是自我认知的标志，这让他们能够相互支持，并支持其所服务的人们。

● 人性：国际公务员致力于维护所有人的人权和尊严。他们互相关心，关心他们的服务对象。人性使之充满勇气，这是他们的标志与特征。

● 联系和协作：国际公务员投入时间和精力，在彼此及其团队、利益攸关方及其服务对象之间建立值得信赖的伙伴关系。他们作为“一体化联合国”协调工作。

● 分析和规划：国际公务员要耐心分析和规划工作方法。尽可能从广泛的来源获取数据，确保利用强有力的证据基础指导所有工作。注重分析和反思，因为基于假定和猜测的行动很少被证明是有效的。

● 交付有积极影响的成果：国际公务员交付的成果对他们所服务的人和事业能产生积极的影响。他们对交付这样的成果担负责任。他们必须信守诺言，相互依赖。同时希望所服务的对象也能够信赖他们。

● 学习和发展：国际公务员必须重视学习，不断寻求自我发展，并支持他人发展。国际职员也会犯错误，并要从中吸取教训。他们充满好奇，也毫无保留地分享其见解、技能和经验。持续学习将有助于他们在未来不会落伍。

● 适应和创新：国际公务员必须适应和创新，欢迎新的想法。他们必须不怕工作的复杂性和不确定性，迎难而上。重视人员、技能、教育和经验的差异，因为这些都有助于多样化思维和做出更好的解决方案。国际职员不能故步自封，其适应能力和创新能力意味着他们具有韧性，能够在最复杂和最具挑战性的环境中蓬勃发展。

联合国人力资源管理办公室对新的能力框架做了详细说明，分别以下：

四项价值观

包容

包容即采取行动创造一种令所有人享有尊严和尊重的环境，不论年龄、文化、健康状况、族裔、社会性别、性别认同、性别表达、地域、级别、语言、国籍、种族认同、宗教、生理性别、性别特征、性取向、社会出身或任何其他方面的身份特征。

如何实践包容价值观：

● 给所有人以尊严和尊重；

● 坚持联合国对公平、平等、尊重多样性、性别平等、反对种族主义和使用多种语言的承诺，为所有人创造有利的工作环境；

● 采取行动减少自己对其他个人、群体、文化、语言、组织和方法的偏见、成见和臆断；

● 在决策时积极寻求和融入多种视角、思维方式、经验和意见；

● 负起责任，了解导致排斥的因素，并创造一个每个人都能大有作为的工作环境；

● 有效地与他人合作，无论其年龄、文化、是否残疾、种族、社会性别、性别认同、性别表达、地域、级别、语言、国籍、种族认同、宗教、生理性别、性别特征、性取向、社会出身或任何其他方面的身份特征；

● 表现对跨文化差异的敏感性，并意识到其他文化中可能会如何看待有关行动和行为。

正直

正直即行事合乎道德操守，展示联合国的行为标准，在目睹不专业或不符合道德操守的行为或任何其他违反联合国标准的情况时，迅速采取行动。

国际职员须通过以下方面实践正直价值观：

- 对性剥削和性虐待、骚扰（包括性骚扰）、滥用职权或任何形式的歧视行为，包括种族主义、性别歧视、残疾歧视、年龄歧视和同性恋恐惧，确保做到零容忍；
- 在日常活动和行为中表现出公正公平、勇于担责、诚实可信和表里如一；
- 行事不计个人得失；
- 不滥用权力、特权或权威，包括基于年龄、文化、是否残疾、种族、社会性别、性别认同、性别表达、地域、级别、语言、国籍、种族认同、宗教、生理性别、性别特征、性取向或社会出身等理由；
- 在决策时抵制来自政治或其他行为方的不当压力；
- 支持符合本组织所服务的人和事业的利益的决定。

谦逊

谦逊即表现出自我认知和向他人学习的意愿。

如何实践谦逊价值观：

- 重视他人的知识、技能和经验；
- 征求并考虑他人的反馈、看法、意见和观点；
- 让他人参与解决问题和寻找解决方案，承认不止一种可能的解决方法；
- 认识到当地情况的复杂性和当地知识的价值，将两者纳入决策；
- 不贪他人之功；
- 认清自己的长处和短处；
- 承认自己的错误并采取行动加以纠正。

人性

人性即按照联合国的宗旨行事，在一个健康的地球上实现和平、尊严和平等。

国际职员通过以下方面实践人性价值观：

- 确保所有决定和行动都优先考虑联合国服务对象的需要；
- 以同理心、同情心和善意对待他人；
- 为所有人维护国际公认的人权；
- 关注自己和他人的身心健康；
- 确保方案和项目与联合国的战略目标保持一致；
- 考虑所有决定和行动对社会和环境的影响。

五种行为规范

针对不同层级人员（所有工作人员、所有管理人员、高级领导），每种行为规范的要求是不尽相同的。针对所有工作人员的规范也适用于所有管理人员和高级领导；针对所有管理人员的规范也适用于高级领导。以下是对这些行为规范的具体说明。

联系和协作

联系和协作即与他人建立积极的关系，推动联合国的工作，并按照联合国一体化倡议协调一致的工作。联系和协作行为规范对不同层级人员的要求如表2-18所示。

表2-18　联系和协作行为规范对不同层级人员的要求

所有工作人员	所有管理人员	高级领导
（1）积极倾听和关注他人的观点、专门知识、经验和感受 （2）寻找与他人协作的机会，为此最大限度地利用语言和技术技能 （3）表现出认同他人情绪和观点的能力和意愿 （4）认识理解和监控自己的感觉和情绪，利用这些信息来指导思考和行动 （5）寻求机会在不同团队、专题支柱和联合国系统内部和彼此之间建立伙伴关系并开展协作	（1）创造一个有利的工作环境，让每个人都可以开诚布公、畅所欲言，而不必担心报复 （2）及时处理任何冲突或歧视性、排挤性或不团结行为 （3）让其他人参与进来，在做出影响他们的决策时纳入他们的观点 （4）倡导多样性和包容性，将其作为建立高效团队的一种力量 （5）积极与个人、团队、利益攸关方和客户并在他们之间建立信任、协作和伙伴关系	（1）采取综合办法，与跨组织、部门、政治、性别、代际、文化、社会经济和其他界别的广泛、多样的利益攸关方建立伙伴关系 （2）让其他人参与进来，合力打造共同愿景 （3）促进包容性进程，共同分析问题、确定目标、实施综合解决方案 （4）表现出建设性地参与困难对话的能力

分析和规划

分析和规划即从广泛的来源寻找和使用数据，以了解问题、为决策提供信息、提出循证的解决方案并规划行动。分析和规划行为规范对不同层级人员的要求如表2-19所示。

表2-19　分析和规划行为规范对不同层级人员的要求

所有工作人员	所有管理人员	高级领导
（1）从广泛而多样的可信来源收集、分析和评价数据，以便确定问题并为循证决策提供信息 （2）对数据进行分类和分析，例如按性别、族裔和年龄进行分类和分析，以加深理解并为决策提供信息 （3）根据数据规划并确定优先事项 （4）表示愿意酌情调整计划和优先事项，以应对新出现的情况和新信息	（1）促进以数据为导向、以证据为基础的分析和规划 （2）鼓励工作人员和团队之间共享信息、数据、经验和专门知识 （3）承认个人和集体偏见对决策的影响，并采取措施将这种影响降至最低 （4）评估和计划个人和团队实现优先事项所需的时间和资源，同时考虑风险和意外情况	（1）与他人一起解读不完整、矛盾或变化的信息 （2）鼓励采取批判性思维和系统方法进行分析和规划，发现并解读早期信号、新的和正在出现的趋势、机遇和风险 （3）培养政治敏锐性，了解权力动态（政治、人口、经济和社会等方面）及其对所提供信息的影响

交付有积极影响的成果

交付有积极影响的成果即要求自己和他人为交付的成果负责，为联合国所服务的人员和事业带来积极影响。交付有积极影响的成果这一行为规范对不同层级人员的要求如表 2－20 所示。

表 2－20　交付有积极影响的成果对不同层级人员的要求

所有工作人员	所有管理人员	高级领导
（1）展示专业技能和知识，对自己的表现、成果和影响负责 （2）与内部和外部利益攸关方接触，以确定和了解他们的需求并提出解决方案 （3）利用新技术和语言技能交付成果并最大限度地发挥影响 （4）即使在感觉困难情况下也要提出自己的想法和观点 （5）交付成果过程中展示个人对联合国行为标准的担当	（1）确保个人和团队的工作与更广泛的部/厅/特派团/本组织的宗旨和优先事项保持一致 （2）确保所有工作人员在交付成果时展现出联合国行为标准 （3）通过适当授权、分担决策权并鼓励他人表达自己的想法和意见为他人赋能 （4）相信别人做得到 （5）表彰成就并解决业绩不佳的问题	（1）围绕交付成果建立和保持势头，激励他人实现并超越目标和预期 （2）平衡产生短期影响的行动和创造长期系统转型战略 （3）通过促进协作、持续反馈和学习以及鼓励自我反省和问责，为他人赋能，以交付有积极影响的成果 （4）展示做出艰难决定，进行令人不适的对话、在必要时承担经过考量的风险的勇气 （5）以身作则，在交付成果过程中展示联合国行为标准

学习和发展

学习和发展即追求自己的学习和发展，为他人的学习和发展做出贡献。学习和发展这一行为规范对不同层级人员的要求如表 2－21 所示。

表 2－21　学习和发展对不同层级人员的要求

所有工作人员	所有管理人员	高级领导
（1）表现出好奇心和学习意愿，并将学习应用于实践 （2）表现出对语言学习和使用多种语言的承诺，掌握自己专业领域最新思想和实践 （3）寻求正式和非正式的个人和职业学习与发展机会，包括承担不同职能和地点的任务	（1）通过提供指导和辅导，以及分享和推荐学习机会，支持个人和团队的发展 （2）让人们能够放心吐露自己的弱点、短处和发展需要 （3）创造允许人们失败并鼓励他们从经验中学习的环境 （4）寻求对自己表现的反馈，并与个人和团队就他们的表现进行定期、诚实和建设性的讨论	（1）促进学习机会并为此提供资源，以支持发展一支灵活、多学科、以价值观驱动和多语言的工作人员队伍 （2）查明、理解和支持团队成员的发展愿望 （3）鼓励个人和集体反思并从成功和挑战中学习 （4）与联合国其他部门以及公共和私营部门伙伴协作，共同学习并促进最佳做法

适应和创新

适应和创新即表现出灵活性、敏捷性和以新颖方式思考和行动的能力。适应和创新这一行为规范对不同层级人员的要求如表 2-22 所示。

表 2-22 适应和创新对不同层级人员的要求

所有工作人员	所有管理人员	高级领导
（1）灵活应对新的背景和文化以及不断变化的环境、优先事项和最后期限 （2）在面对压力、不确定和模糊情况时表现出韧性、自我认识和管理自己情绪的能力 （3）尝试新方法，展示对积极变革的开放态度，贡献新想法，欢迎他人提出新想法	（1）意识到并挑战自己和他人的习惯性思维和行为方式 （2）鼓励和增强团队成员的创新思维和创造性思维 （3）动员他人对不断变化的优先事项做出反应，同时寻求了解和消除对变革的恐惧和抵触心理 （4）在存在压力和不确定性时保持自己和他人的积极性	（1）以令人信服的方式传达变革的需要 （2）通过鼓励批判性思维、创造性、创新、灵活性和应变能力来打破习惯性做法 （3）提供方向和支持，培养面对压力、不确定和模糊情况时的韧性和冷静 （4）鼓励适应、试验和创新

第五节 联合国专门机构的能力框架

联合国有十多个专门机构，如联合国粮食及农业组织（FAO）、国际民航组织（ICAO）、国际农业发展基金（IFAD）、国际劳工组织（ILO）、国际海事组织（IMO）、国际货币基金组织（IMF）、联合国教科文组织（UNESCO）、联合国工发组织（UNIDO）、万国邮政联盟（UPU）、世界银行（WB）、世界卫生组织（WHO）、世界知识产权组织（WIPO）、世界气象组织（WMO）、世界旅游组织（UNWTO）、国际开发协会（IDA）、国际金融公司（IFC）、国际电信联盟（ITU）、国际原子能机构（IAEA）、世界贸易组织（WTO）等。联合国专门机构不是联合国的附属机构，与联合国不是隶属关系。它们根据各国政府间的协定而设立，并以特别协定与联合国发生关系。从运作及组织结构来说，它们是自治的，有自己的成员、立法和执行机构、秘书处和预算，其会员数目和联合国的会员国数目不尽相同。它们通过联合国经济及社会理事会的协调机构，同联合国以及彼此之间在工作上互相配合和联系。其中世界贸易组织和国际原子能机构是相当于专门机构的政府间机构。联合国很多有关经济、社会、文教和科技方面的工作，则由这些专门机构执行落实。因此，专门机构各自制定了自己的核心价值和核心能力，其内容设置及语言表述与联合国的核心价值和核心能力不尽相同，但本质上一脉相承。

联合国专门机构提出的能力框架，名称不尽相同，内容大同小异。例如：《联合国粮食及农业组织能力框架》（FAO Competency Framework）包含三项核心价值、五项核心能力、六项领导能力；《联合国教科文组织能力框架》(UNESCO) 包括四项核心价值、七项核心能力、六项管理能力；《世界卫生组织全球能力模式》(WHO Global Competency Model) 则提出四项基本能力、三项核心能力、一项管理能力、三项领导能力。由于篇幅限制，这里仅介绍联合国粮农组织、联合国教科文组织和世界卫生组织的能力框架。

和联合国的能力框架性质一样，各专门机构的能力框架要求不仅涉及国际职员做好自身工作所必须具备的理念、技能和能力，而且适应人事管理流程的各个环节。国际组织从设立工作岗位 (job profiling) 就在应用这些框架；在职员招聘 (recruitment)、绩效管理 (performance management) 以及员工的学习与职业发展 (learning and career development) 等各方面都是以能力框架为基本依据的。

- 岗位设立：对工作岗位均有职责描述，根据工作性质、级别、地点等，列出所必须具备的能力。
- 职员招聘：招聘过程以能力框架为标准，在笔试和面试过程中，不仅考察候选人的学历、资历、能力，还要考察是否具备该组织的价值观。施行“基于能力的招聘原则”(competency-based recruitment)。应聘要搞清岗位空缺通知 (vacancy notice、vacancy announcement、job opening) 所列的岗位职责 (post description)，看自己是否具备有关岗位所要求的学识、技能、本领。同时，还应了解并熟悉该国际组织的能力框架的总体要求。在笔试和面试过程中，适时适当地表现出个人对这些要求的认知和认同，会给考官留下较深印象，起到加分作用。
- 绩效管理：联合国使用绩效评估系统 (Performance Assessment System)，专门机构基本使用绩效管理与发展系统 (Performance Management and Development System)。所有工作人员每年都需与其上级主管确定年度工作计划，每半年进行一次期中评估，先由本人填写表格，再直接由上级主管审阅写出评语，年末还有总结与评估。遇有不同意见时，需要双方沟通取得一致，本人签字后交更高一级领导阅评。最后本人签字并送人事部门存档，作为职员能否转正、是否奖惩的依据。
- 学习与职业发展：通过绩效讨论，确定有待开发的能力以及为开发这些能力需要学习的科目或内容。职员可以表示对开发某些能力的兴趣意愿，人事部门根据职员的意愿设计培训活动。

《联合国粮食及农业组织能力框架》

联合国粮食及农业组织制定《联合国粮食及农业组织能力框架》(简称《框架》) 的目的是加强队伍建设，以便在招聘新人、管理表现、开发能力、制定岗位职责等方面有统一标准。首先，《框架》所列要求有助于招聘时观察和评估应聘者的能力、技巧、行为及资格和经验，确保其赞同粮农组织的价值观，具备粮农组织所看重的核心能力或核心领导能力。其次，公开透明的核心能力和核心领导能力标准，就能对表现是否优秀有统一标准，对长处和短板有统一判断。再次，《框架》界定了每一项能力应展现的行为表现，详述了工作人员应具备的技能和素质，有助于工作人员开发能力，取得事业成功。最后，为撰写所有岗位的职责范围提供了标准。人才招聘、队伍建设，说到底，是为了实现一个组织的战略目标。因此，《框架》结尾用醒目的字体标示了粮农组织的战略目标：消除饥饿、粮食短缺和营养不良；使农业、林业和渔业更加多产并可持续发展；减少农村贫困，促进发展包容有效的农业和粮食体系；提高从灾害中恢复生计的能力。队伍建设是为战略目标服务的。

《框架》分三个层次：核心价值、核心能力和领导能力（见图 2－2）。三项核心价值：对粮农组织的承诺（commitment to FAO）、尊重所有人（respect for all）、诚信和公开（integrity and transparency）。

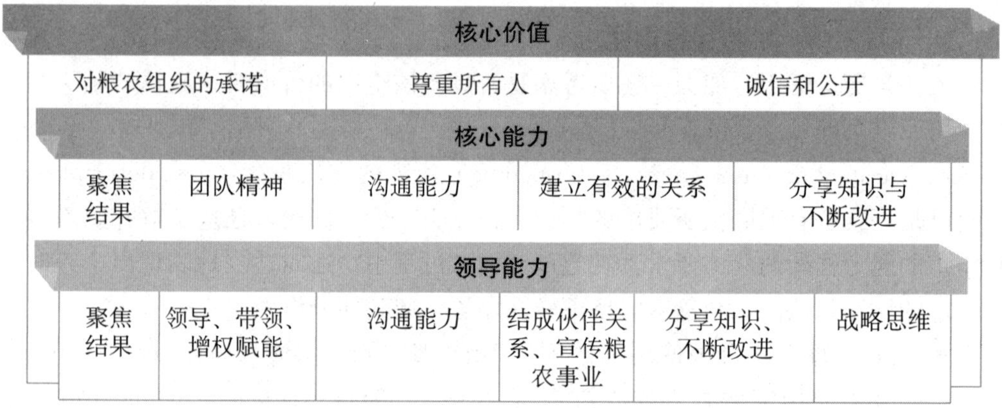

图 2－2　联合国粮食及农业组织能力框架

三项核心价值

◇ 对粮农组织的承诺。每一个粮农组织的工作人员都应为成为粮农组织一员而感到自豪，并积极为粮农组织的事业做贡献。

- 致力于为粮农组织的事业做贡献；
- 提高对粮农组织工作的认识，加深个人努力服务于大目标的认识；
- 弘扬粮农组织的工作及其授权任务；
- 在日常工作和生活中坚持粮农组织的价值观。

◇ 尊重所有人。所有工作人员应珍视他人的尊严和价值，从不同的人中汲取思想、经验和才华。

- 尊重在性别、文化、种族、宗教信仰、性取向、政治信仰和其他方面的差异，并对此有敏感度；
- 欢迎与不同背景的人士共事，并进行有效合作；
- 促进包容和理解个人差异；

● 重视并宣传不同的观点、技能和经验对粮农组织的工作带来好处。

◇ 诚信和公开。粮农组织的工作人员应在自己的工作中及与人交往中坚持高标准和诚信，并处理好公开与保密之间的关系。

● 坚持并促进国际公务员的行为准则；

● 绝不滥用个人权力，不考虑个人利益得失；

● 有担当，完成承诺的任务，看到潜在的挑战，能与他人积极沟通；

● 保持公正公允，并能既谨慎又积极地解决潜在的利益冲突问题；

● 欢迎并鼓励公开，同时妥善处理公开与谨慎及保密之间的关系。

五项核心能力

聚焦结果（results focus）、团队精神（teamwork）、沟通能力（communication）、建立有效的关系（building effective relationships）、分享知识与不断改进（knowledge sharing and continuous improvement）。

◇ 聚焦结果。工作人员应该担当起服务于粮农组织战略框架的责任，实现商定的结果。

● 工作人员必须了解、理解客户及客户的需求，支持客户所需要的产品和服务；

● 参与制订工作规划，看到潜在障碍时提醒有关人员，必要时帮助制订替代解决方案；

● 有效管理时间和资源，监测进展，必要时调整措施，根据标准和限期完成工作任务；

● 负起责任，交付商定的结果。

◇ 团队精神。工作人员都应精诚合作、互相支持，建设积极的团队环境。

● 通过共识、共同责任和热心团队工作，建设团队精神；

● 关心、照顾其他团队成员，并主动积极地支持其他团队成员；

● 了解其他团队成员，充分采纳其他成员的不同意见，学习他们的工作作风和技能，与团队成员紧密合作；

● 鼓励并赞赏其他团队成员的贡献；

●（如果有管理职能）协调并制订其他同事的工作计划，提供明确的工作方向及反馈意见。

◇ 沟通能力。所有工作人员应鼓励并促进明确无误且公开的沟通。

● 工作人员使用便于受众理解的语言及语序，提供信息；

● 根据受众的需要调整沟通方式，确保关键信息得到理解；

● 鼓励同事交流看法，坦诚相待，认真倾听，力图理解不同观点；

● 保持开放、沟通，及时让所有有关人员了解详情。

◇ 建设有效的关系。工作人员应在自己团队外建立和保持有效关系，以实现共同目标。

● 工作人员应努力建立积极的相互信任、相互同情的工作关系；

● 寻找机会与其他具有共同目标的人员进行合作；

● 在自己团队之外建立和发展人际关系网，以提高团队绩效；

● 看到可能会出现利益冲突的领域，并寻求符合所有人需要的最佳解决方案。

◇ 分享知识与不断改进。工作人员应不断寻求扩大知识，提升技能水平，改进自己及他人的工作流程。

● 与时俱进，始终了解自己专业领域的新发展，并愿与他人分享知识、提升知识；

● 帮助确定哪些工作流程有待改进，并协助落实改进措施；

● 深入了解自己的优势及有待开发的领域；

● 提供建设性反馈意见，与同事交流并总结教训，为自己及同事找到改进表现的方法。

六项领导能力

聚焦结果（results focus），领导、带领、增权赋能（leading，engaging and empowering），沟通能力（communication），结成伙伴关系、宣传粮农事业（partnering and advocating），分享知识、不断改进（knowledge sharing and continuous improvement），战略思维（strategic thinking）。

◇ 聚焦结果。粮农组织管理人员应担当起服务于粮农组织战略框架的责任，实现商定的结果。

● 了解、理解客户及客户的需求，支持客户所需要的产品和服务；

● 领导并促进工作计划的制订，看到潜在障碍时能提醒有关人员，必要时帮助制订合适的替代解决方案；

● 有效管理时间和资源，监测进展，必要时做出调整以便根据标准和限期完成工作任务；

● 负起责任，交付商定的结果。

◇ 领导、带领、增权赋能。所有具有管理职能的人员应协调、指导、促进、承认团队的努力，建设一个良好的团队环境，协助他人实现并开发自己的潜力。

● 向团队成员提供明确的战略构想、方向、宗旨，确保团队成员理解他们的职责和责任，并让他们担当起自己的职责和责任；

● 成为践行粮农组织核心价值和核心能力的榜样，创造一个良好的环境，有效运用价值观和能力；

● 决策时鼓励团队成员献计献策，赞赏他们的努力，关心他们的需要，激励团队成员；

● 根据团队成员的长处、工作量及个人兴趣，公平合理分派任务，积极管理表现；

● 及时反馈意见，提供辅导和学习的机会，积极帮助别人发展。

◇ 沟通能力。所有管理人员应鼓励并促进明确无误且公开的沟通。

● 使用便于受众理解的语言及语序，提供信息；

● 根据需要，调整沟通方式，确保受众明白关键信息；

● 鼓励同事交流看法，坦诚相待，认真倾听，力图理解不同观点；

● 保持开放、沟通，及时让所有有关人员了解详情。

◇ 结成伙伴关系、宣传粮农事业。管理人员应宣传设想，建设伙伴关系，推进粮农组织的事业。

● 提出令人信服的论点，解决受众的主要关注问题，说服他人相信联合国粮农组织工作的价值；

● 与自己团队之外的其他有关方面建立关系网和伙伴关系，实现已定目标，并协助他人也这么做；

● 认同与决策有关的关键人员，邀请他们参与决策，达成共识，做出最后决策；

● 为满足所有有关方的需要，进行谈判。

◇ 分享知识、不断改进。管理人员应不断寻求提升知识和技能的水平，不断改进自己及他人的工作流程。

● 与时俱进，始终了解自己专业领域的新发展，并愿与其他人分享知识、提升知识；

● 带领团队共同研究有待改进的工作流程，并落实改进措施；

● 深入了解自己的优势及有待开发的领域；

● 提供建设性的反馈意见，与同事交流并记录教训，找到改进自己及同事表现的方法。

◇ 战略思维。粮农组织所有具有管理职能的人员做出的决策都应与粮农组织的大目标及大战略相一致，应有根有据，前后一致。

● 收集各方信息及不同观点，以便全面了解有关情况；

● 在复杂的情况下，确定关键问题，制订轻重缓急计划，弄清问题之间的相互关联；

● 在选择最佳行动途径时，让大家共同参与，指导他们权衡不同选项对各方及对结果可能产生的长期及短期影响；

● 做出明晰的、有根据的决定，并及时采取措施。

《联合国教科文组织能力框架》

联合国教科文组织认为，能否实现该组织使命与职员能力密切相关，职员不论文化、性别、宗教、职能或工作地点如何，都应具有共同的价值观和行为准则。该组织 2015 年与职员及职工协会充分协商制定了《联合国教科文组织能力框架》，阐明该组织职员应具备的核心价值与行为标准。《联合国教科文组织能力框架》也有三个层次（见图 2 - 3）：核心价值（core values）是团结所有职员的共享原则与信念，用以指导该组织的所有行动；核心能力（core competencies），指职员为本组织工作所必须具备的最基本的相关知识、技能和能力；管理能力（managerial competencies），适用于 P4 级及以上级别的管理人员。

核心价值（Core Values）

- 对本组织的承诺（commitment to the organization）
- 诚信（integrity）
- 尊重多样性（respect for diversity）
- 敬业精神（professionalism）

核心能力（Core Competencies）

- 责任心（accountability）
- 沟通能力（communication）
- 团队精神（teamwork）
- 创新精神（innovation）
- 注重成果（results focus）
- 计划与组织能力（planning and organizing）
- 分享知识与不断改进（knowledge sharing and continuous improvement）

管理能力（Managerial Competencies）

- 推动并管理变革（driving and managing change）
- 战略思维（strategic thinking）
- 高质量决策（making quality decisions）
- 建立伙伴关系（building partnerships）
- 领导并赋权增能（leading and empowering others）
- 绩效管理（managing performance）

图 2-3　联合国教科文组织能力框架

四项核心价值

《联合国教科文组织能力框架》的四项核心价值是团结所有工作人员的指导原则，对所有工作人员的工作和行为方式来说都至关重要。

◇ 对本组织的承诺（commitment to the organization）。所有工作人员都应因自己为联合国教科文组织的使命工作、为更广泛的联合国系统工作而感到自豪，都应立志为增强本组织影响和成果做出持久的、有意义的贡献。

- 本人工作要符合本组织的原则、重点和目标。
- 要按本组织最佳利益行事并维护之。
- 要支持并维护本组织的形象。
- 能使不同受众了解、理解联合国教科文组织的工作，并支持它的战略构想。
- 能通过跨部门协作的方法，加强联合国教科文组织的比较优势。

◇ 诚信（integrity）。联合国教科文组织的所有工作人员的所有行动和决定都以诚实、公正、透明为准则；都必须遵守《国际公务员行为标准》，维护本组织的利益并将其置于个人利益之上；履行职责时，保持公正和不偏不倚的态度。

- 保持高道德标准。
- 以公平、透明、尊重、客观的方式对待他人，不滥用职权。
- 不以个人的社会、经济、政治观点或不当压力影响决策。
- 看到不专业、不道德的行为，立即采取有效措施予以制止。
- 尊重并遵守联合国教科文组织的规章制度。

◇ 尊重多样性（respect for diversity）。所有工作人员应以尊敬和尊严对待所有他人，不论情况如何。多样性是本组织及其工作人员的独特财富，应鼓励并建设多样性，并促进性别平等。

- 尊重不同背景的人士，并与他们一起有效工作。
- 心胸开阔，寻求理解并同情与自己不同的人。
- 检查自己的偏见和行为，避免成见。
- 与工作场所的偏见和不容忍现象做斗争。
- 促进多样性，加强自身及团队的工作，并取得成果。

◇ 敬业精神（professionalism）。联合国教科文组织的工作人员应明智地利用本组织资源，积极寻找机会为本组织做出贡献，并通过审慎判断来应对日常挑战，以此来支持和投身于本组织的使命。

- 展示专业能力，熟悉联合国教科文组织的各事项，发挥优势。
- 预见工作中的关键问题，并制订创造性的实际解决办法。
- 迅速适应变化，面对不确定性，表现出果断及多方面的能力。
- 通过坚定的决心及响应能力，提供优质服务。
- 与他人合作共事，建设伙伴关系，为本组织的成果交付做出积极贡献。

七项核心能力

联合国教科文组织列出七项核心能力，主要指一系列相关知识、技能和本领，形成了本组织工作人员的基本行为。

◇ 责任心（accountability）。它要求工作人员在其各方面的工作中都表现出可靠性，能为自己的言行负责，并可以让人始终如一地依赖。

- 对行动与决策能负起责任。
- 能兑现对同事及伙伴的全部承诺。
- 按联合国教科文组织的规章制度行事。
- 所有行动与决策均透明和诚实。

◇ 沟通能力（communication）。它要求工作人员有效地向他人传递和分享信息与想法，认真倾听，准确理解，并考虑不同观点。

- 调整沟通的风格、内容、语气，适应听众。

- 能恰当处理过滤各种不同信息。
- 能及时妥善地传播信息。
- 寻求并鼓励双向沟通。
- 能与他人分享相关信息。
- 能有效使用沟通渠道、工具和方法。

◇ 团队精神（teamwork）。它要求工作人员与同事一起有效工作并支持同事，培养积极合作的环境。

- 在部门、办公室、地区办事处内部以及与联合国教科文组织的伙伴建立起基于信任的内部关系或跨部门关系。
- 为实现共同目标而与他人达成共识。
- 对他人始终表示尊重与体贴。
- 重视他人的意见和专业知识，寻求他人的建议及贡献。
- 积极主动与他人合作，寻找解决问题的办法。

◇ 创新精神（innovation）。它要求工作人员表现出主动性和创造性，提出新想法与新方法，并在需要时采取主动。

- 积极寻求改善项目、活动、工作方法和流程。
- 提供新的不同的方案，解决问题或满足客户需求。
- 鼓励并说服他人考虑新思路和新方法。
- 跳出“条条框框”思考，对新的不寻常的思路承担必要风险。
- 有兴趣用新思路和新方法办事。

◇ 注重成果（results focus）。它要求工作人员聚焦于已商定要交付的成果上，并对此负起责任，理解这对实现本组织目标的意义。

- 为活动制定质量标准和实现目标的日期。
- 有效管理时间与资源，监测进展情况，必要时做出调整。
- 即使遇到困难，也始终保持专注和坚持，同时激励他人也这样做。
- 迅速发现本人工作中的问题，并能提出创造性的实用解决方法。
- 能积极地适应变化。

◇ 计划与组织能力（planning and organizing）。它要求工作人员能够为实现目标而制订系统的、切合实际的行动计划，区分轻重缓急，并有效分配资源。

- 做计划时，能够预见风险与障碍，并为处理突发事件留有余地。
- 能为完成各项工作妥善有效地分配时间和资源。
- 制订个人计划时，适当让其他人参与，并与之沟通。
- 制订和实施计划时，能够考虑大局。
- 咨询有关方面的意见，确保任务与时间框架切实可行，确保有资源可用。
- 使用合适的系统和工具，跟踪监测工作进展。

◇ 分享知识与不断改进（knowledge sharing and continuous improvement）。它要求工作人员时刻跟踪自己专业领域的新发展，促进知识管理，建设学习氛围。

- 具备技术专长，熟悉工作要求，掌握工作本领，为核心功能增值。
- 把总结自己和他人的经验看成是学习机会。
- 与同事和合作伙伴分享知识，提高效绩，促进知识的传播。
- 确定自身发展需求，积极寻求新挑战和发展机遇。
- 征求反馈意见，并找到改进方法。

六项管理能力

具有管理职能的 P4 级及以上级别人员都必须具备行使管理职责所必备的基本能力和技能。

◇ 推动并管理变革（driving and managing change）。它要求有管理职能的工作人员能够推动必要的变革，并对变革持积极、开放的态度。

- 主导变革进程。
- 有效引领和管理变革。
- 能够动员团队进行变革，鼓励并授权人们实施变革。
- 发现变革的潜在阻力，并有效处置。
- 发现能够改善工作方式的潜在机遇。

◇ 战略思维（strategic thinking）。它要求有管理职能的工作人员支持并促进本组织的战略构想与价值，并保证与之保持一致。

- 了解要求本组织变革的内部及外部影响因素。
- 对各种可能的原因和风险均有所考虑并预见可能的后果。
- 能够将战略转化为行动。
- 眼光放长远，而不是局限于眼前，并能够考虑长期的影响与后果。
- 能够从本组织的重点及计划的大局出发来考虑问题。

◇ 高质量决策（making quality decisions）。它要求管理人员做出基于实证的正确判断，做出选择，评估交付风险，并对成果负责。

- 决策前，积极主动搜集相关信息。
- 能理解复杂信息，迅速找出关键问题。
- 致力于制定一个明确的行动方案，并做出相应决策。
- 做出能对本组织和他人产生最佳影响的决策。
- 能迅速做出正确的决定，并在采取行动之前权衡与之相关的风险。
- 对自己的决策负责。
- 必要时，做出棘手、艰难的抉择。

◇ 建立伙伴关系（building partnership）。它要求管理人员建立并有效维护长期伙伴关系与伙伴网络，以实现本组织的目标。

- 确定内部和外部的利益攸关者，与之保持开放、信任的关系。
- 建立新的伙伴关系并建立联盟，以促进实现本组织的目标。
- 积极支持和促进部门间的联盟和活动。

- 了解环境的复杂性，并建立起互利关系。
- 鼓励和支持他人建立伙伴关系和伙伴网络。

◇ 领导并赋权增能（leading and empowering others）。它要求管理人员激励他人为实现共同愿景而努力，培养讲诚信、讲道德的行为。

- 鼓励和激励他人坚持自己的想法和愿景。
- 了解本团队的优势和尚需发展的领域。
- 依靠并充分发挥每一个人的潜能。
- 确保涉及员工的决定公平透明。
- 自己要让同事们见得到、用得上。
- 向下级做出的授权有效而公平。
- 展示坚强的领导能力，为他人树立榜样。
- 说服并鼓励他人适应变革。

◇ 绩效管理（managing performance）。它要求管理人员创造积极的工作环境，使每个人都能充分发挥自己的能力。

- 确保公平、妥善地处理与工作表现相关的问题。
- 个人及团队业绩要与本组织的目标及宗旨保持一致。
- 积极支持工作人员的能力开发，以促进他们的职业发展与流动。
- 定期提供客观反馈。
- 鼓励反馈以提高业绩。
- 承认并赞赏工作人员的努力和成绩。

《世界卫生组织全球能力模式》

《世界卫生组织全球能力模式》包括四项必备能力（mandatory competencies）、三项核心能力（core competencies）、一项管理能力（management）、三项领导（leadership）能力。该组织对一般事务人员（general service staff）和专业人员（professional staff）及以上官员的各种能力要求分成四个级别，要求标准逐级提高。一级指一般事务类人员中的初级人员（G2－G4）；二级指G5级别及专业人员中P1和P2级别；三级指G6、G7和中级专业人员P3和P4；四级指专业人员P5及以上级别人员。具体要求见表2－23。

表2－23 《世界卫生组织全球能力模式》对各级人员的要求

必备能力（一）

能力名称	技术专长（expertise）	工作中的整体态度
能力定义 行为指标	运用专业和详细技术，在持续职业生涯中增长岗位知识和技术专长（理论和实践），理解不同部门和不同领域	自我意识与自我管理；道德操守、诚信态度

<table>
<tr><td>一级</td><td>任务导向</td><td>有相关工作领域所需技能，有独立工作的能力</td><td>努力掌握工作范围的新技术</td><td>对本组织不同功能领域有很好的了解，并提供帮助以实现与其专业技术工作相关的产出</td><td rowspan="4">保持诚信并有明确的伦理方法和立场；在日常工作和行为中表现对本组织任务的承诺，促进本组织的价值观；根据个人角色和责任对所进行的工作负责；尊重并信任</td></tr>
<tr><td>二级</td><td>过程运行导向</td><td>对自己领域内的需要与重点具有良好技能和相关知识，例如具有国家一级的扎实知识</td><td>确保个人技能和知识不断更新</td><td>向他人传递技能和知识，确保目标的实现；指导同事取得成果</td></tr>
<tr><td>三级</td><td>政策执行导向</td><td>具有技术知识和专长，能提供解决方案并回答他人的技术性问题</td><td>通过主动寻求新机会来发展自己的技术技能和知识，参与持续的专业与技术开发</td><td>公开、自由地转移知识和专长，为技术领域提供指导和建议</td></tr>
<tr><td>四级</td><td>战略视野导向</td><td>具备本领域详细和全面专长，被公认是本组织的咨询专家；对相关外部问题具备全面丰富的知识</td><td>从事管理和技术研讨会及活动，寻求提升自己和组织的当前和未来愿景；从事尖端的研发活动</td><td>具备在技术领域建立最佳实践和策略的专业知识，以为本组织定位</td></tr>
</table>

必备能力（二）

<table>
<tr><td colspan="2">能力名称</td><td colspan="2">团队工作（teamwork）</td><td>尊重个体差异和文化差异</td></tr>
<tr><td colspan="2">能力定义</td><td colspan="2">发展和促进与同事和团队成员的有效关系；建设性地处理冲突</td><td>有能力和不同背景取向者共事，尊重差异，确保所有人都能奉献</td></tr>
<tr><td colspan="2">行为指标</td><td>与他人合作协作</td><td>有效处理冲突</td><td>与多样性的人良好相处并利用之</td></tr>
<tr><td>一级</td><td>任务导向</td><td>展示团队精神，积极参与团队工作；支持同事</td><td>不酿造或引发冲突；有解决冲突的意愿，并采取行动以专业和富有成效的方式化解误会</td><td rowspan="2">给予所有人以尊严和尊重。与文化、性别、取向、背景、职位不同的人都有良好关系；审视自身行为，避免千篇一律的反应；从他人的角度考虑问题，重视其多样性</td></tr>
<tr><td>二级</td><td>过程运行导向</td><td>与团队成员和同事合作共事取得成果，鼓励合作和建立融洽关系，别人需要时能予以帮助，为团队的成功和失误共同承担责任</td><td>及时发现并在必要时处理冲突；能从他人的角度理解问题</td></tr>
</table>

三级	政策执行导向	建立团队精神，在团队促进协作和开放沟通；主动支持他人；承担团队责任，推动团队成果；促进团队知识共享	不把冲突归结为文化、地域或性别问题	
四级	战略视野导向	提倡组织内合作。创建并鼓励本组织团队协作氛围；把合作视为本组织重要优先事项，创建协作体系与流程以实现本组织目标	主动发现冲突并以尊重的态度促进其化解；巧妙解决或与他人的冲突并采取行动以减少可能的紧张；有效与个人和团队建立融洽关系，建立良好的个人和职业关系，尽量减少潜在冲突风险	

必备能力（三）

能力名称		创建一种授权与激励环境（creating an empowering and motivating environment）（仅适用领导）		
能力定义		指导激励员工迎接挑战、实现目标。促进各级人员对预期成果的主人感、责任感		
行为指标		提供方向	支持、激励并授权他人	
一级	任务导向	无		
二级	过程运行导向	管理个人和团队项目，确保其作用、责任与报告路径界定清楚，并被理解和接受	专注执行自己的管理职责，采用符合实际情况的形势管理风格；为员工提供定期反馈，承认良好表现并解决表现中的问题	鼓励激励同事/员工实现个人和团队目标；对员工表现出必要的信心，鼓励其主动性
三级	政策执行导向	管理个人和团体项目，确保其角色、责任和报告路径界定清楚，并被理解和接受；为取得最佳结果，适当授权	鼓励他人对自己的表现负责；促进各级人员对预期成果的主人感、责任感和问责制	承认个人在实现目标方面的表现；为实现既定目的和目标，激励员工不断开发他们的潜能
四级	战略视野导向	监督团队和部门，为之提供反映本组织战略的明确管理方向	在本组织建立一种绩效文化，为建立本组织绩效目标与标准出力，依据里程碑和战略目标监控组织绩效，适当地识别培育人才	在整个组织促进自主与授权；激发人们对工作的热情和积极态度，为本组织的成功做贡献

必备能力（四）

能力名称		沟通能力（communication）			
能力定义		能在谈话中清楚地表达自己，并与人互动；积极倾听；能进行有效书面沟通，确保信息共享			
行为指标		谈话时能清楚表达	认真倾听	有效写作	分享知识
一级	任务导向	谈话时能清楚表达	认真倾听，不打断他人发言	撰写简单清晰的书面信息，如电子邮件、备忘录、书信	能将重要、相关问题通知他人，必要时索要和提供适当的信息
二级	过程运行导向	向特定受众有质有量地沟通	认真倾听，不打断他人发言	运用适宜的沟通风格和书面内容（如幻灯片、演讲、沟通策略、实施计划），确保受众能恰当准确地理解	与同事公开分享信息，并根据需要传授知识
三级	政策执行导向	预见受众沟通需求，并运用相应信息	为开放交流提供帮助；鼓励他人公开分享观点，并花时间去理解和考虑其观点	以清晰、有结构、有逻辑的可信方式写出想法，起草并支持开发指导方针、政策和程序	公开分享相关信息，确保该信息被人理解；认同知识共享是建设性的工作方法，并体现出对本组织的了解
四级	战略视野导向	在构思和提供信息与介绍时，能清楚表达本组织的战略目标，并以适合演示方法回答不同受众的需要	为他人表达观点建立安全的环境，必要时在决策过程中考虑其观点。意识到文化的差异并使用适当的非语言沟通	指导协调制定指导方针、政策和策略；确保本组织的战略目标在书面沟通中得到很好的反映，为书面文件把好质量关	分享高级管理层的决定和指示，并以确保被人理解和接受的方式进行沟通；需要时，在国家、区域和全球三级分享知识和最佳实践

核心能力（一）

能力名称		了解并管理自己（knowing and managing yourself）			
能力定义		用建设性的方式处置难以面对的局面和压力，把批评作为发展机遇，寻找持续学习和职业发展的机会			
行为指标		保持富有成效	管控压力	请求反馈	不断学习
一级	任务导向	出现新指示时能保持富有成效，即使有竞争需求，仍能保持专注	积极管控压力，在有压力或挑战情况下也保持积极和富有成效	必要时请求澄清，欢迎建设性反馈	识别获取新知识的领域，学习与工作相关的新任务

二级	过程运行导向	在无信息或指示的情况下应对挑战时，保持富有成效。必要时，迅速从挫折中恢复过来	积极管控压力，在压力下保持积极和富有成效，不把压力转给他人	寻求反馈以提高知识和绩效，寻求和接收反馈时表现出自我意识，利用反馈来提高绩效	为了个人和职业发展寻找正式和非正式学习机会，系统学习对工作有用的新能力和技术，利用学习机会弥补能力与技能之不足
三级	政策执行导向	即使环境不断变化发展，仍能保持客观专注；遇到制约时，继续积极行为；接受未来挑战	有效控制情绪，避免表现不当情绪；实现个人成果或支持团队工作时，始终态度积极；遇到压力和挑战时，仍能继续与人合作	视反馈为个人与职业发展的关键因素；面对正面负面反馈，具有高度的自我意识；积极接受负面反馈，快速而建设性地向前推进	从广泛渠道寻找与决策有关的所有信息；快速学习可以扩展角色能力的新能力与技能；能迅速理解与工作相关的新信息或复杂信息
四级	战略视野导向	在危急情况下能保持示范性工作水准；在完成个人与团队工作遇到的挑战时，保持高昂士气；向他人展示制约与挑战是可以克服的	在极具挑战的环境中，也能以积极和助人方式传达情感；在巨大压力下，保持模范的工作水平；始终为自己的团队提供指导和方向，包括遇到紧张与挑战情况	把反馈作为个人和组织发展的机会；利用批评增强自我意识，改善自我形象；接受负面反馈，作为提升能力的机会，以成功完成个人和团队的目标	管理持续深入的调研，获取各种信息以推动自身和团队工作；有效迅速优化运用可显著拓展角色能力的新信息和专家技术；迅速获取对岗位和本组织有战略意义的新消息或高度复杂的信息

核心能力（二）

能力名称		交付成果（produce results）							
能力定义		生产并交付有质量的结果，注重行动并致力于取得成果							
行为指标		高效独立工作		交付有质量的结果			承担责任		
一级	任务导向	制订重点并对计划进行必要调整；必要时请上级主管确认时间	用来自领导的反馈和投入取得结果	产出有质量的结果，经常与上级讨论以取得结果	以行动为导向，直到完成任务	对自己在预期结果中的作用与责任有充分理解	征求并接受主管及团队的指示和指导，为自己的工作和行为负必要责任	完成任务时表现出承诺和参与	出现错误时承担责任，并吸取必要经验教训

二级	过程运行导向	抓重点，根据目标监控个人工作进展，应要求调整计划；必要时通报调整情况	主动作为并根据需要予以激励；处理问题具有效率和建设性	产出高质量结果和满足客户需求的可行方案	独立工作并产出新的结果，个人安排时间既有效又高效	对自己的角色有充分认识，并明确团队成员对项目预期结果的作用	根据需要对进度提出改进建议，对自己的工作和行为负必要责任	对新项目和新创意持积极态度	对自己的成功和错误负责；并吸取经验教训
三级	政策执行导向	以系统有效的方式监控个人和他人的工作，以确保所需资源和产出	保持项目与组织使命及目标一致，始终在需要时有效解决个人及团队问题	要求本人与团队按组织目标提供高质量的成果	欢迎能带来新成果的挑战	对自己的角色有充分认识，并明确团队成员对项目预期结果的作用	需要时咨询同行并对自己团队的工作负责，对于团队和本人工作对内外行的影响有很好的理解	积极主动参与项目和倡议，接受符合组织战略和工作计划的苛刻目标	对团队工作有责任感并树立榜样，为自己和团队利益明确阐释吸取的教训
四级	战略视野导向	对照内外关键绩效指标确定组织标准和最佳做法，以确保质量和生产率	管理并有效监督团队或部门项目，确保最佳实践和对组织层面的影响	修订组织目标，满足全球卫生环境中不断变化的需求	根据组织战略和工作计划，调整本人和团队以适应新的挑战和苛刻目标	作为团队的榜样，给团队成员分配角色时能发现他们的潜力，以顺利达到预期结果	必要时与利益相关者合作，并对自己部门/集群的工作负责	不断寻求发展机会并激励他人完成或超越目标与期望	对部门和集群工作表现出责任感，总结经验促进最佳实践，为组织利益吸取教训

核心能力（三）

能力名称		在变化的环境中前进（moving forward in a changing environment）			树立榜样（setting an example）			
能力定义		欢迎并提出新方法、新思路，适应变化、反应积极			遵守本组织职业规范、道德和法律并鼓励他人遵守，行为始终符合明确的个人道德标准与价值			
行为指标		建议变革	适应变革		行为专业，符合伦理			值得信赖
一级	任务导向	寻找新的工作方式应对环境变化的挑战，并提交团队和主管考虑	对新的及时有效的工作方法，持积极开放态度	有必要的灵活性，根据需要改进个人工作方法				

二级	过程运行导向	如出现新情况，必要时提出并阐明及时有效的变革建议	快速有效调整工作方式以适应新的需求与变化的重点	欢迎新观念、办法和工作方式，调整自己的方法接受变革举措				
三级	政策执行导向	积极支持本组织的变革倡议，并对此有个人承诺，包括面对新要求时亦如此；对挑战性形势提出可行解决方案	积极应对变化的环境，提出可行解决方案，以取得个人和团队成果	欢迎并积极应用新思想、方案、工作方法和技术，改进自己和团队的工作过程和成果；对组织变革举措有承诺	根据世界卫生组织条例和规则，以及国际公务员行为准则，以道德的方式完成个人工作目标	保守机密并谨慎处理敏感信息，确保政策与程序符合本组织的职业规范、道德和法律标准	他人不专业不道德时，推动适宜标准，提供反馈，以纠正之，必要时上报；坚持个人决定和行为并为此负责	以公开透明的方式对待他人；坚持自己及团队的决定或行动，并为此承担责任；为促进本组织的成功而采取行动
四级	战略视野导向	设计并监督变革管理措施，确保组织进行必要的创新，并回应对资源的需求	在组织变革管理活动中发挥领导作用；帮助组织对此做出反应	为改进组织成果引进新思路和战略方向，视改革倡议为适宜的改进机遇				

管理能力

能力名称		确保资源的有效利用（ensuring effective use of resources）		建立并促进本组织内外的伙伴关系	
能力定义		根据组织的战略方向确定重点；制订并实施行动计划，组织必要资源并监督结果		发展并加强可为本组织提供信息、协助和支持本组织发展的内部外部伙伴关系；发现并利用组织内外伙伴间的协同作用	
行为指标		制定战略和明确目标	监控进度并充分利用资源	发展网络和伙伴关系，鼓励合作	
一级	任务导向	依照主管意图，建立具体、可衡量、可达到的现实及时的目标；努力出成果，高效实现预定目标	监督自己的进度，征求主管意见，确保行动得到实施	协助同事共同完成工作，建立并保持与组织内外成员的良好工作关系，促进本人和团队的工作	设置合适的执行标准，改进自己的工作

二级	过程运行导向	依照主管意图，建立具体、可衡量、可达到的现实及时的目标并跟踪完成。意识到它们对本人工作的影响，及本人工作如何对组织的工作做出贡献	根据突发情况重新安排重点；采取措施监控原计划的资源与进度；找到有成本效应的解决方案；确定完成本人工作计划所需的财务、人力和技术资源		力求了解本人工作与他人工作在本组织内部的协同作用
三级	政策执行导向	为本人及团队建立具体、可衡量、可达到的现实及时的目标，预见优先项目并采取必要行动落实；有效管理使用财务人力资源，完成本人及团队工作	预见并解决团队或部门的潜在困难，利用现有时间表监控本人和团队工作进展，为本人及团队工作提出有成本效益的解决方案	有效迅速建立网络，加强本团队或部门的产出，促进互利工作关系，创造本组织内以及与外部利益相关者的协同合作	促进本组织与外部伙伴之间的工作协同作用，以改善产出
四级	战略视野导向	为本人及本组织建立具体、可衡量、可达到的现实及时的目标，系统分析并预见和本团队相关的优先项目，并分配必要的资源落实；确定本组织关键目标大项目所需的全组织资源	预见可预见的变化，遇到不可预见的情况与挑战时，调整本人及团队项目；制定措施和标准，对照本组织关键目标监测整个项目的进展，为本组织创造有成本效益的解决方案	同广泛的重要利益相关者谈判建立战略伙伴关系和联盟，确保本组织的产出和成功	创造新的机会，促进本组织内外的协同合作，以推动本组织的成功

领导能力（一）

能力名称		推动本组织走向成功的未来（driving the organization to a successful future）		
能力定义		对健康问题与活动的日益复杂情况有广泛理解，为共同目标创造良好愿景，为改善人民健康制订能取得真正进展的路线图		
行为指标		建设性的领导风格	管理复杂问题并系统性地思考	树立愿景并建立承诺
一级	任务导向	无		
二级	过程运行导向	使用各种相关方法实现对组织有利的结果；通过模范行为发挥积极作用，强化本组织身份	对本组织和联合国系统的结构变化保持最新了解；对本组织成功的关键因素有很好的理解	具有产生新想法的能力；对本组织结构的发展保持了解

三级	政策执行导向	制订支持本组织使命、愿景和优先事项的计划；采用协作式的管理风格，加强本组织形象	预见新趋势并利用该信息使本组织受益，提出推进本组织工作规划的方案	能向他人解释愿景，并确保他们支持本组织的使命
四级	战略视野导向	领导制订能使本组织任务成功实现真正进展的路线图，包括咨询关键利益相关者；为了建立对本组织可靠一致的认同，行为应体现出尊重、可信、透明、负责	发现促进本组织长期目标的机会；在新地区和全球发展机构现有机会的基础上，提出可推进本组织使命的全组织性倡议	创建本组织成功共享的愿景；培养注重长远目标的文化氛围，奖励为本组织价值最大化所做的努力

领导能力（二）

能力名称		促进创新与对本组织的学习（promoting innovation and organizational learning）	
能力定义		建设鼓励学习和发展的文化氛围，使本组织充满生气。	
行为指标		鼓励学习	支持创新
一级	任务导向	参加非正式和正式学习活动，促进个人和职业发展；以专业方式接受建设性反馈，并以此进一步提高自身绩效	为了更好地工作，对学习新方法和新工具持开放态度
二级	过程运行导向	进行非正式和正式学习活动，并鼓励他人也这样做，以便在当前工作和未来期望工作中保持相关性	支持创新的方法和解决方案，对本人工作领域的新观点持开放态度
三级	政策执行导向	在本团队创造学习和发展的机会，并与本组织其他单位协作，认识到学习是维持绩效的关键因素；鼓励本团队成员互相学习，加强团队建设和有效性	鼓励和支持他人创新，积极为本人及团队工作思考新观点
四级	战略视野导向	确保整个组织共享和学习，在本组织传递责任感并放权；通过训练并指导他人，建设鼓励学习和发展的文化氛围	推动和提倡必要的变革，不断促进新方式使组织获得成功，是能为本组织任务和工作创造出新观点的本组织公认的关键资源

领导能力（三）

能力名称		促进本组织在卫生领导方面的地位（promoting the organization's position in health leadership）
能力定义		定位本组织为卫生方面的领导者；赢得对本组织任务的支持；以吸引目标受众支持的方式，进行协调、计划和沟通工作
行为指标		理解并促进本组织使命
一级	任务导向	无

二级	过程运行导向	在处理个人事务方面表现出可信性	有效说服他人，获得他们的承诺，同时认识到需要支持交流和交易	准备并提供内部演示和信息，运用广泛的适当技术	将本人工作领域与本组织的其他领域相互联系	尊重并支持本组织的品牌；成功促进本组织的使命和方案
三级	政策执行导向	在处理本组织内外人员时，表现出可信性和权威性	把谈话引导至期望的结局，通过探索各种可能性有效地进行谈判	用可吸引目标受众支持的方式，计划、开发并沟通本组织的战略	从整体上考虑与本组织相关的广泛问题	争取他人对本组织使命的支持，就期待的系列行动达成协议
四级	战略视野导向	通过建立直接可信的印象，在国际上和各同行、技术部门、捐款人以及发展伙伴之间等建立牢固联系和伙伴关系	运用广泛的方法和随时与所有各方保持关系的方式，与本组织内部和外部人员进行有效谈判	在组织内外权威和可靠地代表本组织，准备并提供高层次信息，运用广泛的适当技术	与他人就可对本组织产生积极影响的一系列既定行动达成协议	通过成功促进本组织使命和方案的方式，定位本组织为卫生方面的领导者

思考题

1. 什么是国际公务员的核心价值？
2. 什么是国际公务员的核心能力？
3. 管理人员要具备哪些管理能力？
4. 联合国新的四项价值观是什么？
5. 联合国新的五项行为规范是什么？

第三章

怎样成为国际职员

在国内，要“挤进”公务员队伍，必须通过国家公务员考试。那么，怎样才能“挤进”国际组织或者应聘成为国际公务员呢?“进得去”不是一两句话就能回答的问题。本书绪论指出，国际公务员虽然也是在国际组织任职，但他们与当选国际组织官员不属于同一个范畴。最大的区别在于，国际公务员指受聘于政府间国际组织并领取薪酬的职员，他们的身份是职员，他们没有失去本国国籍，但不是国家的代表。国际组织任职，在本书特指国际组织召开代表大会选举产生的官员，他们一般由与会代表选举产生，担任会议的主席、副主席、执委会（理事会）委员，他们实际是代表本国政府出席国际组织会议，参与重要问题的讨论与决策；但是，他们在当选后履行职责时，虽未失去本国代表的身份，但不再作为本国代表主持会议，而要和国际公务员一样，保持独立、公平、公正立场。这种在国际组织任职的人员，国际组织并不发给他们任何薪金，只是给予一定差旅补助。在国际组织任职的这些官员与国际公务员的共同共通之处是：他们都置身国际氛围，都要和外国人和国际组织打交道，两者需要具备相同相似的素质。只是他们“挤进去”的方式与途径不相同。之所以说“挤进去”，是因为无论在国际组织任职的官员还是应聘的国际职员，对于中国人来讲都不是唾手可得、轻而易举的事情。本书在第三、四、五章探讨的主要是国际公务员。

国际公务员有专业人员、一般事务类人员，有国际招聘、当地招聘，有定期合同 、临时合同，有个人报考、政府推荐。情况不同，招聘条件、办法也各不相同。简要地讲，要想“进得去”，既涉及硬件，即学历、能力、经验，也关乎心态，即自信心、上进心、拼搏心，同时也需要机遇和技巧。为了叙述方便、生动，姑且归纳成几个“有”，即有能力、有信息、有意愿、有闯劲、有推荐、有运气、有谋略、有技巧，其实每个“有”字背后都大有学问。

第一节　应聘需要哪些能力和信息

所谓能力，指的是必须有一定的资历，包括学历、经验、专业都能符合岗位的要求，这是“进得去”的基本条件。如何做到有能力，涉及在校学习、在职学习、继续教育、实践锻炼等诸方面问题，能力不是一下子培养出来的，在决定是否竞聘前，要对国际组织的要求有所了解，对照自己情况，如果能力水平不够条件，就要有针对性地去培养、提升自己。

综合素质

说到能力，一般首先想到专业知识和技能。诚然，应聘任何单位都需要具备相关领域的特有知识。国际组织重视和强调综合素质，也就是我们常说的通识。清华大学原校长梅贻琦先生曾说：“通识，一般生活之准备也；专识，特种事业之准备也。通识之用，不止润身而已，亦所以自通于人也。信如此论，则通识为本，而专识为末。”2016 年 9 月 27 日，习近平总书记在主持中共十八届中央政治局第三十五次集体学习时说：“参与全球治理需要一大批熟悉党和国家方针政策、了解我国国情、具有全球视野、熟练运用外语、通晓国际规则、精通国际谈判的专业人才。”2017 年 5 月，习近平在考察中国政法大学时谈道：“青年一代的理想信念、精神状态、综合素质，是一个国家发展活力的重要体现，也是一个国家核心竞争力的重要因素。”从讲话中可以看出理想信念和精神状态的重要性。联合国及其专门机构同样重视对国际职员价值观的要求，以及综合素质的要求。这些我们在第二章已做介绍。

联合国历来要求国际职员具备诚信、敬业/专业精神、尊重多样性三项核心价值，联合国新的能力框架继续强调精神操守层面的核心价值：包容、正直、谦逊、人性。至于核心能力，国际组织对国际公务员的要求也不单纯是技术性、专业性的，更重要的是在任何职场都需要的沟通能力和管理能力，尤其强调跨文化工作所需要的国际胜任力，如伙伴关系、团队精神、相互尊重与理解等。第二章对联合国要求的这些核心价值、核心能力做了详细介绍。

信息渠道

信息对于竞聘国际公务员至关重要。自身条件好的人，如果不能掌握招聘信息，就谈不上报名应聘。因此必须了解哪个国际组织在招聘，哪个职位符合自己的专业特长，具体招聘条件、报名期限有哪些等。简单地说，“有能力”“有信息”的意思就是要做到知己知彼、有的放矢。那么，从哪里获取信息？除招聘信息外还需要什么信息呢？

国内获取信息有以下几个渠道：

◇ 归口部门。凡以中国政府名义加入的国际组织，一般都由国务院的某个部门作为归口单位，它们与相关国际组织有联系途径，能及时掌握相关国际组织的招聘信息，通常是这些部门的国际合作司或外事司负责具体事务。例如，国际劳工组织对人力资源和社会保障部，世界贸易组织对商务部，国际电信联盟对工业和信息化部，世界卫生组织对国家卫生健康委员会，等等。20 世纪 80 年代，卫生部外事司在全国选拔国际组织任职后备人才。目前，世界卫生组织的国际公务员选拔工作由国家卫健委人事司与国际合作司共同负责。

◇ 协调部门。人力资源和社会保障部是国务院指定负责国际职员工作的协调部门，与联合国共同在我国组织青年专业人员考试，根据联合国招聘人员的需要，按照公开、平等、竞争、择优的原则，组织公开招考国际公务员后备人员。1995 年举办第一次考试，已举办过多次考试。目前，应试人员可通过联合国官网直接报名，参加线上笔试和面试。

◇ 国家留学基金管理委员会。国家留基委与若干国际组织签订了协议，为在国际组织实习的人员组织笔试和面试，最终提交国际组织确定人选。实习生虽然不是国际职员，但可以通过实习了解国际组织在国际事务中的作用、国际组织运作情况、如何培养国际胜任力。留基委不定期公布有关国际组织实习岗位的信息，供有意愿的大学生关注和参与。

◇ 互联网。最快捷的方法是直接到有关国际组织的网站查询，可以了解到它们的招聘信息、招聘途径，还可以详细了解相关国际组织及其相关业务部门的情况，包括性质、任务、秘书处组成、职员知识结构等基本情况。了解清楚这些基本情况，再根据自己的学历、经历、专业，具体考虑哪些国际组织、哪些岗位适合自己，就可做到知己知彼、有的放矢。比如：

● 联合国秘书处由在纽约总部相关人员和在世界各地的联合国工作人员组成，他们为联合国各主要机关提供服务，并执行这些机关制定的方案与政策，从事联合国的各种日常工作：从管理维持和平行动到调停国际争端、从调查经济及社会趋势和问题到编写人权和可持续发展问题的研究报告，从向世界各通讯社等媒体介绍联合国工作到监测联合国各机构所做决定的执行情况，乃至将国际会议的发言和文件翻译成联合国六种官方语言。

● 联合国专门机构的工作内容及秘书处的规模、人数、专业各不相同。每个机构专业人员的专业一般和该组织的名称、宗旨是一致的。例如，世界卫生组织一半以上的职员为公共卫生和医学专业人员。非医药卫生专业的职位涉及领域也很广，计划财务、卫生统计、紧急援救、信息技术、人力资源、对外关系、技术合作、新闻信息、项目分析等方面的人员占 35%左右。再如，国际电信联盟由管理国际无线电频谱和卫星轨道资源的无线电通信部门、负责标准制定工作的电信标准化部门、负责普及信息通信技术的电信发展部门三大主要部门组成，专业大部分和电信相关，但也离不开其他专业人员；国际原子能机构的职员包括科学、技术、管理等各方面专业人员和辅助人员。其实每个国际组织的职员专业领域都相当广泛，可以选择的余地很大。

熟悉国际组织的情况后，还要花时间认真到相关机构的网站查询职位空缺的具体情况，找出适合自己的职位。国际组织的招聘通知大部分使用英文，少数招聘通知除使用英文外还使用法文、西班牙文。各国际组织网站招聘通知的栏目或名称也不相同，例如：

- 联合国职员招聘在 job openings 菜单下；
- 世界卫生组织用 employment-international recruitment；
- 国际劳工组织用 employment opportunities；
- 世界知识产权组织为 careers & recruitment-vacancy announcement；
- 联合国教科文组织则为 vacant posts。

职位空缺是不断变化的，招聘信息一般都会定期更新。公布的空缺职位均有简介，通常包括：职位编号、工作地点、部门单位、岗位级别、合同类别、资格要求（学历、技能、语言等）、工资待遇等。在查看职位空缺时，需要格外注意截止日期（closing date 或 deadline），千万不可错过。此外，还要看对申报方式的要求，现在大部分可在线申报。有志申报联合国职位的，可以登录联合国征聘网（http：//careers. un. org）了解考试资格要求、招考专业、报名申请程序、报名状态、考点、考试最新情况及常见问题等信息，通过联合国人力资源网站（http：//inspira. un. org）进行网上报名。图 3－1、图 3－2 是联合国及世界卫生组织 2022 年在官网上发布的两个职务空缺通知。

Job Opening	
Posting Title：	2022 Competitive Examination for Chinese Interpreters，P2/P3，P3
Job Code Title：	INTERPRETER，CHINESE
Department/Office：	Department for General Assembly and Conference Management
Location：	NEW YORK
Posting Period：	10 February 2022-11 March 2022
Job Opening number：	21-LAN-DGACM-164795-L-NEW YORK (L)
Staffing Exercise：	N/A

United Nations Core Values：Integrity，Professionalism，Respect for Diversity

Org. Setting and Reporting
These positions are located in the Department for General Assembly and Conference Management (DGACM) at Headquarters，Geneva，Vienna and Nairobi as well as the Regional Commissions where applicable. These positions are under the general supervision of the Chief of Interpretation or Language Section/Service as appropriate.

Responsibilities
Within delegated authority，the Interpreter will be responsible for the following duties：
- Services up to seven meetings per week (exceptionally eight)，usually of no more than three hours duration，of various United Nations bodies.
- Chinese interpreters provide interpretation into Chinese of speeches given in English，and interpretation into English of speeches given in Chinese.
- May occasionally be assigned to sensitive meetings.
- May function as team leader of all interpreters assigned to a given meeting.
- May perform other related duties，as required.

Competencies
- Professionalism：Ability to demonstrate a high level of concentration and work under continuous stress. Knowledge of a broad range of subjects dealt with by the United Nations，i. e.，political，social，legal，economic，financial，administrative，scientific and technical subject matters. Shows pride in work and in achievements；demonstrates professional competence and mastery of subject matter；is conscientious and efficient in meeting commitments，observing deadlines and achieving results；is motivated by professional rather than personal concerns；shows persistence when faced with difficult problems or challenges；remains calm in stressful situations. Takes responsibility for incorporating gender perspectives and ensuring the equal participation of women and men in all areas of work.
- Communication：Speaks and writes clearly and effectively：listens to others，correctly interprets messages from others and responds appropriately；asks questions to clarify and exhibits interest in having two-way communication；tailors language，tone，style and format to match audience；demonstrates openness in sharing information and keeping people informed.

图 3－1　2022 年联合国招聘通知

• Teamwork：Works collaboratively with colleagues to achieve organizational goals；solicits input by genuinely valuing others' ideas and expertise；is willing to learn from others；places team agenda before personal agenda；supports and acts in accordance with final group decision even when such decisions may not entirely reflect own position；shares credit for team accomplishments and accepts joint responsibility for team shortcomings.
• Commitment to Continuous Learning：Keeps abreast of new developments in one's own occupation/profession；actively seeks to develop oneself professionally and personally；contributes to the learning of colleagues and subordinates；shows willingness to learn from others；seeks feedback to learn and improve.

Education
Hold a first-level university degree (Bachelor or equivalent) from a recognized school of Interpretation in which at least one full academic year is devoted to interpretation. Alternatively，applicants must hold a first-level degree from a university or institution of equivalent status at which Chinese is the language of instruction. The Board of Examiners may，at its discretion，admit an applicant graduating from a university at which the principal language of instruction is a language other than Chinese provided that he or she has adequate secondary educational qualifications from an establishment at which the principal language is Chinese.

Work Experience
Have at least 200 days of work experience as a conference interpreter. Work experience in the fields of translation，editing，verbatim reporting or other related fields will be an asset.

Languages
• Has a perfect command of Chinese，which is normally expected to be the main language.（"Main language" should be understood to be the language into which the applicant is best able to interpret.）
• Has an excellent knowledge of English.
• The applicant's claim to knowledge of official languages of the United Nations must be supported by relevant documentation attached to his/her application. Further evidence of degrees，knowledge of languages and/or relevant experience may be required prior to convocation.

Assessment
All applicants should submit with their applications a ONE-PAGE essay IN ENGLISH in lieu of a cover note，explaining why they wish to work as an interpreter at the United Nations.
Applications without the required one-page essay IN ENGLISH will not be taken into consideration.
Applications will be screened and carefully assessed on the basis of the eligibility criteria，and only those applicants who are deemed qualified will be convoked for the examination. Only examinees that are successful in the first part of the examination (Part 1) will be invited to the competency-based interview，which is the second part of the examination (Part 2)．

Part 1
Part 1 of the exam constitutes：
1. Online interpretation pre-selection test，
2. Online interpretation exam.

Only candidates who are successful in the pre-selection test will be invited to the online interpretation exam. Said candidates will receive an email notifying them of their eligibility to sit for the online interpretation exam.

Both the online interpretation pre-selection test will be invited to the online interpretation exam. Said candidates will receive an email notifying them of their eligibility to sit for the online interpretation exam.

Both the online interpretation pre-selection test and examination will be conducted via an online testing platform. Candidates convoked for the first part of the exam will be responsible for identifying and securing a location suitable for them to complete the pe-selection test and，as applicable，the examination (i. e.，a computer with a reliable internet connection)．Further information regarding the online testing platform and exam preparation guidance will be provided to those convoked for the examination.

1. Pre-selection interpretation test：Tentatively scheduled on 2 May 2022：the pre-selection test will consist of two statements：one audio statement in Chinese for simultaneous interpretation into English and one audio statement in English for simultaneous interpretation into Chinese (approximately 5-7 minutes each)．Only candidates who pass the pre-selection test will be eligible to sit for the online interpretation exam.

2. Online interpretation exam：Tentatively scheduled on 24 June 2022：the online examination will consist of the following components：
1. Simultaneous interpretation into Chinese from recordings of three speeches delivered in English (approximately 8 to 10 minutes per audio recording)；
2. Simultaneous interpretation into English from recordings of three speeches in Chinese (approximately 8 to 10 minutes per audio recording)．

Candidates must pass the online interpretation exam to be considered successful in the 1st part of the examination process and will be invited to the competency-based interview，which is the second part of the examination process (Part 2)．

图 3-1　2022 年联合国招聘通知（续）

Approximately two weeks before the pre-selection test and online exam (Part 1), all eligible candidates will be provided the opportunity to complete a mock test to ensure that their equipment and internet connection are acceptable. The mock test will not be evaluated and is only intended to help candidates familiarize themselves with the platform and check their set up.

Exam window
The exam window will be open for a limited time during which candidates should record their interpretations. Further details about the exam window, i. e., when it opens and closes, will be conveyed to the candidates.

Also, 1 to 2 weeks before the online test and exam (Part 1), all convoked candidates will have an opportunity to set up the required equipment, i. e., computer, laptop, or mobile device with audio headset and video recorder (camera) and complete the practice (or mock) test.

Special Notice
The purpose of the present job opening is to invite applications from prospective applicants who wish to take the competitive examination for Chinese interpreters which is tentatively scheduled on 24 June 2022. All applications will be reviewed by the Board of Examiners. In instances where a large number of applications are received, the Board of Examiners reserves the right to admit to the examination only the most qualified applicants based on a review of qualifications over and above the minimum criteria.

All applicants will be notified in writing of the Board's decision in respect of their application. On the basis of the overall results of the examination, the Board will recommend to the Director, Human Resources Service Division (HRSD) in the Department of Operational Support (DOS) the names of candidates who qualify for inclusion in the roster. All examinees will be informed in writing of the Board's final recommendation in respect of their candidature. The Board's recommendations are final and not subject to appeal. The Board does not release individual scores or results.

As a result of the competitive examination, a roster will be established from which present and future vacancies for Chinese-language Interpreters will be filled. When vacancies occur in the language services of the United Nations in Bangkok, Geneva, Nairobi, New York or Vienna, successful candidates will be recruited from the roster, subject to the requirements of the service in terms of expertise and language combinations.

Successful examinees may thereafter be called upon to serve at other duty stations according to the needs of the Organisation. Successful examinees are expected to serve a minimum of five years in a language post. Successful candidates should note that, in accordance with the needs of the Service/Section, they may be called upon to work outside normal working hours, including weekends and holidays. Successful candidates who receive an offer of appointment are strongly encouraged to accept it, as declining may affect their prospects of receiving a subsequent offer. A successful candidate who declines two offers will be removed from the roster.

Successful examinees selected from the roster to fill vacancies are normally offered an initial two-year fixed-term appointment at the P-2 level. This level comprises 12 steps, each corresponding to an annual increment awarded if performance is satisfactory.

Upon satisfactory completion of this two-year trial period, they will be considered for a continuing appointment according to the staff rules in force and they may be promoted to the P-3 level, which comprises 15 steps. The fixed-term appointments of interpreters whose performance proves unsatisfactory will not be extended. Fully qualified interpreters with several years of internationally recognized professional language experience and demonstrated ability to perform high-quality work may be recruited at the P-3 level.

Incomplete application (lacking evidence of language fluency) and those that are received after the above deadline will not be considered. No extensions for submission will be given if applications cannot be sent by the deadline set in Inspira. (at midnight New York time).

Special notice to internal candidates
The competitive examination for Chinese Interpreters in 2022 is open to staff members of the United Nations at the P-3 level and below who meet the eligibility requirements, as well as qualified external candidates, in accordance with the provisions of ST/AI/2020/3.

图 3-1 2022 年联合国招聘通知（续）

The assignment of staff members of the United Nations who are successful in the examination and are selected to fill vacancies will be subject to the following conditions:

1. Staff members selected to fill vacancies will be assigned as Chinese-language Interpreters for a trial period of two years according to the staff rules in force. Staff members below the P2 level or in the General Service category will receive a special post allowance at the P2 level. Staff members at the P-2 and P-3 levels will be assigned at their respective levels.
2. Staff members with a special post allowance at the P-2 level and those already at the P-2 level who successfully complete the trial period and are recommended by the Department for General Assembly and Conference Management and the Office of Human Resources Management may be promoted to the P-3 level. Staff members already at the P-3 level who successfully complete the trial period will be confirmed in their functions at the P-3 level.

After two years of satisfactory service on a fixed-term appointment, the candidate will be considered for a continuing appointment. This means that the candidate will have to demonstrate within that time that he or she possesses the requisite qualifications to serve as a career staff member of the United Nations in order to receive such an appointment. Staff members who do not successfully complete the trial period will be reassigned to posts at their previous levels, and the special post allowance, if any, will be discontinued.

Staff members from subsidiary organs of the United Nations and staff members whose service is limited to a particular organ, fund or programme of the United Nations or special missions are considered external candidates for the purpose of this examination. Such candidates, if successful in the examination, will be offered a new appointment with the United Nations, subject to normal United Nations recruitment procedures and standards.

Staff members selected to fill vacancies will be recruited as Chinese-language Interpreters according to the staff rules in force.

United Nations Considerations

According to article 101, paragraph 3, of the Charter of the United Nations, the paramount consideration in the employment of the staff is the necessity of securing the highest standards of efficiency, competence, and integrity. Candidates will not be considered for employment with the United Nations if they have committed violations of international human rights law, violations of international humanitarian law, sexual exploitation, sexual abuse, or sexual harassment, or if there are reasonable grounds to believe that they have been involved in the commission of any of these acts. The term "sexual exploitation" means any actual or attempted abuse of a position of vulnerability, differential power, or trust, for sexual purposes, including, but not limited to, profiting monetarily, socially or politically from the sexual exploitation of another. The term "sexual abuse" means the actual or threatened physical intrusion of a sexual nature, whether by force or under unequal or coercive conditions. The term "sexual harassment" means any unwelcome conduct of a sexual nature that might reasonably be expected or be perceived to cause offence or humiliation, when such conduct interferes with work, is made a condition of employment or creates an intimidating, hostile or offensive work environment, and when the gravity of the conduct warrants the termination of the perpetrator's working relationship. Candidates who have committed crimes other than minor traffic offences may not be considered for employment.

Due regard will be paid to the importance of recruiting the staff on as wide a geographical basis as possible. The United Nations places no restrictions on the eligibility of men and women to participate in any capacity and under conditions of equality in its principal and subsidiary organs. The United Nations Secretariat is a non-smoking environment.

The paramount consideration in the appointment, transfer, or promotion of staff shall be the necessity of securing the highest standards of efficiency, competence, and integrity. By accepting an offer of appointment, United Nations staff members are subject to the authority of the Secretary-General and assignment by him or her to any activities or offices of the United Nations in accordance with staff regulation 1. 2 (c). In this context, all internationally recruited staff members shall be required to move periodically to discharge new functions within or across duty stations under conditions established by the Secretary-General.

Applicants are urged to follow carefully all instructions available in the online recruitment platform, inspira. For more detailed guidance, applicants may refer to the Manual for the Applicant, which can be accessed by clicking on "Manuals" hyper-link on the upper right side of the inspira account-holder homepage.

The evaluation of applicants will be conducted on the basis of the information submitted in the application according to the evaluation criteria of the job opening and the applicable internal legislations of the United Nations including the Charter of the United Nations, resolutions of the General Assembly, the Staff Regulations and Rules, administrative issuances and guidelines. Applicants must provide complete and accurate information pertaining to their personal profile and qualifications according to the instructions provided in inspira to be considered for the current job opening. No amendment, addition, deletion, revision or modification shall be made to applications that have been submitted. Candidates under serious consideration for selection will be subject to reference checks to verify the information provided in the application.

Job openings advertised on the Careers Portal will be removed at 11: 59 p. m. (New York time) on the deadline date.

图 3-1 2022 年联合国招聘通知（续）

No Fee
THE UNITED NATIONS DOES NOT CHARGE A FEE AT ANY STAGE OF THE RECRUITMENT PROCESS（APPLICATION，INTERVIEW MEETING，PROCESSING，OR TRAINING）. THE UNITED NATIONS DOES NOT CONCERN ITSELF WITH INFORMATION ON APPLICANTS' BANK ACCOUNTS.

图 3－1　2022 年联合国招聘通知（续）

World Health Organization

Back to prior page

Medical Officer, HIV, Hepatitis and Sexually Transmitted Infections - (2201218)

Grade: P4
Contractual Arrangement: Fixed-term appointment
Contract Duration (Years, Months, Days): 2 years

Posting Date: Feb 18, 2022, 9:54:24 AM
Closing Date: Mar 12, 2022, 6:59:00 AM
Primary Location: Philippines-Manila
Organization: WP/DDC Division of Programmes for Disease Control
Schedule: Full-time

IMPORTANT NOTICE: Please note that the deadline for receipt of applications indicated above reflects your personal device's system settings.

OBJECTIVES OF THE PROGRAMME

To achieve the control of communicable and noncommunicable diseases throughout the Western Pacific Region by targeting the reduction of morbidity and mortality of such conditions and diseases. The division supports integrated people-centred care approaches by strengthening primary healthcare services for prevention, diagnosis, care and treatment of target diseases and conditions along the life-course, while ensuring to reach the unreached and achieving universal health coverage.

Unit Mandates:

The Communicable Disease Unit works with the Member States and partners to eliminate and control communicable diseases including tuberculosis, HIV/AIDS, hepatitis, sexually-transmitted infections (STIs), malaria and neglected tropical diseases in the Western Pacific Region. Focus areas of the programme are regional and country adaptation of evidence-based policies and strategies, facilitation of coordinated multisectoral actions, enhancement of intervention and service delivery, case management, engagement and empowerment of communities, and strengthening of monitoring, evaluation and surveillance.

DESCRIPTION OF DUTIES

Under the supervision of the Director, Programmes for Disease Control, the incumbent will perform the following duties, in coordination with relevant departments at WHO headquarters, Regional Office, country offices, Member States and partners, to collectively fulfil the unit mandate and contribute to the thematic priorities set out in For the future: towards the healthiest and safest Region: a vision for the WHO work with Member States and partners in the Western Pacific:

1. Coordinate, facilitate and support Member States, key stakeholders, development partners and civil society to reach the unreached by strengthening prevention, provision of access to point-of-care diagnostics, optimization of drug regimens, reducing costs and adapting integrated service delivery systems for HIV, hepatitis and STI at country level.
2. **Facilitate, convene and support Member States in review, early adaption and roll-out of national guidelines to reflect new WHO recommendations for HIV,** hepatitis and STI in the area of prevention, testing and counseling, linkages to care and treatment for adults, adolescents and children including other coinfections.
3. Facilitate and convene support to Member States in applying continuous quality improvement approaches to increase uptake of prevention and testing services and linkages to care and treatment and to improve data management and monitoring including implementation research.
4. Facilitate and support implementation and validation of elimination of mother-to-child transmission of HIV, syphilis and viral hepatitis.
5. Facilitate and maintain communication with networks working on HIV, STI, hepatitis, elimination of mother-to-child transmission within WHO, with UNICEF, UNAIDS and other development partners, research organizations, Member States and civil society.
6. Resource mobilization to accelerate elimination of HIV, viral hepatitis and STI in the Region.
7. **Work with the WHO health systems units and other key partners in strengthening human resources development; financing sustainable mechanisms for** essential services; and strengthening laboratory services.
8. Perform other duties as requested.

REQUIRED QUALIFICATIONS

Education

Essential: University degree in medicine from a recognized university and master's degree in public health, infectious diseases, epidemiology or related field from a recognized university.

Experience

Essential: Minimum of seven years' relevant work experience at national and international level in the areas of HIV, hepatitis and/or STI.

Desirable: Experience in triple elimination of mother-to-child transmission. Experience in low- and middle-income countries.

Skills

- Sound knowledge of principles, practices, and methodologies in public health and HIV, hepatitis and STI programmes
- Skill in situation analysis, programme management and promoting national capacities
- Ability to work harmoniously as a member of a team, adapt to diverse educational and cultural backgrounds and maintain high standards of personal conduct

WHO Competencies

1. Teamwork
2. Respecting and promoting individual and cultural differences
3. Communication
4. Creating an empowering and motivating environment
5. Producing results
6. Building and promoting partnerships across the Organization and beyond

图 3－2　2022 年世界卫生组织招聘通知

Use of Language Skills

Essential: Written and spoken fluency in English.

Desirable: Working knowledge of other UN languages.

REMUNERATION

WHO salaries for staff in the Professional category are calculated in US dollars. The remuneration for the above position comprises an annual base salary starting at USD 75,602 (subject to mandatory deductions for pension contributions and health insurance, as applicable), a variable post adjustment, which reflects the cost of living in a particular duty station, and currently amounts to USD 3037 per month for the duty station indicated above. Other benefits include 30 days of annual leave, allowances for dependent family members, home leave, and an education grant for dependent children.

ADDITIONAL INFORMATION

- **This vacancy notice may be used to fill other similar positions at the same grade level**
- Only candidates under serious consideration will be contacted.
- A written test may be used as a form of screening.
- In the event that your candidature is retained for an interview, you will be required to provide, in advance, a scanned copy of the **degree(s)/diploma(s)/certificate(s) required for this position. WHO only considers higher educational qualifications obtained from an institution** accredited/recognized in the World Higher Education Database (WHED), a list updated by the International Association of Universities (IAU)/United **Nations Educational, Scientific and Cultural Organization (UNESCO). The list can be accessed through the link:** http://www.whed.net/. Some professional **certificates may not appear in the WHED and will require individual review.**
- Any appointment/extension of appointment is subject to WHO Staff Regulations, Staff Rules and Manual.
- Staff members in other duty stations are encouraged to apply.
- For information on WHO's operations please visit: http://www.who.int.
- WHO is committed to workforce diversity.
- WHO prides itself on a workforce that adheres to the highest ethical and professional standards and that is committed to put the WHO Values Charter into practice.
- WHO has zero tolerance towards sexual exploitation and abuse (SEA), sexual harassment and other types of abusive conduct (i.e., discrimination, abuse of authority and harassment). All members of the WHO workforce have a role to play in promoting a safe and respectful workplace and should report to WHO any actual or suspected cases of SEA, sexual harassment and other types of abusive conduct. To ensure that individuals with a substantiated **history of SEA, sexual harassment or other types of abusive conduct are not hired by the Organization, WHO will conduct a background verification of final candidates.**
- WHO has a smoke-free environment and does not recruit smokers or users of any form of tobacco.
- WHO has a mobility policy which can be found at the following link: http://www.who.int/employment/en/. Candidates appointed to an international post with WHO are subject to mobility and may be assigned to any activity or duty station of the Organization throughout the world.
- Applications from women and from nationals of non and underrepresented Member States are particularly encouraged.

图 3-2　2022 年世界卫生组织招聘通知（续）

第二节　应聘需要有意愿、有闯劲

所谓“有意愿、有闯劲”，是指真的渴望成为国际公务员，不管应聘难度多大，都设法通过各种途径实现自己的愿望。所谓“进得去”“挤进去”也是这个意思，进入国际公务员队伍并非轻而易举，需要有决心、信心，有闯劲。

求职难度

“挤进”国际组织难，主要难在国际公务员条件要求高、招聘名额少。

“高”有两个方面：一是学历要高，二是工作经验要丰富。

国际组织招聘专业人员和司级人员，一般要求硕士及以上学历，初级专业人员起码要有大学本科学历及相应领域的实践经验。工作经验方面，除国内工作经验外还要求国际工作经验，职位越高要求越高，P3 级别专业人员至少要有 5 年工作经验，中级专业人员一般 7～10 年，司级人员要求 15 年以上。

“少”是指国际组织的空缺职位、新增岗位屈指可数，无法和国内公务员的招聘数量相比。2020 年，联合国有关实体有职员 79 605 人；联合国秘书处有 36 827 名职员，比 2014 年的 41 426 人减少 4 599 人。联合国各专门机构的职员人数不等，规模大的有世界银行（华盛顿总部和全球 100 多个代表处共 1 万余名国际职员）、世界卫生组织（总部、区域办事处、国家办事处）2020 年共 8 447 名国际职员。其他专门机构（如国际原子能机构秘书处、国际电信联盟等）规模小、职员少。

应聘可能

国际公务员选拔的条件较高，招聘的人数有限，竞聘的难度较大，要成为国际公务员，必须知难而上，迎难而进，一定要有拼搏精神。但是，也要看到另一面，即国际公务员的专业领域分布广泛，这为竞聘提供了潜在机遇，即使没有高学历，只要有一定专业特长，也有可能找到合适职位，包括一般事务类职位。所以说，在具备相应条件的前提下，只要“有意愿”，希望总是有的。以下是成功应聘为国际职员的案例，以及到国际组织实习的案例。

【案例一】

有位年轻朋友 Y，凭着自己坚持不懈的努力，不断寻找机会，最终“挤进”国际组织，工作至今。几年前，笔者在世界卫生组织大厅见到 Y 时，他在公用电脑上查看招聘信息。询问后得知他是一家保洁公司的员工。他自费出国留学，但就读的学校没有得到瑞士官方认可，花光积蓄，无颜回国，只好留下打工。日内瓦是国际城市，打工挣钱需要合法身份。于是他把到国际组织工作视为唯一选择。凭借电脑技术，他拿到一份临时合同。为了寻找新岗位，他利用了各种机会：中午在国际组织和其他职员一起用餐，晚上和国际职员一起打球，周末教新来的中国同事开车，这些都成了他了解职位信息的渠道。这样，他不仅获得了多个国际组织的临时合同，还把妹妹接到日内瓦，后来妹妹也通过了联合国会计及英文考试，“挤进”国际组织。

Y 在谈到个人经历时说：“父母从小教育我诚实做人、勤恳做事。出国前向父母发誓，时刻牢记自己是中国人，自己的一言一行都代表中国，决不做有辱祖国的事。”他没直接说“挤进去”的体会，可话里透出一种骨气，这种争口气、不服输的精神值得称赞。这个案例未必有普遍性，但足以说明“有意愿”的重要性。

【案例二】

另一位年轻朋友 J，克服各种困难，凭自己的努力和朋友的帮助，也成为国际公务员。她自幼患运动功能障碍症，她的父亲到国外任职，她以家属身份来到日内瓦，身残志坚，设法到大学攻读人力资源管理。毕业后，到一家公司实习，遇到很多困难：公司在洛桑，离日内瓦几十公里，只好寄宿；冬天一人在冰天雪地行走，多少次跌倒爬起来继续前行；结束实习本有个就业机会，却受到歧视。为了自立，她找到某国际组织的一份临时工作。为了到该组织的中文翻译科资料室工作，她参加了联合国的秘书考试。她是考场里唯一的女性、唯一的东方人、唯一的残疾人，凭实力以 93 分的成绩通过考试。她骄傲地说："撂笔交卷时，那些外国男性考生还在埋头苦写，有人连考三次都没通过 65 分及格线。凭这个成绩，要是不被录用，真要怀疑有人种族歧视、性别歧视，外加残疾人歧视了！"资料室要为笔译提供参考资料，有时要逐字逐句搜索，一刻不停盯着电脑查看，注明中英文内容的出处。这份工作对她来说简单枯燥，"费眼大于费脑"，而且用非所学。后来经过努力，她转到另一个国际组织做人力资源管理员，虽然是协助老职员做些琐碎工作，但积累了实践经验。功夫不负有心人，最后终于如愿以偿，她再次"挤进"最初那个国际组织的人力资源部门，负责下属机构人员的招聘初选。从一般事务类人员到专业人员，从普通职员到 P2 级官员，她拿到了短期工作合同。她保持积极心态，珍视在国际组织工作的每一天。这说明，要"挤进去"，必须有意愿，世上无难事，只要肯攀登。

【案例三】

在联合国总部的秘书长办公室做助理的 Z，是唯一通过竞聘入职秘书长办公室的中国职员。秘书长办公室工作相当紧张，每天早 8 点开始陆续接收前方的四批密函和各国信件，须分门别类派送给有关官员，完成每日秘书长内参。在协调整理内参的过程中，要知道哪些事务需要秘书长优先关注或尽快表态。作为助理既要政治敏锐、守口如瓶，又要反应迅速、忙而不乱。她还负责秘书长每天的会议安排，协调处理行政事务。她是怎样到这个岗位的呢？2011 年她到联合国实习，先后在联合国学术影响办公室、联合国年鉴组、联合国非政府组织关系办公室、政治事务部安理会、人道主义援助协调厅工作，高强度、快节奏的任务使她的技能得到极大锻炼和提高。她用 5 个 C 归纳她的入职体会：competency、connection、compassion、chance、chosen。她为有机会与"有理想有情怀的前辈一起工作见证历史进程、谋求人类福祉"感到自豪。要通过国际青年项目官员考试，既要有学历又要有过硬的能力，还要善于沟通交流。联合国秘书处有"20 杯咖啡一份工作"的说法：职员利用喝咖啡与同事"闲聊"，倾听他们的意见建议，同时让他们了解自己，使他们能在出现潜在机会时想到自己。她认为，我们缺乏的不是能力本身，而是主动与同事相互关注关联的勇气。联合国处理世界最复杂的问题，是最具人员多样性的机构，国际公务员拓展国际视野、树立包容情怀、富于奉献精神、善于抓住机会。有人认为在秘书长办公室工作很风光，离联合国的最高领导如此之近，几乎每天都会遇见各国元首。但是，外人对这背后的艰辛与付出并不完全了解。联合国设立人道主义援助应急后备人才库，一旦世界任何地方发生重大灾害或战乱，国际职员就要尽快抵达现场进行人道主义救援。她报名并入选人才库，当出现紧急情况时随时有可能在 48 小时内被派往第一线。虽然这可能给她带来生命危险，但她说，这既是挑战更是机会，她愿在重大紧急关头考验自己、锻炼自己，更好履行联合国的崇高使命。她不仅完成了自己的本职工作，而且在完成实习之后和其他三位实习生一起建立了联合国“中国圈”。这个圈成为中国实习生和国际职员交流的平台，为新到的实习生和中国职员提供生活和职业指南。“纽约总舵”每月组织午餐聚会，请四位通过不同途径进入联合国的同事与新进人员分享经验，也让同事了解彼此所属部门的工作。“江浙沪分舵”和“北京分舵”各有一百余人。他们每季度聚会一次，给在国内发展的联合国实习生和职员提供信息交流平台。Z现在正在参加考试，争取从一般事务类岗位转为专业人员岗位。

【案例四】

F同学2017—2018年在联合国教科文组织的威尼斯办事处实习。她原来对联合国完全陌生，2013年到环保部实习，接触到《生物多样性公约》以及联合国开发计划署和联合国环境规划署的合作项目，萌生了到联合国教科文组织实习的愿望。此后，她几乎每天都会浏览与联合国有关的文件，积累知识，不断思考。2017年终于等到留基委招收实习生的喜讯。她提前准备：撰写英语和法语简历、求职信，准备推荐信、托福成绩单、法语八级证书、实习证明、获奖证书和其他文件等。留基委选拔竞争十分激烈，想要脱颖而出，关键是写好求职信和简历。她写好初稿后，请熟悉国际组织的前辈指导。国际组织看重通过具体事例体现出的工作能力、水平和态度。她对照实习岗位要求，和前辈一起逐条挖掘简历中的亮点，把参加过的较大活动都写出来，即使自己只是在其中扮演小角色。这样可以通过实例体现自身能力和见识。申请递交后的待考期间，她每天听英语和法语新闻广播，既了解国际形势，又巩固外语水平。笔试果然考到了她关注的2030可持续发展目标、UNESCO战略项目相关考题。在准备面试时，她学习了联合国对国际公务员的基本要求，如尊重文化多样性、正直诚信、专业精神等。面试时她尽量声音洪亮显出底气，带着自信的笑容，用流利的英语和法语表达自己的观点。无领导小组讨论时，她不急于发言，先倾听他人意见，进入状态后以别人未提及的性别平等切入，发表自己的观点，给考官留下好印象。最终，她接到UNESCO电话面试，这又是紧张而激动一天：她在地铁上接到从巴黎打来的电话，对方询问她的履历后说了声“Great”，便推荐了两个实习岗位。2017年11月她便开始了在威尼斯为期一年的实习。威尼斯办事处是UNESCO在欧洲最大的办公室。2018年，联合国经济及社会理事会召开世界青年论坛，她所在的威尼斯团队受邀到联合国总部参会，她担任筹备组组长，统筹各项工作；她还参与了欧洲科学教育项目，为欧洲12个项目会员国的中小学生提供科学教育，培养学生独立的科学探索精神，鼓励女性从事科研工作，促进性别平等。由于表现优异，她还获得了加入可持续发展教育项目的机会。这非常符合她的专业背景。她说：“这个项目好像是为我准备的，是展现我能力的平台。”在实习期间，她下决心正式加入国际组织，实现自己的梦想。

第三节　应聘还要有推荐、有运气

所谓“有推荐、有运气”，前者指的是有高人指路引荐，后者指的是巧逢机缘，两者涉及的都是有利的外部条件和环境。先来谈推荐问题，推荐大体可以分为两类，一类是国家主管部门的官方推荐，一类是非官方的个人推荐。

官方推荐

官方推荐是指政府有关部门的领导（如部长）或者有关职能部门（如人事司、国际合作司）出具推荐函，直接把人选送国际组织，争取竞聘任职。

官方推荐的人，大部分是有关政府部门在一定范围内考核、选拔出来并储备到国际公务员后备人才库的人员，应聘的职位大都属于按地域分配名额。国家公务员近水楼台先得月，凡到国际组织任职者，基本都是通过官方推荐。一般来说，政府出面推荐大多指向级别较高的专业人员或更高职位，被国际组织录用的概率相对较高。最近几年，有的部门参照其他国家的做法，利用政府捐款向国际组织推荐符合任职条件的优秀人才到国际组织不同部门进行短期工作。国际组织把这类人员称为借调人员。例如，卫生系统向世界卫生组织推荐人才，他们的表现都很出色，在国际组织受到好评。他们开阔了国际视野，积累了工作经验，归国后继续在原岗位工作或得到晋升，也有的留下来成为正式的国际公务员。

【案例一】

某部X处长以借调形式到国际组织工作了一年半，经短暂磨合，适应了国际组织的工作方法与节奏，表现出色，赢得好评，曾一度代理处长工作，能力得到很大提高。他回国给领导提出很好的建议，如：

- 各国利用各种方式对国际组织施加影响，西方主要大国长期提供捐款、派遣借调人员，对国际组织高层领导、关键职位的设置、人员选择施加影响，有的国家（如日本等国）借调人员已形成轮换机制。建议：我国亦宜通过此途径派遣人员，储备人才，形成梯队，为我国争取重要、高层职位奠定基础。
- 由于语言和文化的差异，不少中国职员在国际组织不善交往，说得少、做得多，与欧美职员大相径庭。建议：中国职员应改进工作方式、生活态度，适应国际组织，融入国际文化主流。

上述案例说明：国内主管部门的相关领导中有人具有在国际组织工作的亲身经历，就会更容易倾听国际公务员的声音，更好地推进国际组织与国际公务员工作。现在，这位处长本人已经被世界卫生组织招聘为正式职员。

政府推荐，必须有预见性、针对性、时间性。如果只是在全国选拔人员，把名单送给国际组织，泛泛地进行一般推荐，那么被录用的概率就很低。有效的推荐，应当在事前充分做好调研工作，准确预见空缺岗位、空缺时间、业务要求、职务级别等，切实做到心中有数，有针对性、适时推荐具备相应条件的人员。有的发达国家经常利用与国际组织进行双边捐款谈判的机会举荐新人或推动在职人员晋升，针对性非常强，具体到什么时间、什么职位、什么人员。这说明人家预先是做了调查研究和充分准备的，包括事先和自己国家的国际公务员们相互沟通，听取他们的意见。相比之下，我国在这方面的工作还有待加强，如有的部门与国际公务员的沟通不够，调研尚需深入，预见性也有待提高。否则，唾手可得的职位也可能失之交臂。

政府推荐时，在具体做法上要注意与国际惯例接轨，尤其是对有把握的职位更应如此。所谓有把握的职位，是指某些特定高级职位。国际组织有所谓的“君子协定”，联合国安理会五个常任理事国按惯例都可举荐本国一人出任高级职务。联合国有五位副秘书长，分别来自美国、英国、法国、俄罗斯、中国。联合国的某些专门机构也是如此，世界卫生组织过去有五位助理总干事来自上述国家。这是“君子协定”，并无文件可循，近年受到挑战。1998 年，世界卫生组织新任总干事不承认所谓的“君子协定”，不过，最终组阁时仍得考虑政治平衡，每个常任理事国都聘一位高级官员。

【案例二】

联合国及其专门机构，除主要负责人由会员国选举产生，其他高级官员都由国际组织任命，各国政府提名只是推荐而已，不能自说自话自己拍板，决定权最终在国际组织。推荐什么人、能否被录用，须全面考虑，与对方通气，尽量协商一致。1986 年，中国在世界卫生组织担任助理总干事的人员将到退休年龄，国内推荐接替人选，当时卫生部推荐了一人。自 1972 年以来，我国有三位助理总干事，都是由卫生部推荐一人，没有遇到任何问题。但这次推荐时，正值我国恢复在世界卫生组织的合法席位十年，对方要求按惯例提供三个人选，供其选定。最后，我们深入了解对方意图，对人选做出新的安排，很快对方便在新名单中选定一人就任。这件事的启示是，我国在新的国际形势下，必须与国际接轨，按照国际惯例办事。

有的人参与国际合作，国际组织与之有工作联系，对他们比较了解，遇有工作需要或职位空缺，国际组织会直接联系此人。按照规定，他们应报告单位批准。但是，对国际组织主动提出聘用的人员，有的单位并不积极支持，而主张派原有后备人员。这样做或有道理，但若对方点名要的人确实符合应聘条件，其实大可不必拘泥于名单。

【案例三】

RT 和 WQ 都参与过国际合作项目，国际组织在有职位空缺时主动向他们提出聘用，但在请有关部门出具推荐信时都不大顺利。RT 的主管机构对他的要求不理睬，他本人直接求助部领导才获解决。WQ 虽得到了一份官方推荐函，但是内容却十分简单，只是表示“没有异议”（We have no objection）。这种所谓推荐，让人哭笑不得。另一位职员 AL 在与国际组织共事的过程中，得到国际组织的青睐，本来可以被聘为正式职员，可国内坚持推荐后备名单上的人选。双方各持己见，最后 AL 作为临时职员到国际组织工作，很久之后才转为正式职员。

改革开放在不断深化，某些政策、办法已不合时宜，应与时俱进、适当调整。同样是推荐，某单位领导给国际组织的推荐信详细介绍被推荐人的学历、经历、业绩，并说：“我确信他非常适合空缺职务的任职条件，一定会胜任并发挥应有作用。他有坚实的理论基础和丰富的实践经验，而且责任心强，工作勤奋，性格开朗，善于倾听他人意见协作共事，特别具有组织领导才能。我向您推荐并相信，如接受我的建议，您将对他的能力和表现感到满意。”这封信和前述“没有异议”式的推荐，反映了两种不同态度，值得深思。

个人举荐

所谓个人举荐，指的是不经政府部门，而由应聘人员的导师、领导等举荐，被推荐的人大多是自己主动报名，应聘的职位一般不属于按地域分配的名额。非官方推荐同样可以起到应有作用。

【案例一】

WJ 在国内某出版社工作，后赴欧洲进修，获得世界银行奖学金，短期到华盛顿学习。她在世界银行的导师希望她回英国完成硕士论文然后再回世界银行，她却打定主意回国效力，或留欧洲出版界工作两年。结束世界银行的工作后，她的导师建议她去国际组织积累经验。她的简历和世界银行推荐信送出后，国际劳工组织和世界卫生组织都要和她面谈。她选择了后者，来到日内瓦。她发现在国际组织工作的中国职员数量有限，非常受触动，决心凭自己实力，让在国际组织占绝对优势的西方人看看中国年轻优秀群体的表现。她说：“当时凭着为国争光这口气来到世界卫生组织，这也是一直支持我的精神力量。”

这个案例说明，如果没人举荐，她不可能成为国际职员，可见推荐之重要。与此同时，两家国际组织都愿意接收她，也说明她的素质、能力、水平才是“挤进去”的根本原因。以出版专业挤进卫生领域的国际组织很不简单。她说从出国那天起，凡事都靠自己“心系祖国，拼实力”，一步一个脚印地扎实发展，从未幻想靠外力。外力是催化剂，只起助推作用。如今，她在世界卫生组织工作出色，担起更重的担子，现从事出版部版权输出和世界卫生组织多语种项目，每年经手签署近 200 份版权合同，涉及 40 多种语言、100 多种出版物，合作伙伴涵盖绝大部分会员国，业务领先于其他国际组织。她还参与了世界卫生组织出版物在中国台湾的发行事宜。

由此可见，不论官方还是非官方推荐，关键不在有没有人推荐、由什么人推荐，最重要的还是自身的基本条件。有举荐、推荐，或许更易受到用人单位的重视，但不必看得过重。报名应聘不一定非要推荐不可。有人就是在互联网上获取消息，自己直接报名的。推荐只是外力，若不具备基本条件，即使有推荐也不会被录用。正所谓“内因是根本，外因是条件”。

当然，这里也有一个机遇问题，即“有运气”。有些事情光靠奋斗不行，还得靠运气或者机遇，它出现的概率较小，随机性强，无法计算。有时不可控制的事，却在冥冥之中发生，而且和自己的期盼一致。机遇者，机会、契机、时机也，其特点有三，即客观性、偶然性、时间性：（1）机遇是客观存在，不以人的意志为转移的；（2）机遇的出现往往在常理之中又在意料之外；（3）机遇只在特定时限有效，机不可失，时不再来，把握不好，过了这个村就没这个店了。但和推荐一样，机遇也属于外因，只对具备条件的人才有意义。俗话说，“机遇只光顾有准备的头脑”，“谋事在人，成事在天”，任何成功都要靠“谋”，需要奋斗，需要平时增长知识，积累经验，提高能力。只有平时努力奋斗，机会才会找上门来，从这个意义上说，机会是干出来的。平时辛勤努力、刻苦奋斗，能力强水平高，机会也就越多，因此也可以说机遇是创造出来的。

【案例二】

前文提到世界卫生组织助理总干事的案例。当时，世界卫生组织没有接受国内推荐的人选，实际是因为总干事看中了已经在世界卫生组织工作的 AL 医生。其实，论行政管理工作，他没有国内推荐的那位人选的经验丰富；论在国外的职务地位，中国有级别比他高的人，他只是专业人员。他没有毛遂自荐，却能够脱颖而出，的确出乎人们的意料，原因何在？这就是“有运气”，被破格晋升显然带有偶然性、机遇性。但是，偶然之中有其必然。AL 医生虚心好学，1964—1967 年到英国进修，在国内有多年实践经验，被提名时已经在国际组织工作了十年之久，积累了丰富的经验。加之他谦虚谨慎、待人诚恳、低调处世、不事张扬，这些都是他“有运气”的原因。

取得战争胜利要“天时、地利、人和”。清末大儒陆世仪说：“天时、地利、人和，不特用兵为然，凡事皆有之。”笔者认为，应聘到国际组织做国际公务员，亦如此。除自身条件、个人努力外，外在条件、客观环境同样起很大作用。这一点，不能不承认。当然，也不必把官方推荐看得过重。随着中国国力的增强和中国人对国际事务的更加重视，肯定会有越来越多的中国人活跃于国际组织，很多人（或已入外籍的华人）以各种形式进入日内瓦的各国际组织，有的是通过联合国的考试进来的，有的是自行报名应聘来的，一改过去主要靠政府推荐的局面。

【案例三】

中文在 1945 年成立联合国之初就被确定为联合国六种官方语言之一，联合国每年要正式翻译出版大量中文文件。例如，2017 年正式文件达一万多份，总篇幅近2 000万个英文单词。这里介绍在联合国任职的T的故事。他2017年入职，原来在国内的工作并不是翻译，与联合国结缘，是某种机缘巧合。2013年5月，有一天饭后浏览网页，在某都市报微博看到联合国即将举行语言竞争类招聘考试的新闻。他是工科出身，但平日工作也常常和文字打交道。此外，他对联合国系统并不生疏，曾在世界知识产权组织实习，于是决定一试身手。出乎意料的是，他顺利通过三道选拔，被列入联合国的招聘花名册。与联合国其他招聘考试不同，语言竞争类考试通常四五年才举办一次。考试题材虽然每次都有差异，但考核范围无外乎中英互译和写作。近年来，联合国对译员的要求有所提高，应聘除需娴熟的翻译技巧外，还要掌握一门第二外语，最好还能熟悉一些领域的专业知识，如政治、经济或法律。语言竞争类考试的最大难点在于难以突击复习。翻译是一门学问，更是一门技艺。考试成败，更多取决于平日的学习练习、积累积淀，靠抱佛脚是绝不可能实现弯道超车的。不过，这并不是说接到考试通知后就只能坐以待毙。当时为了准备联合国的考试，T索性“以赛代练”，报名参加了稍早举行的国家人力资源和社会保障部的笔译资格证考试。他认为：这两者都涉及类似官方公文的翻译，复习得当或许能起到一石二鸟的效果。果然，T在参加联合国的考试时得心应手，顺利过关。他还认为，拓宽阅读面，多接触与联合国可持续发展目标有关的文章和报告，也对顺利通过联合国的考核大有裨益。

1994年10月，笔者入职世界卫生组织半年后，曾就选拔推荐国际公务员问题写了份报告，提出：“选派合格干部到国际组织任职，尤其是担任高级职务，不仅可以改善我们的国际形象，扩大政治影响，而且可使我们更好地了解、利用和逐步在某些方面影响这些国际组织”。我们要“加强后备队伍的选拔，特别是要加强有针对性的培训，使之逐步熟悉和适应国际组织的工作内容与程序。在推荐方面，也要进一步改进，最好是能提前了解若干年后可能出现的空缺职位，有目的地推荐”。结合世界卫生组织的特点，报告中提出六点建议：

(1) 选拔范围宜突破部门界限。以中国之大，选出若干适合人选应不困难。但过去选人把眼光过分集中在本单位（外事司甚至国际处）内，对全系统、全国各地方的考虑和了解不够多、不够细。

(2) 人员专业可突破医药界限。有一种看法认为，世界卫生组织是专业机构，因此选人要集中在医药卫生范围内。其实，世界卫生组织职员专业分布较广，医学专业的只占50%，非医学专业的占29%，包括财务、统计、人力资源、对外关系、法律、信息、物资供应等等。

(3) 任职地点宜突破地区界限。我国人员主要推荐到日内瓦总部和马尼拉地区办事处。世界卫生组织由总部、六个地区办事处和上百个国家代表处组成，其职员不只限于在总部和本国所在地区，我国宜探索放开。

(4) 派遣方式可考虑不拘一格。过去推荐以长期职位为主。当然，一次派遣成功固然很好，但是，从培养人才和增加派遣机会的角度看，在财力允许的条件下，可考虑派短期和准业务官员。

(5) 进一步适应国际组织要求。我国恢复世界卫生组织合法席位之初，对方在政治上需要我国，我们亦不熟悉对方，高级职员（助理总干事）的派遣，基本上是我方决定人选，对方接受。但是，随着时间的推移及世界卫生组织的变化，过去的做法显然不适应当前形势，须与国际接轨。

(6) 国际职员管理宜适当改进。20 世纪 90 年代初，国家对国际公务员的管理办法做出重大调整，不再过问他们的国外工资、住房。这是与时俱进的好事，可是当时国内有的单位随之提高国际公务员国内宿舍租金，甚至收回住房。国际公务员年龄不同、岗位不同。有的年龄较高，在世界卫生组织工作几年就将退休，有的国内有老人、孩子或配偶，有的并不终生在外工作。这类问题的处理，似应稳妥为宜，至少不要因此而伤害这部分同志的感情。

上述建议主要是针对当时的历史情况提出的，其中一些问题已经得到有关主管部门的重视。近几年，培养和推送优秀人才到国际组织任职的工作受到党和国家高层领导的重视，有关部门不断出台相关政策，情况有了很大改观。

第四节　应聘需要有谋略、有技巧

要想应聘取得成功，还有一些具体技术问题，例如怎样填写报名表格，怎样写好简历和求职信，如何应对笔试、面试等。

申报讲究技巧

国际组织一般都有格式大体相同的个人简历（personal history profile，PHP）不需要自己设计、制作简历，但需要申报者撰写求职信（cover letter/personal statement）。联合国 2022 年起将对申报材料的形式做出几项变革：第一，创建一个更加简洁的方法来展示相关经验，把原来 11 页的个人简历改为 4 页与岗位相关的个人信息概述（A resume-style profile with job-specific/personal information）。第二，用“动机陈述”（motivational statement）取代“求职信”，以免求职信与申请内容重复。这有助于申请人阐述的新工作符合其职业发展总目标，其个人特色与经验支持在新职位取得成功。第三，把工作经验描述（work experience descriptions）从 5 000 个字减到 1 000 个字。申请人只需简要陈述以往主要贡献，展示他们适合新岗位的条件，这也有利于简化招聘筛选工作。第四，申请人只须列有针对性的培训、著作、执照、证书，证明其具备工作所需专业知识，不必提供不相关信息。第五，推荐人中增加非上级领导选项，可包括前下属，以使招聘人员了解申请人的管理技能。

以上变革是联合国秘书处的计划，建议使用联合国 inspira 提交过申请的人员（尤其计划使用以前提交的申请或草稿申请新职位的人员）按上述要求修改相关内容，并准备动机陈述。鉴于联合国其他机构并未实施这些变革，以下将按照其他国际组织现行办法，对申请空缺岗位需要的注意事项做具体说明。图 3 - 3 是世界卫生组织曾经使用的纸质个人简历。

WORLD HEALTH ORGANIZATION **PERSONAL HISTORY**

Attach recent photograph here	IMPORTANT Please answer each question completely. Type or print in dark ink. All relevant information should be included on this form, but if necessary additional pages of similar size may be attached. You may be requested to supply documentary evidence supporting the statements below. Do not attach any such documents now. If your qualifications meet the Organization's needs, this form will be retained in our active files for two years. Please keep us advised of any changes in address during this period.	Do not write in this space Date received:

1 Family name (surname)	First/other names	Title	Sex	Maiden name if any
Present Country of Nationality	Date of birth: Day / Month / Year		Place and country of birth	
Has your nationality ever been changed or is it in the process of being changed?	☐ No	☐ Yes (explain)		
Address to which correspondence should be sent			Telephone Fax e:Mail	

2 For what type(s) of work do you wish to be considered?		If you apply for a vacancy announcement state no. or reference
Check period(s) of employment you would accept	☐ Fixed-term (one year or more) ☐ Short-term (less than one year)	
Employment by an international Organization may require assignment and travel to any area. If you have any disabilities or reservations, which may restrict your activities in this respect, give details. Employment is subject to medical examination.		

3 EDUCATION. Give full details in chronological order. Give the exact name of the institution and title of degrees/certificates in the original language. Exclude primary/secondary school if you have a university degree or equivalent. Include courses and postgraduate studies in your professional or related field and specially all training and qualification in teaching/learning methodology.

From Month/year	To Month/year	Institution (name, place)	Certificates, Degrees obtained	Main field(s) or Subject(s) of study

4 LANGUAGE KNOWLEDGE

For languages other than mother tongue, enter appropriate number from code below to indicate level of your language knowledge

CODE: 1. Limited conversation, reading of newspapers, routine correspondence.
2. Engage freely in discussions, read and write more difficult material.
3. Speak, read and write (nearly) as in mother tongue.

Type an asterisk next to your mother tongue	SPEAK	READ	WRITE
English			
French			

WHO 1.1E PER/PPR/PRC 6/2001 Page 1 of 4

图 3 - 3 世界卫生组织个人简历样式

5.1 EMPLOYMENT RECORD. Starting with your present or most recent post, list in reverse order positions held. Attach additional pages if necessary.				
PRESENT OR MOST RECENT EMPLOYMENT				
Period (Month/Year)		Total annual professional income		Exact title of your post/duty station
From	To	Starting	Most recent	
Give details of substantial allowances or fringe benefits (if any)				Number and type of employees supervised by you, if any
Name and address of employer				Name and title of supervisor
Reason for wishing to change employment				
Description of your duties and responsibilities:				
Have you any objections to our making inquiries of your present employer? ☐ Yes ☐ No				Are you now in Government employ? ☐ Yes ☐ No
If you are offered an appointment, how soon thereafter can you report for duty?				

5.2 Period (Month/Year)		Total annual professional income		Exact title of your post/duty station
From	To	Starting	Final	
Give details of substantial allowances or fringe benefits (if any)				Number and type of employees supervised by you, if any
Name and address of employer				Name and title of supervisor
Reason for leaving				
Description of your duties and responsibilities:				

Page 2 of 4

图3-3　世界卫生组织个人简历样式(续)

5.3 Period (Month/Year)		Exact title of your post/duty station	Number and type of employees supervised by you, if any
From	To		
Name and address of employer			Name and title of supervisor
Reason for leaving			
Description of your duties and responsibilities:			

5.4 Period (Month/Year)		Exact title of your post/duty station	Number and type of employees supervised by you, if any
From	To		
Name and address of employer			Name and title of supervisor
Reason for leaving			
Description of your duties and responsibilities:			

5.5 Period (Month/Year)		Exact title of your post/duty station	Number and type of employees supervised by you, if any
From	To		
Name and address of employer			Name and title of supervisor
Reason for leaving			
Description of your duties and responsibilities:			

Page 3 of 4

图 3-3　世界卫生组织个人简历样式(续)

6 Length of stay at present place of residence	in country in city	Marital status ☐ Single ☐ Married ☐ Widow(er) ☐ Divorced ☐ Separated

7 Give names of spouse and any dependants:					
Name	Date of Birth	Relationship	Name	Date of Birth	Relationship

Give details of any near relatives who are employed by WHO or other international organizations.

Name	Relationship	International Organization

8 If you have ever been found guilty of the violation of any law (except minor traffic violations) give full particulars.	

9 REFERENCES. List three persons not related to you who are familiar with your character and qualifications. Do not repeat names of supervisors listed under "Employment record".

Name	Full address (telephone, fax, e-mail if known)	Occupation, business, title

10 State any additional skills (including computer skills) and relevant facts which might help to evaluate your application.	
If you are now holding or if you have held a fellowship, state place, date and duration of fellowship, and by whom awarded.	

Can copy of your personal history form be transmitted to: ☐ other UN Org. ☐ National govt. (Including yours) ☐ other	- ATTACH LIST OF YOUR SIGNIFICANT PUBLICATIONS OR PAPERS IN YOUR PROFESSIONAL FIELD AND NAMES OF JOURNAL, ETC. IN WHICH THEY APPEARED (DO NOT ATTACH THE PUBLICATIONS THEMSELVES). - ATTACH LIST OF PROFESSIONAL SOCIETIES OF WHICH YOU ARE A MEMBER AND ACTIVITIES IN CIVIL, PUBLIC OR INTERNATIONAL AFFAIRS.

11 I certify that the statements made by me on this form are true, complete and correct. I understand that any false statement or required information withheld may provide grounds for the withdrawal of any offer of appointment or the cancellation of any contract of employment with the Organization.

Date and place　　　　Signature

Home address (if different from address as given on page 1)	Telephone Fax e:Mail

Page 4 of 4

图 3-3　世界卫生组织个人简历样式(续)

现在，国际组织招聘都在线上申请，在网上填写个人简历，内容包括：

◇ 空缺职位编号（number of the vacancy notice）。

◇ 姓名、性别、国籍、永久住址、目前地址、电话号码、电子邮箱。

◇ 个人信息（personal information）：婚姻状况（已婚、离婚、单身、丧偶、分居）、配偶及家属（姓名、出生日期、相互关系）、是否有家属在本组织工作（姓名、相互关系、工作单位）。

◇ 学历（education）：按本科、研究生、相关培训的时间顺序填学校名称、地址、就读起止日期、所获证书或学位、主修专业领域。

◇ 语言知识（knowledge of languages）：包括联合国六种官方语言和其他语言的水平。

◇ 电脑技能（computer skills）：例如文字处理（word processing）、制作幻灯片（PPT）、数据库（databases）、网络内容编辑（web content editing）、网络搜寻（internet searching）、电邮交流（email communication）、编制程序（programming）等，注明应用名称、软件、语种及水平。

◇ 工作经历（employment record）：任职起止日期、年收入、雇主（包括姓名、地址、电话、电子邮箱）、岗位职责、变换工作理由、是否反对咨询雇主、如被录用何时可以报到、所属学会以及参与的民间及公共/国际活动、重要出版物。

◇ 推荐人（references）：姓名、地址、电话、传真、电子邮箱、工作单位、职务。

选定申报某个职位，要“有谋略、有技巧”。在具体讨论“有谋略、有技巧”之前，首先要介绍一下国际组织招聘工作的程序，即三个步骤。第一步：初审（pre-screening）。确定哪些申请人符合招聘岗位的基本条件：相应学历、工作经历、专业技能、语言水平等各方面的资格。这些内容可以通过审阅个人简历和求职信做出判断，现在个人简历基本通过电脑技术手段完成。第二步：笔试（written examination）。通过初审的人员才能参加笔试，这主要用来测试申请人的专业才能（professional competence）。第三步：面试。通过笔试者进入面试。应聘国际组织竞争激烈，联合国每年有 70～100 个 P2 级别的专业人员的职位空缺，报名者一般在 13 000 人左右，2 500 人获得准考资格，通过者约 120 人。通过笔试者方可参加基于能力的面试（competency-based interviews）。以上三个步骤每一步都是淘汰性的，通过面试才进入候选人员名单。因此，应聘需要做好三方面的功课：准备申请材料，熟悉笔试和面试的注意事项。

应聘、应试，在一定意义上是推销自己，需要讲究技巧、适度包装，不能过度谦虚。谦虚是中华文化的传统美德，在国内常使人产生好感。但凡事有度，过分谦虚会使人感觉欠坦诚。在国外谦虚不当，结果更糟。在中国，被问及自己的成绩、能力时，人们常常回答“还行”“还可以”，以示自谦。在国外，外国人会理解为“不行”“不太行”，因为英语的“so-so”和法语的“comme ci comme ça”都是马马虎虎的意思。既然自己都不敢充分肯定自己，用人单位当然不会聘用你。东西方文化的差异很大，中文“雄心壮志”和“野心勃勃”，是截然不同的两个概念；而在外文里两者并无区别，都写作“ambition”。词典定义“ambition”为：“The desire for personal achievement. It provides the motivation and determination necessary to achieve goals in life. Ambitious people seek to be the best at what they choose to do for attainment, power, or superiority. Ambition can also be defined as the object of this desire"。求职时（不只是求职，干任何事情都如此），必须要有雄心壮志（ambition），这样才有动力（motivation）、有决心（determination），才会在应聘应试时既实事求是，又表现适当，做到恰如其分、恰到好处。

填报简历

填报简历时需要注意一些事项。首先要仔细阅读职位空缺公告，搞清楚该岗位具体工作是什么，充分理解对专业技术和能力每一项要求的内涵；填写的内容要完整、详细、准确，防止拼写和语法错误，注意不可遗漏、错填任何项目。例如有人申请翻译岗位，填写语言一栏时使用下拉菜单（drop down）不经意点到第一项阿拉伯文，而他申请的是中文翻译，结果被系统自动淘汰。

◇ 学历。学历反映受教育程度，应把本科学习、读研读博、参加专门培训班等所有内容都填清楚。国际组织最注重诚信，学位或证书要如实填写。学校名称要求注明原文（如在中国就读，学校名称写中文）。专业类职位都要求有大学文凭，大都要求研究生学历（advanced university degree），也有的要求本科学历（first-level university degree），因为各国大学的设置不尽相同，所以用这种表述方法来说明学历要求，前者指研究生学历，后者指本科学历。

◇ 语言知识。填写时要讲究技巧。国际组织有阿拉伯语、汉语、英语、法语、俄语、西班牙语六种官方语言，一般语言熟练程度以代码表示，即 1 为一般（elementary），2 为应用知识（practical knowledge），3 为良好（good），4 为精通（very good），5 为优秀（excellent），6 为母语（mother tongue）。要求按自己的实际程度填代码，并告知将要用你填写的语言对你进行考核。你到底填懂几种语言？外语水平究竟是填 1 还是填 5？表格未对水平做具体描述，这就留下了可以斟酌的空间。中国应聘人员填表，除母语填 6，填懂两门外语的寥寥无几。懂英语的人，听说写三项都填 4 以上的为数不多。其实，不要低估自己的水平，甚至可考虑适当提高一档。初学的外语，也不妨填上去；懂其他语言，也不要忽略不计。国际组织需要和各国打交道，需要各种语言，多多益善。语言会得多，可能被优先考虑。招聘初审一般是电脑系统操作，如果填写的代码过低，很可能就被自动淘汰了。招聘语言类人员对语言要求很高也很明确。首先，必须具有完美的母语水平（perfect command of your main language）。这里的“主要语言”相当于母语，不要只从字面上去理解，不要理解为除母语外的主要外语。

◇ 电脑技能。这是近年来出现的新内容，涉及的具体东西很多，使用水平填写“一般”或“精通”。这与填写语言知识的技巧大体相同。

◇ 工作经历。由近及远填写，填岗位职责、变换工作理由等，要动脑筋、讲技巧，在“description of your duties and responsibilities”项下做文章，针对申报岗位要求，对经历进行实事求是的加工，包装尽量向“Post description”的要求靠拢，对同样的经历做不同的编排，效果大不一样。但填写的内容要经得起考证和核查。简历特别要突出自己适应该职务的学历和专业技能，扼要举例说明专业能力；例如，工作经历项下有一项内容是你所管理的员工人数、类型（number & type of employees supervised by you，if any）。有位同事在原工作单位没有领导职务，自然不会有被领导的员工。但是，她参与国际合作，和各省、市、自治区有关业务单位有工作联系，包括收集、汇总、审查各地报送的材料。虽然这是她所在单位的职能，然而具体工作由她完成，实际这也需要组织协调能力，也是对基层单位的业务领导。她把与之有工作联系的专业人员人数填进去，最后被录用并得到晋升。这样的填写方法，就是一种“包装”技巧。她在本单位没有领导职务，不等于没有领导能力，协调地方业务也是一种才能，填写进去，让用人单位看到她的潜能，自然更容易被录用。当然，“包装”必须以事实作为基础，不可凭空拔高、无中生有、胡编乱造。工作经历文字要简练、明确、到位，要求你填写主要工作内容、工作成绩，不要记流水账，而是要突出重点，填写能够展示你能力的内容。

◇ 推荐人。一般可写三位推荐人，虽然国际组织未必和他们一一联系，但也要认真对待。选择推荐人，也要动点儿脑筋，最好是具备以下条件的人：

- 有一定地位或名气，愿意做推荐人；
- 熟悉你的学历、经历、能力、水平，能充分介绍你的特长与业绩；
- 是相关国际组织或该组织有关部门所了解、信任的人；
- 能使用英语或国际组织的其他工作语言，可以随时接受国际组织咨询；
- 有的国际组织规定，不能把简历中填过的上司作为推荐人，须予以注意。

最后，要注意不断更新简历。一旦在联合国人才招聘平台建立了个人简历，对今后也都有用。即使已经被招聘，日后在联合国系统内的晋升都可使用。因此必须经常更新。

撰写求职信

求职信是申请人自我介绍、宣示志向、说明动机、展示能力的最初时机。因此，一定要给人留下深刻印象，这可能是竞聘成败的关键。审核者通过求职信，可以对申请人的文字水平、逻辑思维、申请动机和工作能力做出基本判断。写求职信要注意：（1）篇幅不宜过长，一般800～1 000字，做到格式规范、内容完整、逻辑清晰、语言准确。（2）突出重点，特别是动机（motivation）、专业素质（professionalism）和人品（personality）这三个要点（简称MPP），要充分说明竞聘的理由，突出胜任职务的能力，强调自身的特殊价值（extra value）。

笔试须知

笔试是能力评估的最基本形式，是对候选人的第二次筛选，通过笔试确定进入面试候选人短名单。笔试主要考察：（1）写作水平；（2）专业知识；（3）胜任能力。笔试一般三个小时，考题分为必答题和选答题。笔试特点是阅读量大，一般在规定时限内很难百分之百阅读全文并完成答题，因此要根据个人情况和考题内容合理分配时间。

必答题中有阅读和写作内容，考题是一篇文章或演讲稿，要求应试者阅读，然后归纳提炼文章要点（summary of the key points）并做评论（comments）。考题的文章一般 10～15 页，其中有若干要点，是归纳提炼和评论的依据。快速阅读能力是在国际组织工作的基本功。国际组织运作的特点之一是“文山会海”，专业人员每天要阅读处理大量文件。没有快速阅读能力很难适应。选答题形式多样，其中也有写作题，例如要求起草一份演讲稿或一封信，或说明一个观点。一份 3～5 分钟的演讲稿，篇幅一般 800～1 000 字，主要考核写作能力和专业知识。选答题其他内容依据不同专业和职务设题，应聘者要对申请职位所涉及的专业知识和胜任能力要求做充分准备。

此外，参加考试还要注意：

● 熟悉联合国的机构、宗旨、任务、活动、架构等信息，充分理解申请职位所在单位的任务，及其在联合国系统的地位、与可持续发展目标的关系等。应尽可能熟悉并使用联合国及有关国际组织的习惯用语。

● 看清题目再动笔，不要答非所问。

● 事先准备一些有用的素材。一般考卷涉及的内容很多，时间很紧，考生没有时间临时上网查阅，如果事前准备的材料丰富，就可以信手拈来使用在适当的地方。考试前至少要了解联合国不同场合的讲话、文件等，收集一些重要的演讲稿。

面试须知

如果能够通过笔试，下一步便是面试。面试之所以被称为基于能力的面试，是因为面试重点考察的是应聘者的跨文化沟通能力、实际工作能力，以便判断能否适应国际组织的文化和工作。考官一般围绕联合国的核心价值和核心能力提问，报考管理岗位的还会涉及管理能力。面试时间大约 40 分钟。

◇ 面试心态。面试首先要充分自信，切忌紧张，因为能够通过初审和笔试得到面试资格，说明你的学历、经历已经获得了初步认可。并且，面试一般是用人单位、人事部门官员核实、印证报名材料的真伪，测试专业技术的实际水平，观察揣摩潜在的发展能力，一般不会超出该职位的业务范围。既然是自己的真实履历、本人的专业领域，自然驾轻就熟，根本不必紧张。面试应当放松，尽量表现自然。面试一般不会提出太多技术性问题，因为这些内容从履历上已经可以做出基本判断。面试官，特别是人事部门的考官更加关注的是综合素质，例如应变能力、表达能力。面试考查的不是知识的多少，而是解决问题的能力、综合平衡能力、团队协作理念、待人接物的态度。这些都不是书本知识，临时抱佛脚、短期突击是无法奏效的。应当尽量自然放松，千万不要做作。

◇ 面试着装。要适当注意着装打扮、仪表风度，这是应试者给考官的第一印象。适度对自己进行“包装”是必要的。着装化妆、仪表风度、举手投足要给人以自信、自然的感觉。俗话说“人凭衣衫马凭鞍”，面试宜着正装，如穿深色西装打素色领带，庄重大气，不光给人精神焕发的感觉，也是对考官的尊重。如果不修边幅、松松垮垮、随随便便，给考官的第一印象就会很糟糕。当然，“包装”也要注意适度，浓妆艳抹、奇装异服、过分时髦，也不可取。

◇ 面试礼节。首先要守时，这是尊重考官的表现。适当提前到达指定地点，熟悉环境，舒缓紧张情绪，有利于面试时发挥最佳水平。面试过程中，要始终保持双目直视考官，千万不要眼望天花板或低头看材料，这是缺乏自信的表现，对考官也不礼貌。要认真倾听对方，让对方讲完，切忌抢话，那样既失礼，又容易听错答错。面试答问适当放慢语速，注意节奏、有板有眼，既可减轻自己的紧张情绪，又容易让考官听清楚。

◇ 面试语言。通过面试问答，首先考察的是应试者的语言水平（language proficiency），包括遣词造句和表达能力，流利顺畅的表达往往会给考官留有良好的印象。国际组织一般用英语或法语面试，对中国人来说都是外语。使用外语自然不如母语得心应手、轻松自如，但也不必怯场，记住以下四点，可以提升自信：第一，国际职员来自世界各国，他们的母语也不都是英语。考官如果来自非英语国家，咱们的外语未必比他们差。第二，面试不是外语考试，主要听你回答的内容，对方重点听你的 meaning 而不是 wording。第三，英语不是母语，我们的词汇量和表达方式比不上外国人，但我们可以开门见山、直截了当、言简意赅、逻辑性强，弱势与不足也可以成为优势与长处。第四，面试的时间有限，包括寒暄、提问、回答。事先把可能用到的寒暄语、履历的重要内容等译成英语烂熟于心。至于需要临场发挥的东西，准备十分钟左右的英文材料，反复练习，做到滚瓜烂熟，面试时如果遇到合适的机会，适当表达，肯定能给考官留下深刻的印象。不过需要注意，说的时候，千万不要像背书那样死板，而要给人以脱口而出的感觉。在公众集会上有的外国元首口若悬河、侃侃而谈，其实那也是在专业人员指导下反复练习之后才达到的。此外，适当的肢体语言也可以让考官感受到你对工作的兴趣和热情。

回答问题时，要注意条理清楚、简明扼要，切忌逻辑不清、滔滔不绝、过度发挥。对不懂的问题，要坦然处之，知之为知之，不知为不知，切不可夸夸其谈。没听清的问题，宁可请对方重复一遍，也不要贸然回答、答非所问。要特别注意回答问题时不要只讲空洞的大道理，不要太笼统，最好通过实际案例具体回答。比如，回答团队精神方面的问题，如果只讲团队精神的重要性，这会让人感到空洞，不如讲自己真正参加的某个团队工作，碰到有人难以合作，你是怎么处理的，取得了什么结果。讲述个人经历与经验，注意使用第一人称（而非我们），一定使用过去时（非将来时），否则会让人感到你讲的不是真正的个人感受。

◇ 面试方式。对应试者来讲最好的方式是面对面，但也可能通过电话或视频。如果是视频面试，要熟悉技术设备和软件（如 Skype 或 Zoom）的使用，避免声像传递质量和时间差造成的不良影响。电话面试，对应试者来说可能比较突然，容易导致心理紧张。笔者被世界卫生组织录用前的面试，就是通过电话进行的。1994年春的某一天，笔者正在办公室开会，接到一个国际长途。对方先问我的工作经历，我对答如流，因为填写履历的时候，对每一项内容的英文措辞都推敲过，而且记得滚瓜烂熟。他没再多问，但话题一转，突然用法语问："你学过法语？在哪里学的？"显然，这是在考核我是否真懂法语，于是我用法语和他交谈。但还没说几句，他就说："你的法语比我好。我明天会支持你的申请。"所以，对于突如其来的电话面试，首先，不要慌张，电话面试时对方虽然看不到你的面孔，但可以从你的语气来判断你是否自信，只有自信才能赢得他人的信任；其次，讲话要放慢速度，务必口齿清楚，因为电话交谈不如面对面那样声音清晰；最后，回答要简单明了，抓住要点回答问题，而不需要像当场面试那样进行寒暄。

◇ 面试内容。面试主要了解应试者的竞聘动机、专业能力和人品素质（motivation，professionalism and personality）。面试的每个提问都有针对性。应聘动机是面试重点，应试者可按求职信所写内容做简要说明。其他问题基本围绕前面讲过的三项核心价值、八项核心能力、六项管理能力进行，建议应试者参照职位的具体要求，事前编写若干案例，遇到相关提问以"讲故事"的方式回答，充分展现本人专业水平和行为能力。最好多准备几个要素齐全、篇幅短小、两分钟能够讲完的"小故事"，这样可以对面试提问做出得心应手的回答，取得比较理想的效果。

考官提问的目的是根据你的回答判断你是否适合联合国的工作。为了使回答具有较强的逻辑性，联合国人力资源部门建议参考 CARL 原则：C 即情景（context），也就是故事发生的背景；A 代表行动（action），即你在其中做了什么；R 是结果（result），你所做的工作发挥了什么作用，取得哪些成果；L 指教益（learn），也就是你从中学到了什么，有哪些经验教训。由于时间有限，面试不可能就"三八六"的所有能力提问，通常涉及其中三项左右，容易被问到的是专业精神、团队精神、责任心、技术意识等。沟通能力很重要，但往往不必提问，因为通过回答问题的表现便可以做出评估。考官事先有准备好的问题清单，下面是常见的一些问题：

● 诚信问题。关于诚信，提问目的是考察你能否把组织利益置于个人利益之上、是否会滥用权力。可能会问：When were you faced with a professional or ethical dilemma at work in the recent past? How did you feel? How did you resolve? 你遇到过专业精神上或道德上让你感到两难的问题吗？你怎么看？又是如何解决的？When have you been asked to "bend the rules" by a colleague or client? Any time when you have interpreted the rules with more flexibility? 你是否遇到过同事或客户让你违背规定的情况？你是否有时会灵活解释有关规定？

● 敬业/专业精神。敬业/专业精神是经常涉及的问题，但是考官可能会这样发问：Please give us an example about how you handled a setback. 请举例说明你是如何应对挫折的。Give us an example of a time when you used your problem-solving abilities to resolve an issue. 请举例说明你是如何依靠你解决问题的能力解决某问题的。Tell us about a time where you had a number of demands being made on you at the same time. How did you handle it? 请告诉我们，你曾同时要完成几项任务，你是如何完成的。

● 团队精神。国际组织工作需要团结合作，共同实现指定目标。考官可能会问：Describe a team where you found it particularly difficult to work in. What went well? What could be improved? You worked in and how did you contribute? 请举一个特别难合作的团队的例子。哪些方面进展顺利？哪些还能改进？你在其中起了什么作用？

除以上事项外，和准备笔试的要求一样，建议对应聘的国际组织和应聘岗位做全面的了解，包括国际组织的总体架构、任务使命、能力要求框架、相关岗位在整个组织中的地位、作用等等。如果应聘联合国专门机构的职位，最好对该机构在联合国系统中的作用也有所了解，包括联合国 2030 可持续发展目标。这样，你在回答面试问题时，可以展示出你对联合国以及国际事务的整体把握情况，让考官感到你具有国际视野和大局观念。

思考题

1. 国际公务员需要具备哪些核心价值与国际胜任力？
2. 成为国际公务员的难点是什么？
3. 为什么综合能力有时比专业知识还重要？
4. 获取国际公务员招聘信息有哪些渠道？
5. 如何看待个人努力与运气的关系？
6. 投送简历、求职信以及笔试和面试需要注意什么？

第四章

怎样在国际组织“站住脚”

“挤进”国际组织后，通常第一年是试用期。如何顺利通过试用期，在国际组织“站住脚”，是国际公务员受聘后的一个重要问题。绝大多数中国籍国际公务员以自己的实际行动，对此做出了令人满意的回答。当然，试用期被延长，或者站不住脚被另做处理的也不是没有，虽然这种情况很少，但是给我们带来的负面影响却很大。笔者总结了五个方面的经验与教训，以供参考。

第一节　业务过硬与适应环境

在国际组织工作的中国同事虽然体会、经验各不相同，但所有人都谈到一点：那就是要想站住脚，必须“业务过硬”。业务不行、业绩不好，在哪儿都站不住脚，更不要讲在精英云集、人才荟萃的国际组织了。中国有句俗话说：没有金刚钻别揽瓷器活儿。意思是干什么工作都要具备相应的本领。

◇ 同事 TQ 是通过竞聘到国际组织任职的，她说“挤进来”主要靠经验和能力，在技术部门站住脚，主要靠业务过硬：专业知识（expertise）和技能（skills）得到认可，尽职尽责勤奋工作，能应对繁重工作（multi task），能出成绩（being productive），这些都是能够站住脚的必要要素。此外，参加国际交流很重要，可以使自己始终掌握业务领域的最新动态。还有，外语是沟通的重要工具，也是重大挑战。她的本职工作是制定国际标准，对外语的文字水平要求高，外国人不会对中国人降低要求，因此外语水平过硬也很重要。

◇ 同事 YH 是国内推荐到国际组织的借调人员，由于表现出色被聘用为正式职员。她总结个人经验，认为站住脚有多方面原因：熟悉本职业务工作，能够高质量、按时完成任务最为重要；其次是注重学习，每天都学习新知识新东西，包括外语。此外，她的工作需要与各国专家共同完成，尊重他人意见并坚持自己的正确观点，需要把握得当、不卑不亢，获得认可与尊重。总之，在国际组织站住脚，工作成绩、机遇机会、努力学习，三者缺一不可。

◇ 同事 WJ 是通过友人推荐，被国际组织看中而“挤进来”的。她说能站住脚，得到认可，原因可以简单概括为三点：第一，业务精湛、知识广博、工作勤奋，这是不可或缺的硬件；第二，英语纯熟、了解西方文化特点，这是有效交流、工作的前提；第三，真挚诚实、因人制宜、因事制宜，这是跟不同文化、不同国家背景的同事及合作伙伴融洽共事的基础。

◇ 同事 DL 在国内是领导干部，通过竞聘来到国际组织。他概括自己之所以能够站住脚，主要是因为具有扎实的业务基础、丰富的工作经验、良好的外语基础、与外部专家及内部同事交流的能力、对工作的热忱和对事业发展的预见能力。

上述几位同事都谈到专业知识、经验、能力的重要性。无疑，这是在国际组织站住脚的关键。然而，光靠专业知识未必就能在国际组织站住脚跟长期发展。国际组织有国际组织的特点，有别于国内机构。如何与来自不同国家、种族、语言、信仰的国际公务员处理好人际关系，进行有效的交流与沟通，学习好外语，适应国际组织的跨文化氛围等，有时比专业水平更重要。有些人就是由于这些方面的问题，而未能在国际组织站住脚。

适应国际环境

到国外工作遇到的首要问题不是怎么展示自己的能力，而是如何适应新的环境与不同的文化氛围。

过去，人们对国际公务员的了解相对有限。能出国做国际公务员，往往被刮目相看，自己也会有特别的荣耀感、优越感。例如，一位工作人员被国际组织录用，出发之前，亲朋好友纷纷表示祝贺。几位同事送来一张贺卡，上面写了一副对联：“出门做官要做国际官，回家数钱要数美国钱”，横批“家有仙妻”（电视剧名）。对联写得风趣，反映了当时大多数人的看法：到国际组织工作是出国做官，出人头地、体面风光。做国际公务员确有风光的一面。往大了说是为国争光——几十个人报名，作为中国人能脱颖而出，不能不说是荣光；往小处讲，竞聘成功是对个人能力、资历的肯定，不能不感到欣慰。正如心理学家马斯洛所说，“自我实现”是人的最高层次需要，它让人感到心理满足和愉悦。

然而，成为国际公务员，既是机遇更是挑战。首先，国际公务员的工作地点一般不在自己的祖国，对中国职员来讲尤其如此。工作生活在相隔万里的异国他乡、完全不同的文化氛围、相对陌生的国际机构，所面临的问题和困难比人们想象的多得多。特别是在国内担任一定领导职务的人，尤其如此。他们从国家公务员变成国际公务员，国际和国家两者虽然只是一字之差，变化却相当之大。真正进入角色做好工作并不简单，需要面对一系列问题。国际公务员待遇高、名声好，国际组织总部云集的瑞士日内瓦更是环境优美、景色宜人，有人调侃说这是“干美差、拿美元、赏美景、得美名”，美不胜收。其实，凡事有正反，有得必有失。在得到一份“美差”的同时也会失去不少的“美好”，包括曾引以为豪的名声、名誉，乃至亲情友情、故里的乡土习俗、本国的文化氛围。在做国际公务员之前，没有身临其境，很难有切身体会，更不会想到会有什么“失”。所谓“失”，有实际意义上的缺失、损失、丧失，也有国际环境与文化差异，即所谓“文化冲击”带来的问题。

应对文化冲击

文化冲击是“culture shock”的中文解释，这原本是学者描述某种特定社会现象所使用的词语，主要指身处异国文化、社会氛围，在生理、心理上产生不适应、不习惯，以及由此而带来的不安、焦虑、烦躁等情绪。文化冲击一词是第二次世界大战后出现的。战争导致人口大量流动，大批移民从祖国移居他国，他们来到完全不同的新环境、新文化氛围中，出现了大量跨文化的社会心理问题。新、老环境的差异是多方面的，显而易见的是气候、水土、住所、饮食、语言、服饰方面，深层次的则包括行为举止、人际关系、社会环境、政治氛围。冲击造成的影响，有身体方面的，也有精神方面的。在新文化环境中，受冲击者可能会感到无所适从，甚至丧失价值判断标准。“shock”一词有冲突、震动、激动、愤慨的意思，口语指晕厥，医学指休克，电学指电击。“culture shock”形象地说明异国文化氛围所带来的冲击，就像给心灵过电般的刺激。冲击过程一般表现为三个阶段。蜜月期：刚抵达新国度时，对新文化、新环境具有新鲜感、好奇感，可以暂时或部分地掩盖不适应。不适期：生活工作几个星期或几个月之后，冲击开始出现。新环境可能会令人沮丧，有人会抱怨身边的每一件事，有人可能不再会自己照顾自己，有人可能感到烦恼迷惑、情绪低落，有人可能判断失当、效率降低。融合期：时间再长些，人们会发现，不管喜不喜欢新环境，都不可能改变它，必须正视新环境带来的新问题，必须改变心态、逐步适应。

具体到国际公务员，文化冲击可以表现为莫名其妙的失落感。做国际公务员本来令人羡慕，自己也有荣耀感、优越感。那么，失落感又从何而来、从何谈起呢？其实，有失落感的人并非少数，世界卫生组织给新职员安排的入门教育的第一课（induction）就是谈这个问题。不论来自哪个国家，不论原来从政还是行医，不少人都或多或少有过失落感。这是因为国际组织的性质决定了你的国际身份，国际公务员不是国家的代表，你也不再是原来的自己，失去原有的身份、地位、名声、名誉，因此会感到失落。这就需要及时调整心态，正确看待得失，适应国际环境。

适应职务变化

有一位职员在国内曾是某部外事司司长，领导几个处室近百名员工，负责的业务包括双边官方往来（包括争取外国官方援助）、国际组织多边活动、援外合作、港澳台工作、民间对外合作。到了国际组织之后，负责筹集预算外资金，和英美等主要捐款大国打交道。该组织的经费预算80%以上靠预算外资金，这项工作的重要性毋庸置疑。但是，和国内相比，业务范围仅相当于外事司联络处的一部分职责。其所在单位的名称是“资源动员规划”，英文是 Programme of Resource Mobilization，简称 RMB。他曾调侃说：“中国人没有不熟悉 RMB 的，那是人民币的符号。到国际组织的 RMB，我的任务就剩下钱了。”其实，这是失落感的一种表现。当初，看到招聘通知上写的职责范围似乎很神秘、很神奇，实际工作却不像原来憧憬的那样丰富。

在本国担任过领导职务的职员，形式上从国家级上升到国际水平。但是，恰恰是由于心理预期高于实际情况，反而会产生某种失落感。

【案例一】

L先生毕业于名牌大学，在国内曾是外事单位的领导之一，应聘到国际组织的中文翻译组，不仅失去了过去多年熟悉的外事业务，后来的工作内容也主要限于笔头翻译。国内外事部门搞翻译工作的不少人都是多面手，笔译、口译，外译中、中译外。到国际组织只剩下笔译，而且主要是外译中，工作范围是原来的几分之一。从业务角度看，也许工作难度不算大；但从心理角度看，适应的难度却更大。因为两者的落差实在太大。

【案例二】

F先生是高校领导，管理上万人的单位，享有相当高的知名度，工作千头万绪。可受聘到国际组织之后，直接领导的人员有限。他的工作，对国际组织来说并非可有可无，是相当重要的，但是这也不能阻止他产生心理上的巨大落差。

【案例三】

T女士原为某发展中国家的卫生部部长，表现出很高的组织才能和知识水平。后来，她担任该国常驻联合国日内瓦办事处的特派全权大使达三年之久。后来应聘到世界卫生组织担任司长。可见，在国际组织的职务高低，和原在本国的职位不存在可比性。而这种职务和地位变化所带来的心理反差，必须正视和克服。

论资历、经历、能力、水平，这些人完全可以担任更高职务。但是，应聘到国际组织，具体能够到什么岗位有很大的不确定性、偶然性、机遇性，包括由国家推荐而应聘的人员也是如此。有的本拟推荐到高级职位，由于种种原因只能低就；有的推荐时只有某个低级职位，打算先应聘再发展，但是，时过境迁未能如愿；有的人原本位高权重，却由于各种原因被调离高位谪守岛国。他们的内心感受可想而知。有的人会因工作内容的变化、职务范围的缩小而失去成就感、情绪低落，有的甚至会发生性格上的改变。当然，大部分人经过调整能够逐步适应。有些人的思想准备充分、心理预期合理，适应起来可能比较快；有些人甚至感受不到明显的文化冲击。

实现身份转换

接到国际组织的聘书时，周围的人祝贺你、羡慕你、恭维你，但那是在国内，到国际组织之后，你会发现周围的人都和你一样，国际公务员的工作并没那么神秘、神圣、神奇。相反，国际公务员的身份有时会让你感到失去自我。在国内搞外事工作，是为国家效力，是代表国家对外交涉，说话办事特别有一种神圣感、自豪感，谈判取得成果，领导赞许、同事赞扬、外国人佩服，自己很有成就感，即使不是什么大人物，但总感到背后有 14 亿多人支持你。到了国际组织，当国际公务员就不一样了，你只是本来意义上的 servant（用人、仆人、服务员）。通常人们说到国际组织工作，实际指的是国际组织的秘书处，秘书处是为国际组织的会员方提供服务的机构，国际公务员为会员方提供服务，理所当然责无旁贷，公仆身份不言自明。若自己把国际公务员的身份神秘化，那就更难适应了。

【案例一】

S 医生曾任世界卫生组织精神卫生司司长。有一年出差到某国，到达时该国卫生部副部长亲自迎接，轿车开到停机坪：“您能来我国，我们感到非常高兴！我们部长将亲自会见、宴请您。”S 受宠若惊，工作进展顺利，双方留下了美好印象。不久他再次到访，那位副部长又到机场迎接：“您能来我国，我们感到非常高兴！我们部长将亲自会见、宴请您。”接着说：“您知道，不久前世界卫生组织的一位精神卫生专家访问过我国。”听到此话，S 医生不禁苦笑，原来，副部长根本记不得 S 的姓名。卫生部接待的是世卫组织官员，至于是 S 医生还是 Y 医生已不记得。S 医生说，即使这对世界卫生组织来说是好事，但他个人依旧感到很不愉快，因为他变成了世界卫生组织的官员，好像他本人不存在了。

【案例二】

笔者在国内工作时，应当说很有事业心，成就感也很强。1986 年我担任原卫生部外事司司长后主持了与日本笹川纪念保健协力财团的谈判，签署了为期十年的《中日笹川医学奖学金项目协定书》，该项目每年派百名医生出国进修。能成功主持并争取到这个项目，成就感、自豪感不言而喻。可在国际组织，再没这种成就感、自豪感了。不是工作没成果，而是难以受到同样的认同。世界卫生组织的主要捐款大国有 20 个，我分管其中的英、法、意、德、荷、比、卢等国，集资占各国捐款总额的 1/3，但没有过去那种成就感了。因为和成员的外交官打交道，我不过是个“服务员”，对方谈判的对象是世界卫生组织，至于你是谁并不重要。世界卫生组织英文简称三个字母 WHO，对外代表 WHO，我自己却成了小写的 who。即使在国际组织担任更高职务的人，情况也大体如此：在国内，大小也还算是个人物，可在国际组织什么都不是了，从 somebody（要人、大人物）变为 nobody（无名小卒、小人物），落差极大。

一个人在国际组织失去自己的地位、名声、名望，被称为“anonymity”，可译为匿名、无名现象。国际公务员并不想隐姓埋名，可这是由国际组织的性质所决定的，他们必须接受并适应这种要求，甚至要为此而改变自己的行为方式。例如，世界卫生组织规定，职员工作期间的所有写作成果的版权和知识产权均归该组织所有。对于来自学术界的业务官员来说，这可能就成为问题。通常科学家、学者撰写文章都会署名发表，由于到各处演讲，他们的姓名也逐步广为人知。他们的工资收入未必很高，但是，他们的名声名誉补偿了他们的物质损失。可是来到世界卫生组织之后，突然发现自己的名字消失了。比如到某个国家，和某部门讨论某事，发现了某个问题，为解决这个问题，你个人付出大量时间和精力，最终帮助某国的某人准备了报告材料，在国际学术杂志上发表。解决这个问题的思路是你提的，为完成这项工作你付出了很多心血，可是文章发表时，你不能署名，最多文章末尾有对 WHO 的致谢，还未必会提到你的名字，你的名字就消失、消融在 WHO 里面了。

国际公务员不仅要适应隐姓埋名，有时候还要改变行为方式。例如，有的人做国际公务员之前，亲自领导或直接参与项目的实施。可是，作为世界卫生组织的职员到有关国家去的时候，就得通过别人去工作，而不能直接领导、指示别人干什么或亲自去干。世界卫生组织在国家一级，只有给各国卫生部门当顾问、提建议的义务，没有直接领导、指挥的权力。不仅原本在本国当领导的人可能不适应，原来行医的人，也会有类似感受。医生有一种特权，习惯于指示、指导他的患者。比如，医生对病人说“请你 3 点起床服药”，病人会虔诚地按照医嘱 3 点准时起床服药。即使医生询问患者的某些私人问题、打断病人讲话，对方也都可以接受。在国际组织，医生就必须改变“发号施令”的习惯。国际组织的工作更多带有协商、妥协的性质，许多事情都要靠协商一致，取得共识，亦即国际组织常说的“by consensus”，而不是靠发号施令。即使在国际组织担任高级官员，靠命令式的领导在国际组织内部也行不通。

中国人到国际组织工作，意味着必须不远万里奔赴异国他乡，因而和国内亲朋好友的联系自然不像在国内那样方便。因为联合国及其专门机构分布在世界各地，在亚洲只有两个，一个是联合国亚洲及太平洋经济社会委员会（United Nations Economic and Social Commission for Asia and the Pacific），这是联合国在亚太区域唯一的政府间经济社会组织，1947 年在我国上海成立，原名为亚太和远东经济委员会，1949 年迁到泰国曼谷，1974 年改为现名。另一个是 1975 年在日本东京建立、具有自决地位的联合国大学（United Nations University）。联合国系统的主要国际组织，主要集中在欧洲和美洲，特别是瑞士日内瓦和美国纽约。

随着现代科学技术的飞速发展，互联网等现代化通信工具为人们提供了便利条件，但是，毕竟不是面对面交流。有一部分国际职员的父母年事已高，万一生病，需要子女在身边照料时，他们往往不能及时赶到。

除了国内亲情，还有其他一些状况。国际公务员的配偶在国内是高级白领或各部门的精英，他们舍不得丢掉自己的业务，国内的工作也离不开他们。但是，为了使出任国际公务员的配偶全心全意投入工作，大部分配偶被迫辞掉国内的工作，放弃自己的事业。作为家属，不论男女都需要适应新环境，他们放弃了国内的事业，远离亲友，出来之后不懂当地语言，不服当地水土，不识当地朋友，不能在当地工作，整天在家孤单一人。有的家属难以适应，只能回国。

【案例三】

F女士说她在国内生活得很宽裕，出国后觉得自己变“小气”了。在国内，每天到早市都是买最新鲜的蔬菜，从不计较价钱。可是到了日内瓦，却总是买标注了“action”（法文“action”相当于英文“sale”，即降价的商品）的蔬菜。蔬菜保存期较短，国外超市一般在保质期前两三天会减价推销。她在国内从不买减价蔬菜，丈夫在国外的工资高了为什么生活反而如此节俭呢？其实，这既不是因为节俭也不是因为她小气，而是不适应使用瑞士法郎。瑞士法郎和人民币当时的汇率是1∶6，在日内瓦买东西当然花瑞士法郎。刚到国外的时候，买东西总要先把瑞士法郎换算成人民币，买什么都先把价格乘以6，这样自然会觉得什么东西都比国内贵。喝一杯咖啡几个瑞士法郎，折成人民币就觉得太贵、太奢侈，舍不得喝。

按照世界卫生组织一位精神卫生专家的说法，从广义上讲，这些现象都属于文化冲击的范畴。国际公务员配偶常会出现类似问题和困难。他举例说：一位在本国工作多年的职业妇女，随丈夫来到一个陌生的国家，突然之间人际交往大大减少，失去原来的职业活动，白天在家连一个说话的对象也没有。这位妻子闲坐在家里，数着一天发生的每一件事：一只蝴蝶从窗边飞过，录音机坏了，国内来信了……她想对人说：快来看这只蝴蝶多美啊！可没有倾听对象。她只能在心里记着她想对人诉说、与人分享的事情。下午5点，丈夫疲惫不堪地回家了。她说：你猜今天发生什么了？我告诉你吧，有一只大蝴蝶在窗外飞，好看极了；咱们的录音机坏了；我收到姑姑的一封信……她唠叨个不停，丈夫却烦恼得不行。他在外面忙碌了一整天，回家来听到这么多的烦琐小事，只好敷衍一番。妻子察觉后，想“我那么爱他，千万不能为这琐事惹他心烦了”。以后，妻子只把她认为最重要的事情告诉丈夫。她省略了蝴蝶之类，重要的事情就剩下诸如录音机坏了、煤气没了、水管漏了之类的烦心、棘手、难办的事儿。他们的夫妻关系逐渐开始变化了。本来两个人交谈的内容，不论是高兴事儿还是扫兴事儿，无所不包。现在，回家就遇到一堆烦心事儿。怎么办？下午到了下班时间，丈夫坐在办公室读报纸，因为早回家不得安宁。他很晚回到家，说：“今天忙了一整天，让我歇会儿，改天再聊吧！”长此以往，免不了产生摩擦和误会。个别国际公务员就是因为自己的工作忙，对配偶的关心、关爱不够而出现婚姻危机。

此外，还有真正文化意义上的问题。生活工作在日内瓦这样的城市，常感到业余文化生活贫乏。日内瓦虽说是国际城市，但毕竟只有几十万人口。歌剧院、剧院的设施虽然精致、精美，演出活动和场次却少得可怜。在这样的城市工作，最大的缺憾是很难享受到自己祖国的文化，偶尔有国内文艺团体到这来演出，中国职员都很兴奋，可惜这样的机会太少太少了。

第二节 建立人脉

要建立人脉，必须处理好人际关系。这里所说的人际关系，和“拉关系”“跑门子”的庸俗关系学是完全不同的两个概念。西方文化强调独立人格，人们之间的关系是以法律来界定的，国际组织也如此。但是，这并不等于在国际组织就不需要重视人际关系问题。

实际上，在国际组织建立人脉相当重要。人脉并不仅是你认识多少人，更重要的是有多少人认识你，不仅认识你，而且认可你、认可你的能力。这样你才能在日后的事业发展中得到他们的支持与帮助。

坚持三项原则

谈到人际关系，人们通常想到的是处理人与人的关系，而忽视人们所处的环境。人际关系作为一种社会文化现象，它不仅涉及“自我”与“对象”两者间的互动关系，还受到“环境”的影响，也就是国内通常所说的单位（如家庭、学校、医院、企业、工厂、商店、社团、机关、部队等）。建立什么样的人际关系，和所处单位的性质、文化氛围密切相关，不同单位有不同的环境，人际关系也有所不同。

国际公务员面对和处理的关系，可分成对内、对外两部分。对内要处理好对上级的上行关系、对下级的下行关系、与同级的平行关系；对外关系包括与各成员方（含自己的祖国）、民间团体、私立部门、其他国际组织的关系。对内部分属于人际关系（interpersonal relations），对外部分属于公共关系（public relations）。国际公务员处理这些关系，要看到国际组织三方面的特殊性，即“环境”、中国职员“自我”以及“对象”的特殊性。

正确认识“环境”——国际组织专属国际性与服务性

《国际公务员行为标准》开宗明义：联合国和专门机构体现世界人民的最崇高的愿望，其宗旨在于使后代免遭战祸，使男女和儿童有尊严地和自由地生活。国际公务员有责任把这些理想变为现实，为和平、为尊重基本权利、为社会经济进步、为国际合作而服务。国际公务员有责任遵循最高的行为标准，把联合国遵奉的价值作为指导自己行动的原则，包括基本人权、社会正义、人格尊严与价值和尊重男女以及各国的平等权利。

国际公务员在国际组织所经手的工作，从管理维和到调停国际争端，从全球社会经济问题到卫生、气象、邮政、电信、粮农、科教、知识产权等技术领域，几乎无所不包。这里，国际组织指的是国际组织的秘书处，包括联合国秘书处总部、联合国专门机构秘书处总部、联合国及其专门机构在世界各地的分支机构。秘书处的任务是为联合国及其专门机构提供服务，执行联合国和有关国际机构制定的方案与政策。国际职员受雇于联合国秘书长或者专门机构的首席行政官，必须服从行政首长的领导。作为国际公务员，必须对联合国或其所在的国际组织负责。这就是国际公务员所处环境的特点之一，即服务性。国际公务员必须时刻牢记，国际组织的性质决定国际公务员的性质，公务员就是服务员（servant）。

国际组织的另一个特点是它的专属国际性。《联合国宪章》规定，会员国必须尊重它们的专属国际性。国际公务员在处理对外关系时，必须与国际组织之外的任何权力机构保持独立，在其行为中体现这种独立，不寻求、不接受其所在组织之外任何政府、个人或实体的指令。国际公务员绝不是政府或其他实体的代表，也不是它们的政策的代言人。国际公务员不能带有个人立场、偏见；对于有争议的事项，他们没有公开采取立场或者表达信念的个人自由。也就是说，国际公务员在对外交往中，不可以说“我个人认为……”之类的话，因为他们只能代表其所在的国际组织。

简而言之，国际公务员在处理对外、对内的公共关系、人际关系时，都必须考虑到这种特殊环境的特别特点，适应这个特殊环境的特殊要求。

正确认识“自我”——自信自尊、不卑不亢

在三个正确认识中，最重要的是正确认识自己。任何单位，在处理上下左右各种关系时，必须正确认识自己的角色、位置、作用，这是处理好人际关系的关键和基础。在国际组织，必须“保证国际公务员的正直和国际观，保证将组织利益置于个人利益之上”，具有“国际忠诚”，即“忠于整个联合国系统，而不仅是个人所在的组织”，“在有若干国际组织同在一个国家或地区服务的情况下，对联合国其他组织的国际公务员采取合作与谅解态度”。可见，国际公务员需要面对和处理的人际关系范围很大。在此氛围内，需要正确认识所在组织及本人的位置、角色、作用，才能处理好同各方面的人际关系。处理上行关系、下行关系、平行关系，重要的是充分自信、不卑不亢。“有自信、不自卑、不自傲”（曰“三自”原则），对中国籍职员尤其重要。之所以这么说，至少有三条理由：

第一，现在的国际组织，在很大程度上是西方国家在主导。规章制度、工作程序虽说是共同制定的，但基本上是沿用西方的那一套；联合国有六种官方语言（阿拉伯语、汉语、英语、法语、俄语、西班牙语），汉语在全世界使用的人口最多，但工作语言（working language）一般只有英、法两个语种；国际公务员的招聘原则包括“公开、平等、竞争、择优”“按地域分配”，但是国际公务员特别是高级公务员的地域分布并不平衡，中国籍职员人数至今没有达到理想幅度，中国仍然属于缺额国家。这种状况的形成有多方面的原因：联合国 1945 年成立，中华人民共和国 1971 年才恢复合法席位；我们选拔、推荐、派遣国际公务员的历史相对较短；

过去国内有关部门对国际公务员工作重视程度不够；中国虽然人才济济，过去却并没有着力培养国际组织的适用人才。中国的国际公务员不论职位、数量都不尽如人意，中国籍职员在国际组织的作用和影响，总体上仍处于弱势。

第二，很多外国人对中国并不十分了解，甚至十分不了解。这里面既有意识形态、宗教信仰、社会制度等方面的原因，也有我国自身的原因：我国 1978 年才逐步对外开放；国家的实力在过去相当长的时间里并不够强大；对外宣传的方式、力度还不尽如人意；等等。作为个人，中国职员的能力、水平、资历、阅历未必差。但是，有的时候国际组织首先看的是你的国家，而不是你个人。笔者刚到世界卫生组织的时候，主要负责人是亚洲人，他希望笔者负责美国捐款。可是，笔者的直接上级说："美国是世界卫生组织的最大捐款国，鉴于中国和美国之间的关系，作为中国人，你还是先不要负责美国吧。"那年世界卫生组织从各国政府得到的自愿捐款总额超过 4 亿美元，美国捐款近 1 亿美元，中国捐款 17.5 万美元。过去我国实力远不能与西方国家相比，西方人骨子里看不起中国人。要让国际社会改变看法，首先需要国家实力的强大。2010 年，中国的 GDP 跃居世界第二，我国在国际组织的作用更应得到进一步的加强，以体现中国是负责任的大国。2018—2019 年，中国为世界卫生组织提供的自愿捐款达 1 680 万美元，比 2003 年增加约 50 倍。当然，也要看到我们还是发展中国家，我国人均 GDP 水平还不高。我们给世界卫生组织的捐款还远低于不少发达国家。尽管 2018—2019 年度我国自愿捐款提高到 1 680 万美元，但仅占世界卫生组织捐款总额度的 0.38%；而第一捐款大国比我国高出 40 倍。

第三，中国人受到数千年传统文化的熏陶、长期正统教育的培养，在待人接物、人际交往方面可以说极具中国特色，和西方差异很大。比如竞争应聘，西方人往往先声夺人、锋芒毕露、争强好胜；而中国人视谦虚谦逊为传统美德，常常留有充分余地。其实，在西方文化占主导地位的国际氛围里，过分谦虚反而吃亏。一位在西欧某国实习的中国学生，他的老板认为他业务能力不错，建议他参加该国注册考试。他担心万一考砸了丢面子，推托说条件不足，准备来年再考，实际他在私下悄悄报名并参加了考试。结果，考试成绩不错。他满怀欣喜向老板报告，岂料非但没有得到祝贺，反而连他的就业申请也被拒绝了。原因很简单：他的这种东方式低调谦虚，被西方人视为不够诚实。中国人即使在某方面有一定的专长，也往往自谦说略懂一二，这样可以降低人们的期望值，以免日后表现平平丢人现眼。西方人的做法和我们大相径庭。作者所在的单位有个美国姑娘，自称懂法语、德语。实际她只能用法语简单地寒暄，说多了，她根本听不懂。一次德国代表团来访，鉴于她自称懂德文，司长请她事先把介绍材料翻译成德文，没想到她私下请她德国籍的家人帮忙，开会时连照本宣科也做不到。

看到外国人的类似表现，咱们中国人应该更加自信！因为，既然能通过竞争"挤进"国际组织，就应自信、自尊、自爱、自立、自强；就应坚信咱中国人不比外国人差，不要自卑、自我束缚。当然，也要有自知之明，不要以为成为国际公务员就比别人高明，自高自大、自以为是、自鸣得意。凡事有度，过犹不及，自信不足产生自卑，自信过度导致自傲，自卑自傲都有碍建立良好的人际关系。

正确认识和对待不同“对象”——国际职员的文化差异性

联合国秘书处有来自世界各国的数万名职员，他们的民族、语言、文化、习俗、传统、背景各不相同，每个人都有各自的思想、个性、思维方式、行为模式和价值观。由此，国际公务员必须面对现实，在这种跨国家、跨种族、跨文化的多元化、国际化的特殊环境和氛围里面处理好人际关系。这不仅能影响个人的情绪、生活、工作，甚至可以影响到整个组织的气氛、运作、效率。《国际公务员行为标准》指出：容忍和谅解是人的基本价值观。国际公务员必须一视同仁地平等尊重所有的人，造就一种关心所有人的气氛和工作环境。要在多元文化环境中做到这点，就要切实尊重不同习俗与文化，避免发生不能接受某一文化的任何行为，尊重他人持有不同意见、信奉不同文化模式的权利，毫无偏见地与不同国籍、宗教和文化的人士共事；避免任何可能被理解为有偏见或不容忍的言论；不应死守本国、本地区的观念、工作方法或工作习惯。

国际公务员的差异，除了语言、肤色之外，还有历史背景、文化传统、哲学理念、思维方式、语言逻辑、处世方法、生活习惯、行为模式等方面的不同。这些深层次的差异，交汇在一起，相互冲击、相互抵触、相互排斥，相互影响、相互补充、相互交融，对人际交往和人际关系产生极大影响。国际组织好似地球村的缩影、阳光下的水滴，折射了世界上的各种差异。国际公务员，不论来自东方还是西方，都不能在内心诋毁、抵抗、抵制这些差异，而要了解、理解、化解这些差异，建立融洽的人际关系、和谐的工作环境。

东方特别是中国强调整体，凡事先国家、后集体、再个人，小家服从大家，小我服从大我，强调我为人人，本质上是集体主义；汉语中“国家”一词把“国”与“家”融为一体，反映了国家本位概念。西方文化强调个体，主张人权天赋，注重个人利益，有所谓“人人为自己，上帝为大家”的说法，在本质上是个人主义观念。英语以“我”为大，“I”不论在句首还是句中都要大写，汉语里对“我”有诸多的谦辞，例如，鄙人、在下、晚生、愚兄、老朽，自己的住家说成寒舍，本人的著述称为拙作。汉语里有大量的自谦成语，诸如才疏学浅、匠门弃材、一得之愚、见笑大方、不揣冒昧、抛砖引玉。中国人受数千年传统文化影响，性格大都比较内敛、低调、含蓄、谦虚、沉稳；而美国人就没那么多条条框框的束缚，性格外向、张扬、坦率、自负、泼辣。这里没有孰优孰劣、孰是孰非的问题。差异表现在日常工作、相互交往的各个方面，彼此之间可能不适应，必须学会相互了解理解，相互尊重敬重，相互包容宽容，必须学会与不同国家、不同种族、不同信仰、不同思想、不同文化、不同语言、不同性格的各种各样的人员交往、交流。总而言之，国际公务员要学会“正确对待他人”。

上下左右逢源

在国际组织处理人际关系，和国内一样要遵循基本原则，诸如待人以诚、待人以宽、待人平等。现结合在国际组织工作的实例，特别就与上级、下级之间的关系做一些探讨。

上行关系

一方面，下级对上级要信任但不要迷信，要服从但不要盲从，必要时，需要适度委屈自己、适当保护自己、适时表现自己；另一方面，又不能自命不凡，自以为是，目空一切。

任何上级能够走上领导岗位，必有其过人之处，他们或经验多、能力强，或关系广、情况熟，必有值得尊重、信任的道理。作为下级，应当尊重其人格、地位、决定，信任其经验、能力、水平。但是，上司也是人，人无完人，谁也不可能事事完美。对上级的缺陷缺点，凡不涉及工作的，最好不过问、不评论。工作中的服从是必要的，但是也不要唯命是从、唯命是听。若自己意见正确，则该坚持的要坚持。上级有明显错误而又非服从不可、必须执行的时候，要学会适当保护自己。其实，这才是建立真正的互信，密切与上级的相互关系。

【案例一】

笔者刚到任时，上司A先生是美国人，他已经在世界卫生组织工作多年，熟悉情况，为人坦诚，但常常固执己见。一次和某国开会讨论捐款，会后对方提出晋升该国几位职员。他们的要求有违国际组织规定，自然被婉拒。鉴于此事敏感，我做了详细记录但没写进简报。对方见到草稿后坚持要列入简报，以便向他们的政府交代。A先生指示全文列入，我照办的同时，给他正式发了份备忘（memo），建议在世卫组织内部分发时删掉这部分内容。但是，他坚持己见，没有删除就分发。结果，简报涉及的那个国家的职员感到有失体面，很快通过高层领导向A提出质疑。我听说后建议A不要硬顶，但他不听，反而书面答复那位领导：简报由捐款方对方修改定稿，这是惯例！事隔一周，他又给我们单位的所有官员发通知，称“今后简报一律不得涉及敏感问题”。原来，那位高层领导对他提出严厉批评，书面要求他下不为例。这件事让我非常恼火，叮嘱秘书妥善保存所有文件，以备日后查考。《国际公务员行为标准》规定：国际公务员必须接受上级指示，如上下级意见相左无法达成一致，可以要求书面指示。对于书面指示仍可质疑，但不应耽误执行，可将其意见记录在案。由于我正确处理了与上级的不同意见，同时又维护了领导的威信，后来反而得到A的格外敬重。一年试用期结束时，他在评语中写道：“宋先生很好地适应了世界卫生组织工作，先前的经验很有价值，他认真负责，有预见性。”（Mr Song has adapted well to WHO work. His earlier experience has been of great value. He is conscientious and thinks ahead.）这件事说明，在适当时候以退为进，以适当方式帮助上司，既不失原则又维护上司威信，是搞好上行关系的一个有效方法。

遇到上司有错误时，既要坚持原则，也要适度容忍，不可轻易当面发作。给上司提意见应被看作本职工作的组成部分。这样处理不但可以帮助上司和单位改进工作，还能使你得到上司的尊重和信任。当然，要让人心悦诚服，必须占有充分材料，注意时间场合，讲求方式方法。

国际职员如何处理直接上级和更高一级领导的关系，也是时常遇到的问题。尤其是直接上级与高层领导意见不一时尤为棘手。不同层级的领导，最好不要厚此薄彼、有远有近、亲疏有别，而应尽量一视同仁、疏密有度，保持“等距离外交”。至于对更高层级的领导，笔者的做法是若即若离、敬而远之。

【案例二】

笔者刚到世界卫生组织时的直接上级是一位工作非常认真的处长，但往往死抠细节不见全局。司长看问题水平高，不愿纠缠细节，有时直接给我派活儿。拒绝不办，司长不满；直接照办，处长抱怨。我的办法是，司长交代的事都向处长报告，征求他的意见再办，并以处长名义向司长报告结果。遇到处长与司长意见不同时，不以司长意见压处长，强迫处长接受，而是把司长意见作为个人看法和处长商议切磋取得一致。这样，既完成司长交代的任务，又把成绩记在处长头上。把工作放在第一位，不计较个人得失，结果反而可以得到两级领导的信任和好感。

在国际组织，做到既不冒犯高层领导，又坚持正确意见，对具体办事人员来说是个难题。正确的做法是，即使是与一把手有不同意见，该坚持的也要坚持，因为目的是做好工作，工作第一。俗话说，在人之上，要把别人当人；在人之下，要把自己当人。不论是领导还是下级，都要尊重他人的人格、尊重自己的人格。不能因为身份高就颐指气使，也不能因为职务低就逆来顺受。

【案例三】

2004 年 4 月，世界卫生组织新任总干事访华，笔者是具体分管中国事务的外交官。筹备期间，双方商定签署一份新的合作备忘录。总干事希望和中国卫生部部长签署。当时部长职务由吴仪副总理兼任，因出席中美战略对话，她委托常务副部长高强（正部级）接待。总干事对此不满，甚至发脾气，要求改变日程。希望与部长签字合理，但改变日程会给东道主带来麻烦。作为下级，既要坚持正确意见，又不能冒犯领导。我多次发送电邮，反复和总干事沟通，虽然承受很大压力，但最终保证了访问顺利进行。总干事访华期间，受到温家宝总理和胡锦涛主席先后会见。会见当天深夜，他从北京给我发来邮件说：“这是个正确决定，我感觉很好，十分感谢（It was a right decision. I feel great. Thank you very much)。”同年 11 月，他提前发来新年贺卡（见图 4－1），还约我吃饭聚会（Let’s get together for lunch or dinner)。我并未与他聚会。但是，这件事说明，下级职员为国际组织的整体利益而坚持个人正确意见，并不一定会影响与上级领导的关系。

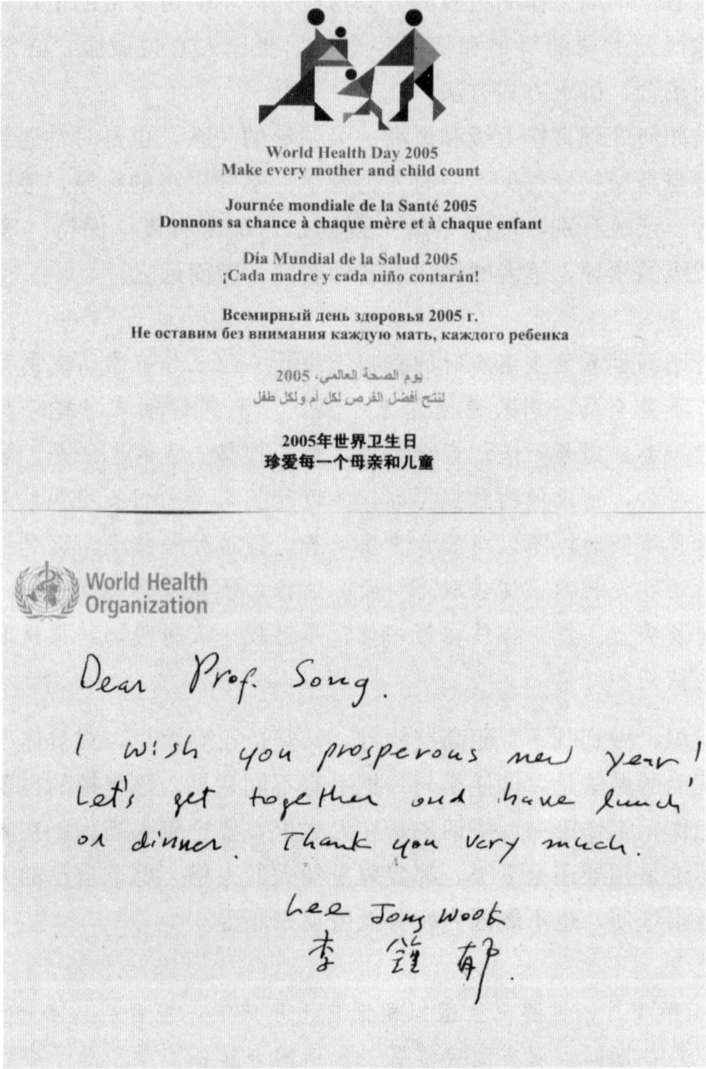

World Health Day 2005
Make every mother and child count

Journée mondiale de la Santé 2005
Donnons sa chance à chaque mère et à chaque enfant

Día Mundial de la Salud 2005
¡Cada madre y cada niño contarán!

Всемирный день здоровья 2005 г.
Не оставим без внимания каждую мать, каждого ребенка

يوم الصحة العالمي، 2005
لنتيح أفضل الفرص لكل أم ولكل طفل

2005年世界卫生日
珍爱每一个母亲和儿童

World Health Organization

Dear Prof. Song.

I wish you prosperous new year!
Let's get together and have lunch or dinner. Thank you very much.

Lee Jong Wook
李鍾郁.

图 4－1　李钟郁总干事 2004 年提前给笔者的新年贺卡

下行关系

对下级切忌居高临下、盛气凌人，必须平等待人、以诚待人，才能凝聚团队力量，共同完成任务。

俗话说“人贵有自知之明”，在领导岗位工作，能力、水平照理应当高人一筹，但是千万不要以为担任了领导职务，能力、水平就会自动提高，更不能认为当了领导就什么都比别人强。尊重他人，才能受人尊重；自鸣得意、自以为是不但搞不好与下级的关系，最后反而会自误、误人。

【案例一】

自命不凡，难获人缘人脉。某国际组织总干事换届，同时更换高层领导，J 被聘用担任高级官员。任命主要考虑的是国家背景，但是 J 飘飘然忘乎所以，炫耀自己的职务相当于副部长。此人不仅自视高过，适应跨文化氛围的能力不足，还和司长闹矛盾，被人称为"三无"领导，即无能力、无效率、无感觉(incapable、inefficient、indifferent)。不久J被免职，取代其位的竟是那位司长。可见，即使是高级官员，处理不好人际关系，下行关系受阻同样会丧失个人前途与发展空间。其实，这位高级官员的专业知识并不差。但是，权力≠能力，地位≠水平，专业知识≠人际关系。在国际组织，职务再高、权力再大，也要平等待人、以诚待人。一个人的能力、水平不会随职务、地位的变化而自然提升，绝不能自作聪明、忘乎所以。这位官员不能正确认识自己，过度自我膨胀，失去下级支持、上级信任，从反面印证了卡耐基的论断：一个人的成功，15%靠专业知识，85%靠人际关系。

国际组织的业务官员都配备秘书，与秘书关系的好坏，直接影响业务官员的工作效率：搞好关系，秘书积极配合，事半功倍；搞不好关系，麻烦连连，事倍功半。有的秘书工作经历长、有终身合同，有些不容易领导，更需要搞好关系的技巧。

【案例二】

有两位业务官员G和T，他们在国内都担任过处长，初到国际组织时却都为秘书而头疼。国际职员每年进行鉴定，程序很民主：(1)职员先做自我鉴定(self-appraisal)；(2)领导写评语；(3)职员阅读评语，写明意见并签字；(4)更高一级领导写评语；(5)职员再阅读、签字；(6)最后的鉴定一式两份，个人和人事部门各保存一份。G有两个秘书，她们之间关系不和，经常争吵，G在评语中希望她们改进，秘书拒不接受，反而相互指责。结果，他每年都要和上级领导研究评语如何措辞，不胜其烦。T的秘书工作拖拉，他"希望"其提高效率。结果，秘书一赌气，原本3天可以完成的工作，反而拖至5天了。最后，T改换工作岗位，才躲过烦恼。

以上案例说的是秘书。其实，下行关系不止于秘书。国内通常是下级迎合上级，甚至有人对上级阿谀奉承、"拍马屁"。而在国际组织中的情况恰恰相反，上级给下级"献殷勤"的现象十分平常。领导常常借送旧迎新之机，组织部属下班前在办公室聚会小酌，由领导自带酒水、小吃。领导出差回来给秘书带小礼物，也是常事，目的是借此拉近上下级的距离、增进相互之间的感情。实际上，上下级之间没有人身依附关系，下级有独立的人格，各自有各自的岗位职责，不需要唯命是从。上级只有尊重、关心、团结下级，才能调动他们的积极性，发挥团队精神，齐心协力完成任务。

第三节　善于沟通

"沟通"在英语中常用communication表示。《辞海》定义"沟通"，指开沟而使两水相通，泛指彼此相通。沟通有语言沟通、非语言沟通两种方式，如图4-2

所示。语言沟通，不论口头语言还是书面语言，涉及的都不仅是语言、文字本身，还涉及语速语气、标点符号的使用。非语言沟通，主要体现在肢体语言方面，举手投足、表情神态、谈话距离，都可以传达出重要的信息。实际上，人在交流时，语言沟通和非语言沟通常常是合二为一的。

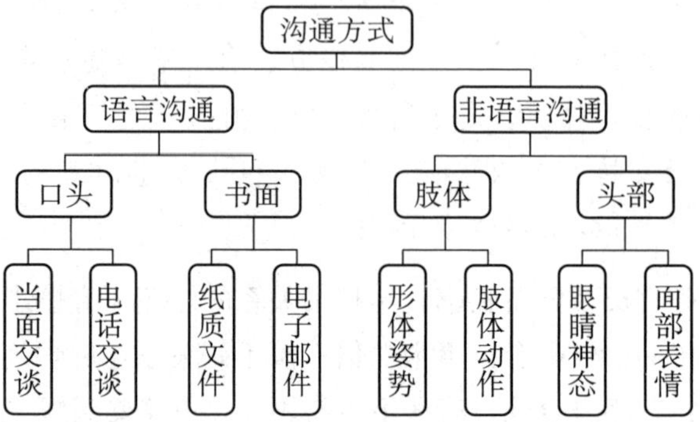

图 4-2 沟通方式

有研究表明，在沟通过程中有些信息会被漏掉，出现所谓“沟通漏斗”：假设想传达（communicating）的内容为 100%，而实际向对方表达（expressing）的时候，会不自觉漏掉两成，说出来的只有 80%。对方倾听（listening）的时候，受环境、理解等各方面影响，又会漏掉两成，真正听到的（heard）只剩下 60%。由于沟通双方的文化背景、理解能力、知识水平有所不同，对方听进去并且真正明白的（understood）大概只剩 40%。最后，对方把领悟到的东西付诸具体行动的时候，可能只剩下 20%了。这个研究结果是否准确暂且不论，但是它说明沟通技巧对于有效沟通来说是至关重要的。掌握必要的技巧，可以争取让这个“漏斗”少漏掉一些信息，提高沟通的效率。

口头交流

◇ 善于倾听、认真倾听。和外国职员相比，外语是我们的弱项，因此与人对话、出席会议都要善于倾听、认真倾听，以免误听误判、贻笑大方。

【案例一】

在某次国际会议上，讨论从 A、B、C、D 四个方案中选定一个方案。代表争论不休，主席归纳各方意见，把 A、B 合并为方案 1，C、D 合并为方案 2，请代表们做出选择，并表示他倾向于方案 2。一位代表发言说，主席的意见正确，我支持主席，赞成方案 1。话音刚落便引起哄堂大笑，他却茫然不明个中缘由。会后，有同事打圆场说，您支持主席是对的，但同声传译把您赞成方案 2 说成方案 1 了。没想到这位同事却说，我赞成方案 1，没有翻译错啊！显然，闹出这种低级笑话，要么是外语水平差没有听懂，要么是急于发言没有认真倾听。所以，在国际会议上，包括和外国人谈话时，一定要首先做到善于倾听、认真倾听，这是正确理解对方、做出恰当回应的基础，同时也显示了对对方的尊重和起码的礼貌。

◇ 充分准备、稳扎稳打。不论开会发言还是参加谈判，都不能打无把握之仗。即使小范围开会，临时发言，也要做好必要准备。

【案例二】

笔者所在的对外关系司，每周召开例会，司长先通报情况，然后业务官员挨个发言（around the table），一般坐在司长旁边的人先发言。每周例会之前，我都预先把一周的工作进展和成果用英文拟出提纲，写在本子上，尽量不挨着司长坐，以便让别人先讲，自己可以进一步观察准备，一边听别人发言一边修改备用提纲。这样，我的发言显得恰到好处，每每受到大家的称赞。其实，我的工作成绩未必很大，但事先准备、先听后说，效果甚佳。

◇ 诙谐幽默、拉近距离。讲话、发言，事先做好准备很有必要，但是，照稿宣读并不可取。讲话最好通俗易懂、适度幽默，这样可以拉近彼此的距离。

【案例三】

已故的马海德医生在抗战期间曾到过延安，新中国成立后第一个加入中国国籍，曾任卫生部顾问，他虽是外国人、部领导，年轻人和他接触却并不紧张。原因之一就是他讲话非常幽默。每次见面，他都打招呼说“How are you?”不等回答，他马上接着说“You are how!”十分风趣，一下子拉近了双方的距离。吴仪副总理访问日内瓦时，对方举办了隆重的欢迎招待会。瑞士政府代表致辞，先用法语再用英语，因为法语是日内瓦的通用官方语言，英语是国际通用语言。吴仪副总理用汉语致答词，需要翻译。但她开口就说，“谢谢您的热情讲话，您的讲话让我知道瑞士朋友的确有语言天赋。可是非常对不起，我不能讲英语、法语，只能用中文。你们有天赋，希望你下次致辞时也用汉语”。她的一段开场白不落俗套，幽默得体，博得满堂宾客的笑声。

◇ 谈判讲究艺术，避免出现尴尬。在谈判当中，有时同样的意思用不同的方式表达，效果截然不同。

【案例四】

一次与I国双边会谈，世界卫生组织总干事会见对方代表。笔者作为经办官员预料对方会提出增加该国职员人数的要求，事先为总干事准备好背景材料，指出其职员总数已经超过规定的幅度。果然，会见时对方提出要求。总干事没引用我写的材料，也不具体谈论该国职员数目，笑曰：“我在这栋大楼每天都碰到不少你们国家的职员，怎么还说少啊？你们国家的职员素质不错，希望能多培养些年轻人，以后充实世界卫生组织。”他的幽默回答，形式上没有伤害对方的尊严，又称赞了该国的职员素质，实质上既道破了实际情况，又驳回了对方要求，避免了可能出现的尴尬。其实，这就是一种谈判艺术。

◇ 尊重对方、后发制人。在沟通中遇到不同意见，特别是在谈判中遇到分歧，在所难免。不论遇到什么情况，都应保持冷静，尊重对方。其实，有时候可以先声夺人，但有时后发制人也可以取得令人满意的效果。

【案例五】

笔者出差去F国谈判双方的合作事宜。对方外交部一位司长主持会议，连欢迎之类的开场白也没有，上来就对双方合作中的问题提出责难，说两次发函世界卫生组织都未见答复云云。同去的有四位同事，其中有一位F国人，顿时满脸通红。他可能是为本国外交官的无礼感到羞愧，几次示意要我发言，因为我是世界卫生组织一方的牵头人。但是，我仍不动声色地听对方把话讲完，然后才发言。我没有回应对方的责难，反而首先感谢他主持会议，然后礼貌地指出那两封信我们已做出过答复，并拿出复印件给他，说如果信件被您的秘书们放置不妥（法语 mal placées，即英语的 misplaced），这两份复印件可以给您备查。他十分尴尬。很快改变了傲慢态度，并对双方的谈判结果表示满意。回到日内瓦，我受到所在单位司长的表扬，在年度总结时，他书面称赞说："宋先生总是以机敏和外交智慧成功完成微妙任务（Mr. Song has conducted delicate missions，always with tact and diplomacy，and always with success）。"其实，这只是一件小事，但说明了谈判技巧十分重要。

◇ 控制情绪、掌握语速。人的谈话会受到情绪影响，激动（兴奋、气愤）的时候语速就会过快，发音含混，看似小事也可能会闹出笑话来。

【案例六】

某国际组织主要负责人竞选，H参加竞选争取连任，虽然遇到了一定的困难，但最后还是胜出了。为了答谢朋友们对他连任的支持，他安排了小型宴请。在谈到竞选的艰难与最后获得的胜利时，他非常激动，结果口齿不清，闹出了笑话。当时，他的感激之情溢于言表，说"感谢你们对我第二次当选的支持"，却让人听成了"thank you for your supporting me in my second erection"。英语 election 和 erection 中，一个字母之差，发音只是［l］和［r］一个音标之别，意思却风马牛不相及。这样的发音错误，令人啼笑皆非。还有一个人不小心踩了别人，紧张慌乱之中连忙道歉，结果竟把"excuse me，please"误说成"execute me，please"。前者意思是抱歉，后者意思是处决。

◇ 入乡随俗、改变习惯。各国有各国的语言习俗，无所谓是非对错。但到了外国，还是要注意适应外国的习俗，否则可能会在无意中失礼。

● 假使有人敲办公室门，国内一般问：您找谁？而在国外通常会问：我能为您做点什么？（What can I do for you？或 May I help you？）这就是语言文化习惯的不同，需要入乡随俗。

● 在办公室打电话，国内接听后的第一句话常是："喂，您找谁？"客气一点地说："请问您找谁？"如果对方找的人不在，常常告诉对方某人不在之后就把电话挂了。而在国外一般都会自报家门，说："Hello，this is Peter Henry. May I help you?”如果对方找的人不在，也会客气地说：“I’m afraid he is not here at the moment. Can I take a message?”或“Would you like to leave a message?”

● 国内用餐常常劝酒。外国人一般没有劝酒习惯，但会祝酒。除了日本人有时候会说“乾杯”(kanpai，和汉语“干杯”意思一样)外，英语的祝酒词“cheers”和法语的祝酒词“avotre santé”都是表达“祝你健康”的意思。法语祝酒时也说tchin-tchin，是中文“请，请”之意，但是和日本人千万不能这么说，因为这个词的发音在日文里指女性隐私部位。相同的用词，在不同国家、不同语境下可能有不同含义，在使用时要格外小心。

● 上下级或同事之间的称谓，国内外的差别也很大。国内过去普遍互称同志，后来称老师，如今代以官职，局长、处长、队长、经理，被称为张局、李处、王队、赵总之类。在国际组织，一般不论职务高低，大都直呼其名，与国内称小张、大王、老李的情况有些类似。这样显得亲切，但是外国人同名的相当多，在只叫名字的情况下，必须记住他的姓，否则就会搞错。

类似上述不同习俗的情况还有很多，需要在实际中观察留意，入乡随俗。

【案例七】

有位中国人到世界卫生组织，在大厅见到他熟悉的一位中国职员和外国人聊天，便用中文打招呼，这位中国职员却用英语回答。让他很不理解，怎么到国际组织连中文也不讲了！其实，中国职员在公开场合不讲汉语是有道理的。母语说起来当然亲切，但说话时有外国人在场，中国人之间讲汉语，外国人会怀疑是不是有什么事情在回避他们。同样，如果外国人在中国人面前只讲中国人不懂的母语，对中国人也显得不够尊重。有一次，笔者和两位中国同事与一位法国人用餐。笔者和其中一位中国同事都懂法语，客人是法国人，我们两个自然说法语。可是，法国人始终用英语和我们对话。他解释说，另一位中国同事不懂法语，还是用大家的共同语言英语为宜。

书面沟通

◇ 简明扼要、易懂好记。用外文写东西有个“KISS”原则，即“keep it short and simple”，这与中文的“短而精”一样，能用一页纸表达明白的，不要写两页，长了令人生厌。有人把“KISS”解释成“短而甜”(keep it short and sweet)，这就更不容易做到了。国际组织也有文牍主义，一点儿小事也要行文，memo、briefing之类的东西是家常便饭，因此一定要能短则短，尤其是熟悉情况、外语比较好的职员更要注意。这里既有材料的取舍问题，也有外文表达问题，必须学会用精练的方式反映复杂的内容，还要像鲁迅说的“写好后，至少看两遍，竭力将可有可无的字句段删去，毫不可惜”。

◇ 认真书写、反复检查。现在，通信技术现代化给人们带来很多方便，用电子邮件沟通很普遍，但是也容易出问题。建议写完后反复推敲，删掉不必要的字、句、段，认真检查，不要轻信电脑的自动检查功能，防止发生意想不到的问题或麻烦。

【案例】

> 一位同事出差到英国，回来报告访问情况，写道“I have visited the United Kingdom and wish to share with you a massage from Price Charles to this organization”。其本意是到英国访问数日，带回查尔斯王子给本组织的信息。可是，看到上述电子邮件后，人们议论纷纷：把“Prince Charles”写成“Price Charles”，“价格”和“王子”在英语里只差一个字母。更奇怪的是“massage”意思是按摩，王子怎么请其带按摩？“massage”显然是“message”之误，两个单词，只是a与e的区别，一字之差，谬之千里。如此离奇，绝非杜撰，若不是亲眼所见，我也不会相信。究其原因，大概不是外文水平问题，而是粗心大意的后果。若写好后稍加检查，绝不会出这样的笑话。

◇ 电子邮件注意事项。近年来，国际组织内部几乎不再使用纸质文件，取而代之的是电子邮件。这大大提高了工作效率，但也带来一些问题，需要予以注意。

● 慎重选择收信对象：世界卫生组织使用 Outlook，职员的电子邮件地址由“姓＋名字的第一个字母”构成，如宋允孚的邮件地址为“songy@who. int”。由于通讯录里同姓的职员被列在一起，点击收信人时要格外小心，以免张冠李戴。我的中国同事就收到多封和他毫无关系的邮件。他问我，是否同姓的Q被提拔了，因为他收到不少祝贺晋升的邮件，而他并没有晋升。他的电子邮箱与Q的排在一起，因为他们是一个姓。显然，那些发信的人没仔细看收信人，就信手点击误发给了第三者。如果在邮件的抬头写明收信人的名字，即使误发，接到的人还可以做出明确判断，不写明的话搞得收信人一头雾水。这个案例涉及的是一般祝贺，若是涉及机密内容，那岂不是要造成很大麻烦。因此，发送电子邮件前必须确认地址是否正确，以免造成不必要的麻烦。

● 尽量减少收信人、抄送人：To 指收信人，除非有必要，一般不要一个邮件发两个以上收件人，否则会出现“两不管”“三不管”，甚至“三个和尚没水吃”的结局。CC 指抄送对象（CC 是 carbon copy 的缩写，过去没有复印机，用复写纸复写副本），抄送的人数要尽量降至最低，避免制造“垃圾”邮件。

● 写明“事由”或“标题”非常重要：subject 应尽量具有描述性，让收信人一目了然，迅速弄清邮件涉及的事项，以便决定是否阅读、处理，这样也便于自己后续跟踪。另外，一个邮件最好只涉及一个主题，不要涉及多个议题，以免收件人答复、处理时，无意之中有所遗漏。

● 内容应当简明扼要：信息时代，每天都可能收到大量邮件，有时出差归来，待阅的邮件排成长龙。因此，邮件应力求简明扼要，以达到有效沟通的目的。国际组织使用缩写（abbreviations）很常见，但是书面表达中应尽量不用缩写，或在使用一次全称后再用，以免对方误解、误判。

● 使用附件要考虑全面：如果有必要发送附件（attachment），要考虑到有的电子邮件系统功能不稳定，可能对方收不到、打不开、看不了，对方若因此删除邮件，就达不到沟通的目的。因此，附件内容不长时，可直接写进邮件；必须使用时，附件名称要一目了然，并注明撰写附件的软件。

● 注明发信人姓名及身份：收信人很难仅从账号上搞清发信人是何许人，除非是熟人。因此，邮件落款必须写明发信人姓名、身份。这也是起码的礼貌。很多电子邮件系统有签名功能，邮件发出时自动添加预设的签名。建议在发给不同对象时，考虑进行必要的修改，如发给朋友，就去掉预设的职务、头衔等。预设签名，不要过度包装。有人兼职很多，在姓名之后罗列一大堆头衔，给人自我炫耀的印象。

● 电子邮件的优点与缺点：使用电子邮件沟通不受时间限制，且能留有文字材料，这些都是口头沟通所不可替代的。但是，也不要过度依赖电子邮件。有时候，面对面沟通或电话沟通的效果可能更好一些。见面三分情，即使电话沟通，也会增加几分人情味。

第四节　学好外语

中国人常说“到什么山唱什么歌”，英国也有谚语“When in Rome，do as the Romans do”，意思都是入乡随俗。套用这句话，也可以说“到什么国家说什么话”，到国际组织工作就得适应国际组织的规则习惯，掌握国际组织的工作语言。

联合国及其专门机构的官方语言有六种，汉语是其中之一，但汉语一般不是秘书处的工作语言。联合国等国际组织，工作语言一般是英语和法语（设在不同地区的机构，工作语言也不相同），对中国职员来讲，这是一个挑战。中国人必须学好外语，包括必不可少的英语、必要的法语基础知识，甚至其他必要的语种，以适应国际组织工作的需要。比如，在日内瓦工作，英语是工作语言，上班时必须用英语：文件是英文的，开会用英语，和成员方打交道用英语，组织国际会议用英语，同事之间交流还用英语。在日内瓦生活，周边是法语区，下班时要用法语，上街购物、到饭馆用餐、外出郊游，几乎时时处处都要用法语。外语不灵寸步难行，工作生活无不如此。学习外语的紧迫性、必要性、重要性不言而喻。

著名语言学家周有光先生 2011 年时已 106 岁，笔者探访周老时，他兴致勃勃谈到国际组织的语言问题。20 世纪 80 年代初，他应邀到美国访问。其间，联合国语言工作协会请他做报告，专门介绍中国语言。周老讲了两个小时，留下一个小时提问。他也询问了联合国六种官方语言的使用情况。一位女负责人回答：“六种语言使用比例有数据统计，这个数据不公开但也不保密。所谓不保密，是说联合国有统计数字，可以告诉你；但不公布，因为担心正式公布后会引起不满。联合国六种官方语言，英语使用率 80%，法语 15%，西班牙语 4%，剩下的 1%是阿拉伯语、汉语和俄罗斯语。”法语使用比例不高，法国人不高兴。有一次开会，说可以用英语和法语，后来法语也不用了，都讲英语。参会的法国人中有不懂英语的，请翻译在其耳边轻声翻译，法国人很不高兴。周老说，世界通用英语，不是开会决定的，而是自然形成的。听说笔者在国际组织工作，他说：“我知道的这个数字比例是30年前的了，你是不是了解现在的情况?”笔者说：“没专门统计，不过英语依旧占主导地位，而且是美式英语。”周老说，他年轻时就读于圣约翰大学，是美国教会办的学校，校园里讲的都是美式英语。可是，语言课请的是英国老师，发音是标准的英式英语。圣约翰大学也学习英式英语。

其实，中国人在语言学习中，模仿能力很强，下功夫学习一两门外语不成问题，而且这对自己是有益的、对工作是必要的。国外学习外语的条件得天独厚，国际组织鼓励职员学习外语，安排了语言培训课程，让国际职员提高母语以外的语言水平，课程内容包括英语、法语、西班牙语、俄语、阿拉伯语和汉语六个语种。联合国专门制定奖励机制，在世界各地办事处统一进行语言熟练程度考试（包括笔试、口试），业务官员通过任何一个语种（母语除外）的考试均可获得联合国语言熟练程度证书（Certificate of United Nations Language Proficiency），可提前涨工资。笔者参加了英语和法语两门语言考试，因此每十个月涨一次工资。

外语对咱们中国人来说是挑战，但不必把外语看得难之又难、高不可攀。不少初到国际组织的同事，可能把遇到的外语困难看得过重。初来乍到，肯定会遇到这样那样的困难。困难在所难免、不足为奇。中国人勤奋好学，有语言天赋，外语不难学，功到自然成。国际组织的工作外语有其特殊之处，看多了用多了，完全可以应对有方，大困难变小困难，小困难变不困难。关键是要有信心，正确看待困难。

正确认识困难

首先要有自信。既然能被国际组织聘用，说明你的外语已得到基本认可和肯定。之所以感到有困难，并不一定真的是外语差，可能与国际组织的特殊情况有关，只要明白其中奥妙，就能找到应对办法。所谓特殊包括几个方面，例如：

◇ 国际组织文件的洋格式：

国际组织文件其实也有洋八股或曰洋格式。既然是格式，就只能接受它、熟悉它、适应它、学习它、使用它。参加国际会议的人都知道，国际会议的文件数量大、篇幅长，有时相当令人费解。比如，国际组织会议的决议，形式就很特别，一般由序言段、执行段两大部分组成。序言段表述的多是决议背景或既往历史，每句话开头都是套话，常用的词语很多：诸如：牢记（mindful of）、忆及（recalling）、注意到（taking note of）、关注（noting）、强调（stressing）、表示关切（expressing its concern at）、确认（affirming）之类。执行段，动词一般大写，如要求（DEMANDS）、敦促（URGES）、表示（EXPRESSES）、要求（REQUESTS）、决定（DECIDES）等。随手翻阅一份世界卫生组织决议——WHO62.2号决议，序言段内容多达 10 条，执行段内容虽只有 4 条，但每条又分若干项，总计 24 项。这样的文件，是否繁文缛节见仁见智。现仅把决议中文本照录如下（包括标点符号），目的不是介绍内容，而是看其格式：

第六十二届世界卫生大会，

牢记世界卫生组织《组织法》确定的基本原则，该原则确认各民族的健康是实现和平和安全的基础；

忆及以往关于阿拉伯被占领土卫生状况的所有决议；

还忆及执行委员会第 124 届会议就以色列在巴勒斯坦被占领土（特别是在被占加沙地带）的军事行动造成的严重卫生状况通过的 EB124. R4 号决议；

注意到总干事关于巴勒斯坦被占领土（包括东耶路撒冷）和叙利亚被占戈兰的卫生状况的报告；

深切关注总干事在加沙地带紧急卫生特派团报告中陈述的调查结果；

强调联合国近东巴勒斯坦难民救济和工程处在向巴勒斯坦被占领土提供关键性的卫生和教育服务，尤其是解决加沙地带紧急需求方面发挥的至关重要作用；对由占领国以色列的持续占领和施加的严重限制导致的经济和卫生状况的恶化以及人道主义危机表示关切；同时，对巴勒斯坦被占领土（特别是加沙地带）的卫生危机和不断加剧的缺乏粮食保障的状况表示关切；

确认有必要确保卫生服务的普遍覆盖，及保护巴勒斯坦被占领土内公共卫生服务设施的运转；

认识到负责管理和资助公共卫生服务的巴勒斯坦卫生部严重缺乏财务和医疗资源，由此对巴勒斯坦人口获取治疗和预防服务带来了损害；

确认巴勒斯坦患者和医务人员有权利进出被占东耶路撒冷的巴勒斯坦卫生机构；对以色列军队没有尊重和保护巴勒斯坦救护车和医务人员而造成的巴勒斯坦医务人员的伤亡事件以及占领国以色列违背国际人道主义法律对医务人员的行动施加种种限制表示遗憾；

表示深切关注隔离墙对被占巴勒斯坦领土（包括东耶路撒冷）巴勒斯坦人口接受医疗服务的可及性和质量造成严重影响；深切关注以色列限制巴勒斯坦救护车和医务人员行动对孕妇和患者的严重影响；

1. **要求**以色列占领国：

（1）立刻解除对巴勒斯坦被占领土的封锁，特别是对被占加沙地带过境点的封锁，由此造成那里药品和医疗用品的严重短缺，并在这方面遵守以色列—巴勒斯坦 2005 年 11 月通行进出协定的规定；

（2）纠正导致加沙地带当前卫生条件恶劣以及食品和燃料严重短缺的政策和措施；

（3）遵守国际法院 2004 年 7 月 9 日提供的关于隔离墙的咨询意见，隔离墙特别对巴勒斯坦被占领土（包括东耶路撒冷）巴勒斯坦人口接受的医疗服务可及性和质量产生严重影响；

（4）便利巴勒斯坦患者和医务人员进出被占东耶路撒冷和境外的巴勒斯坦卫生机构；

（5）确保巴勒斯坦救护车无阻碍和安全通行以及遵照国际人道主义法尊重和保护医务人员；

（6）改善巴勒斯坦被拘留者，特别是儿童、妇女和患者的生活和医疗条件；

（7）便利药品和医疗设备过境和进入巴勒斯坦被占领土；

（8）遵照国际人道主义法律承担起对巴勒斯坦民众人道主义需要及其每天获得包括食品和药品在内的人道主义援助的责任；

（9）立即停止其严重影响被占领下平民健康状况的所有行径、政策和计划，包括其封锁政策；

（10）便利联合国近东巴勒斯坦难民救济和工程处及其他国际组织工作，确保人员援助物资自由行动；

2. **敦促**会员国以及政府间和非政府组织：

（1）通过向巴勒斯坦民众提供援助，帮助巴勒斯坦被占领土克服卫生危机；

（2）帮助满足总干事在加沙地带紧急卫生特派团的报告中所确定的紧急卫生和人道主义需求以及与卫生相关的中、长期重大需求；

（3）帮助解除在巴勒斯坦被占领土对巴勒斯坦民众实行的限制和障碍；

（4）提醒以色列占领国遵守1949年关于战时保护平民的日内瓦第四公约；

（5）支持和协助巴勒斯坦卫生部履行其职责，包括管理和资助公共卫生服务；

（6）向巴勒斯坦公共卫生和兽医服务部门提供财政和技术支持；

3. 感谢总干事向巴勒斯坦被占领土的巴勒斯坦民众和叙利亚被占戈兰的叙利亚民众提供必要援助；

4. 要求总干事：

（1）向巴勒斯坦卫生和兽医服务部门提供支持，包括能力建设；

（2）提交关于巴勒斯坦被占领土（包括东耶路撒冷）和叙利亚被占戈兰卫生和经济状况实情调查报告；

（3）支持为叙利亚被占戈兰的叙利亚人口建立医疗设施并向其提供与卫生有关的技术援助；

（4）继续提供必要的技术援助，以满足巴勒斯坦民众（包括残疾人和受伤者）的卫生需求；

（5）还支持巴勒斯坦卫生和兽医服务部门为防范甲型H1N1流感大流行做好准备；

（6）支持在巴勒斯坦发展卫生系统，包括开发人力资源；

（7）公布加沙地带紧急卫生特派团编写的详细报告；

（8）向第六十三届世界卫生大会报告本决议的实施情况。

认识到国际组织文件的特殊性，就不必为自己的英语水平过分担心：别说咱们中国人一下子领会不了这么冗繁的文件内容，就是以英语为母语的外国人，除非了解巴以争端的历史与现状，否则也未必能一下子领会文件要点。国际组织文件冗长，只有提高阅读能力才能逐步适应。美国乔治敦大学美国语言学院专门进行快速阅览（skim）方面的训练。老师给你一篇短文，要求三分钟内读完，不许查字典，然后说出要点。中国学生词汇量少，不查字典，会有生词影响理解；查字典时间又不够，总之很不适。后来上写作课，要查阅大量文献，然后自定题目按国际格式写论文，这时才懂得 skim 的必要性。事实证明，学校老师的要求正确，一个人不论学习还是工作，需要阅读的东西很多很多，不可能也不需要什么都抠得那么细，学会 skim 的本领非常重要。

在国际组织要天天接触外文文件，所以必须学会 skim。《英华大词典》给 skim 的解释是略读、很快地读。英文字典解释原意是“remove a substance from the surface of a liquid”，即撇去液体表面的东西，如从牛奶的表面撇去奶油。中国的干豆皮（也叫作腐竹），就是从加热后的豆浆表层撇出来的精华。学 skim 有什么技巧？其实并没什么技巧，不过是熟能生巧，关键是多看、多练，和快速阅读中文没什么差别。文章是写给别人看的，目的不外乎表达观点、解答问题、传递信息、讲授知识。作者写作有自己的思维逻辑、写作章法、写作技巧，包括文章立意、起承转合、遣词造句、标题注释、标点符号，都有学问。读一篇文章，如果对其内容不熟悉，理解起来难度就很大。通过 skim 找到作者的思路、逻辑，从而纵览全篇，会达到事半功倍的效果。看大块头的外语文件，先浏览大题目、小标题，大致了解其梗概，然后再逐段阅读，沿着作者的思路逻辑阅读，同时概括各段大意，就容易得多。例如，看新闻报道，不论长短一般都涉及 5W（what/where/when/who/why）。看的时候，注意哪个段落讲哪个问题，这样，即使草草看一眼也可以大概知道事情的轮廓。

◇ 国际组织文件的洋背景：

有时候，文件本身的文字自相矛盾，内容不易理解。这就更不是语言文字的问题，而另有其深层次的原因。国际组织文件常常是各方讨价还价、妥协折中的产物，只有了解文件的产生、修改背景，才能较好地理解文件。国际组织某些文件有时从文字上看前后矛盾、非驴非马、亦驴亦马，让你难以理解、无所适从，殊不知文字之外另有背景。

【案例】

1993 年世界卫生组织总干事换届改选。当时的总干事有意参选，而有些国家不希望他连任。世界卫生组织执委会为此引发了一场激烈争论，导致修改总干事任期，增加候选人条件。有些明显针对在任总干事：如任期改为只能连任一届，年龄限定候选提名时不高于 60 岁，必须懂英、法两种工作语言等。文件的草稿要反映出各种不同意见，而且参与讨论的各方都参加修改，结果你提这他提那，前边 yes 后边 no，改来改去令人无所适从。总干事最后连任，可是五年之后，其继任者不懂法文，却照样当选不误。国际组织文件出现类似情况并不稀奇。民谚说：听话听音，锣鼓听声。国际组织的某些文件，表面上文字难懂，实质是背景复杂。明白了这一点，搞清文件产生的复杂背景，再看文件就容易得多，所谓难点并非语言本身。

◇ 国际组织语言的洋腔调：

上面说的是文字，此外还有口语。国内很多人英语口语较差，主要是缺少实践机会。到国际组织，用英语口语的机会多了，自然会有很大进步，但是还会遇到问题。原因很简单：外国人的英语并不都是标准英语。和国内情况类似，北京、上海、广东各地的人讲的普通话，实际的差别很大，很多人的语音语调不标准，带有浓重的地方音。这里有个故事说明了不同地方的人，语言习惯不同、表达方式不同。海上有两艘船，眼看要相撞。北京人说："不好了，不好了！"结果，两船相撞。北京人说："玩儿完了！"上海人遇到这种情况，说法就不一样。看到两船就要相撞，上海人说："瓦特了，瓦特了（完蛋了，完蛋了）！"等船真的相撞了，上海人说："个么好了（这回好了）！"船没出事儿的时候，说完蛋了；真出事儿了，他反倒说"好了"，岂不怪哉！其实，北京人、上海人表达的是同一个意思，可说出来的话却完全不一样。这就是方言给人们带来的乐趣。侯宝林大师的著名相声作品《戏剧与方言》里有不少脍炙人口的笑料。然而，到国外遇到方言或乡音浓重的英语，咱们中国人可就笑不起来喽！

现在国内流行美式英语，出国听英国人讲流利地道的牛津英语，反而不习惯、不适应。至于其他国家的英语，则更是南腔北调。国际职员来自世界各国，英语在很多国家都不是母语或官方语言。他们的英语发音五花八门，法国口音、阿拉伯口音、日本口音、韩国口音、非洲口音、拉美口音，无所不有；即使官方语言是英语的国家的职员，他们的语音语调也各具特色，来自澳大利亚、新西兰、印度、巴基斯坦等国的职员的英语就相当特别。和英语是非母语的人进行交谈，时而容易时而难：说容易，因为英语对彼此来说都是外语，大家的英语都不像说母语那么流利；说难，因为大家都可能出现用词不当的现象，容易被曲解、误解乃至不解。同样，和母语或官方语言是英语的人交谈，也时而容易时而难：说容易，因为人家字正腔圆、发音标准，不会引起误解；说难，因为他们的词汇量大、表达方式多、讲话速度快，碰上语音语调特殊的，乍听起来困难不少。

在国际组织，只有从事语文类工作的职员以语言文字为专业，其他官员都有各自的专业，对外语的要求也各不相同。他们需要的是熟练掌握本专业领域的学术用语和一般语言知识。在专业部门工作，不必拘泥于遣词造句、语音语法，即使出现某些语法错误、修辞错误，也无伤大雅。比如，高级官员 QL 讲话时给所有动词加 s，出现 they thinks that、we believes that 之类的语法错误，虽然听来不雅，但并没有影响表达。其实，任何语言首先要传递的是 meaning 而不是 wording，个别用词不当、语法欠妥关系不大，只要能表达意思就行，各专业领域人员不必像搞语言文字工作那样字斟句酌、咬文嚼字、反复推敲。当然，这不是说可以降低标准，学海无涯、学无止境，在国际组织工作，业务学习没有止境，外语学习也没有止境，必须不断学习、努力提高。

◇ 国际组织常用的缩写语：

和国内使用缩写一样，国际组织中也大量使用缩写。有的人讨厌缩写，认为不好记。不过没有办法，国际组织都这么用。其实，大部分缩写语属于约定俗成，合情合理、便于记忆，有时候缩写语用多了，反而会忘记全称。中文缩写也如此，不是所有人都能说出人社部、证监会、银保监会的全称分别是中华人民共和国人力资源和社会保障部、中国证券监督管理委员会、中国银行保险监督管理委员会。当然，也有缩写是自造的，难免让人感到别扭。现在，国内有些常用名词没有中文的缩写，反把英文缩写当成中文使用，例如：常常见到把国内生产总值写为 GDP（gross domestic product），把消费者物价指数写为 CPI（consumer price index）。不过，有关部门明确规定，不应在中文书刊、报章里中外文混用。

国际组织的缩写，首先见于国际组织名称本身，联合国（United Nations）缩写成两个字母“UN”。联合国儿童基金会缩写为“UNICEF”。为什么是“UNICEF”，而不是“UNCF”？原来，儿基会本来的名称是联合国国际儿童紧急救援基金会（United Nations International Children’s Emergency Fund），改为现在的名称后，但缩写未变，沿用至今。

国际组织的缩写，也常见于项目名称、内设机构名称。国际组织一般不主张在正式文件里滥用缩写。世界卫生组织要求正式文件中尽量不用缩写，如果使用必须先注明全称，避免缩写带来的不便。联合国的缩写不胜枚举，如联合国“千年发展目标”（Millennium Development Goals，MDGs），其内涵十分丰富，指 2000 年的联合国首脑会议上各国领导人商定的一个具有时限的全球性目标，包括消灭极端贫穷和饥饿，普及小学教育，促进男女平等并赋予妇女权利，降低儿童死亡率，改善产妇保健，与艾滋病毒/艾滋病、疟疾和其他疾病做斗争，确保环境的可持续能力，全球合作促进发展八项内容。

有一个非常有趣的现象：中国缩写一般都是三个字，如世妇会、世博会、发改委、港澳办、海基会、海协会等等。国际组织缩写也偏爱三个字母。世界卫生组织内设机构的英文缩写都是三个字母。这样写的好处是比较简单，但有时也容易造成误会，书写时要格外小心。例如：世界卫生组织的遏制疟疾项目（Roll Back Malaria）简称 RBM，资源动员规划（Resources Mobilization Program）简称 RMB，三个字母相同，但是顺序不同，容易混淆。又如翻译处（Translation）简称 TRA，传统医学处（Traditional Medicine）简称 TRM，仅一个字母之差，弄不好也会混淆。再如传染病部门与非传染病部门是两个不同的单位，中文字面一字之差，英文缩写也只是一个字母之差，传染病（Communicable Diseases）简称 CDS，非传染病（Non-communicable Diseases）简称 NCD。世界卫生组织曾遇到文件发错单位的情况，就是因为把名称缩写的字母顺序搞错了。

除了项目、机构名称外，职务也常缩写，和国内的张局、李处、王队、赵总之类的称呼类似。在国际组织中，对领导可以直呼其名，或简称其职，例如称总干事（Director General）为DG，十分正常，毫无不恭不敬之嫌。其他高级职员，如副总干事（Deputy Director General）称DDG，助理总干事（Assistant Director General）称ADG，执行主任（Executive Director）称EXD，地区主任（Regional Director）称RD，等等。从以上的例子可以看到，国际组织的英文缩写与国内的中文缩写一样，没什么神秘之处，到国际组织工作时间长了，自然可以慢慢熟悉。

充分树立自信

语言是交流的工具，外语没有什么神秘的。不论是中国人还是外国人，从小生长在哪儿就会说哪儿的话：长在美国，自然会说英语；长在中国，就能说地道的汉语。中国人的外语，特别是口语表达能力不太好，是由于从小没有受到外语环境的熏陶。外语，特别是外语口语差些没什么可自卑的。全世界65亿人，1/3以上用汉语；汉语是联合国官方语言之一，外国的国际职员有几个人懂中文？有几个人会说汉语？何况外籍国际职员，并非所有人的母语都是英语，英语对这些人来说也是外语，只是他们的母语多为拉丁语族，属印欧语系（包括拉丁语、意大利语、西班牙语、葡萄牙语、法语、德语、罗马尼亚语、波兰语等），使用字母文字，因而学英语比使用象形文字的中国人相对容易，如此而已。母语非英语的外籍人的英语，其实也未必能好到哪里去。外国人写外语同样会出差错、有瑕疵，因此，不必迷信外国人，无须过分谦虚。

【案例一】

笔者刚到世界卫生组织的时候，不担心自己的法语水平，虽说多年不用，但毕竟是高中毕业后出国留学时正经学过的，到国际组织再熟悉一下，捡起来不成问题。我担心的是英语，因为英语基本是靠自学。世界卫生组织的工作语言是英语，大部分文件也都用的是英语。因此初来乍到之时，格外认真，遇到不懂的地方，从不怀疑文件本身，认为外国人的英语自然正确，不容置疑。不懂之处，一般都先查阅字典再反复琢磨，实在搞不明白再问秘书（英国人）。没想到，有好几次秘书看了也不懂。时间长了才发现，不少弄不懂的地方并非自己的英语水平有问题，而是文件本身的语法错误、用词错误造成的，很多是外国人自己的打字错误。后来，文件看多了，自信心也增强了，再遇到不懂的，不查字典也能猜出文件本身的问题。这至少说明两点：一是外国人写外语同样会出错；二是只要经常使用、不断实践，中国人的外语完全可以提高。

【案例二】

1987年，笔者参加世界卫生组织的执委会，会议文件用阿拉伯文、中文、英文、法文、西班牙文、俄文六种文字印发。我一般领取法文和中文本，看中文，一目十行迅速浏览，省时省力。但是，中文是从外文翻译过来的，有时反不如外文好懂，时不时需要对照外文。有一天，某议题的讨论很激烈。而中文本和法文本却在争议的内容上有实质性出入。中文是中文科翻译的，笔译人员是中国职员。我没敢贸然发言，马上请一位同事到中文科查询。结果发现文件原文是英文，中文按英文翻译没有错。于是，我发言时首先阐述对争论议题的观点，然后用法文读了这一段落，指出错误。没想到，发言的结果出乎意料，会议很快结束，各方取得共识，而且对我的法语水平大加称赞。其实，发现这个问题带有一定的偶然性，并非我外语水平有多高。至于称赞我的法语，那是因为20世纪80年代，中国出席国际会议的人大多讲英语，懂法语的少，见到中国人说法语，外国人自然感到惊讶。

以上两个例子说明，完全没有必要迷信外国人和外国话。在国际组织日常工作中，遇到读不懂的英文，也许错误的制造者恰恰是会讲英语的外国人；世界卫生组织执委会的法文文件由法国人负责翻译，法语是他们的母语，他们照样出差错。

不断积累提高

以上对国际组织、国际职员的英文做了一番评论。但是，外国人母语出差错，只是少数个别现象，不能代表全部和整体。无论如何，外语是中国人的短板、弱项，即使外语达到了一定水准，也必须继续学习、不断提高。

那么，学习提高外语水平有什么诀窍呢？著名学者季羡林先生精通多国语言。他说，学外语的诀窍就两个字：努力。他说得非常精辟，学外语没捷径可走，非下苦功夫不行。

任何语言，都由语音、词汇、语法三大要素构成，它是一个完整的体系，语音离不开词汇和句子，词汇的意思在句子中体现，句子之间的关系涉及语法。词汇、语音、语法不可偏废，三者必须协调发展。英语基本功包括听、说、读、写、译几个方面，必须多听、多说、多读、多看、多记、多背、多练，细水长流、日积月累、持之以恒。

◇ 语法：中国人一般注重学习语法。其实，孤立学语法不行，必须通过大量阅读，才能掌握。鲁迅强调阅读，说一天也不能停止。要掌握一门外语，必须进行大量的阅读。拿一本外语书，迫使自己去读，同时，借助词典学习一些语法规则。读完一本书，不能全部理解，很正常，不要紧，把它暂时放在一边，开始读另一本。几个月甚至半年后，再看第一本书时，就会发现比以前理解得更多。语法产生在语言的使用之中，是人们总结语言规律之后的产物。先学语法似是捷径，实际只有通过大量阅读，才能加深理解、记忆。

◇ 词汇：只强调学习语法不行，词汇也很重要。词汇是语言不可缺少的要素，就如同盖房不能没有砖瓦。汉语是表意语言，概括性强。西方语言表音，概括性不如汉语。比如，外文没有统称“鸡”的词，公鸡、母鸡、小鸡分别是三个单词：英语（法语）的公鸡是 cock（coq）、母鸡是 hen（poule）、小鸡是 chicken（poussin）。汉语中的“牛”字，增加一个字就可以表示水牛、黄牛、奶牛、牦牛，英语（法语）里四种牛就得用四个单词：buffalo（buffle）、ox（boeuf）、cow（vache）和

yak（yak）。因此，西方语言词汇量比汉语的多。商务印书馆《现代汉语词典（2002 年增补版）》收字、词、词组、熟语、成语共 6 万余条。欧美国家一般的学生字典就有超过十几万的字词，《牛津字典》的字词多达 60 万个。所以中国人学外语，单词不得不死记硬背。死记硬背不是好办法，可初学者都有一个从死到活、积少成多的过程。随着词汇量的积累增加，熟能生巧，举一反三，触类旁通，逐步达到活学活用的程度。

◇ 语音：中国人学外语往往不大重视语音。而忽视语音则难以建立读音与书写之间的关系，也不能根据读音判断书写是否准确。其实，语音是最基础、最重要的。任何语种，都是先有语言后有文字，语言是有声的，发音准确才能被人听懂。所以，必须重视语音语调，不求十全十美，但须基本正确。否则，就会影响听力及口语表达。

◇ 外语思维：著名语言学家吕叔湘先生说："英语是英语，汉语是汉语。"马克思说："语言是思想的直接现实"。他们都指出了语言与思维方式的关系。中国与西方的文化心理、思维方式有很大不同。必须看到汉语和外语不同语言形式背后的不同思维方式。学习外语，要学会用外语思维方式思考，不可用母语思维学外语。有位名人说过，学习、使用外语，不应该把什么都"译"成母语，而应该尽量"忘掉"母语。做不到这一点，就没有真正领悟外语的奥妙，也不能运用自如。马克思开始学习俄语时，已 50 多岁，为了研究俄国，他花了大约半年时间学习俄语，最后达到可以阅读俄语文章的程度。

一般人不能和马克思相比，但他 50 多岁仍学外语的精神值得我们学习。只要功夫深，铁杵磨成针。中国人学好外语，在国际组织站住脚完全没问题。改革开放前，外语没有受到应有的重视。选拔人员到国际组织工作，遇到的一个大难题就是外语。20 世纪 70 年代，原卫生部准备推荐 DM 局长到世界卫生组织担任高级职位。DM 各方面条件都很出色，但是执意不肯去，甚至急得落泪，就是因为外语不过关。改革开放以来，特别是近年来，国内应聘到国际组织工作的年青一代已今非昔比，外语水平有了极大提高。

【案例一】

TQ 在世界卫生组织的一个专业部门工作。有一次她的电脑屏幕上的英文文件被改得像只小花猫的脸。原来，她在汇总一份关于生物制品标准的文件。TQ 说，各国专家的草稿好多不符合要求，需要润色修改。外国人把修改英语文本这样的工作交给新来的中国人，我国年轻人的英语水平如此之高、受到国际组织如此信任，不能不让人由衷地感到骄傲、感到自豪！她说："我的工作是制定国际标准，外语特别是书面表达要求较高。外语是沟通最重要的工具，也是中国人的挑战目标。"

改革开放特别是中国举办奥运会、世博会以来，国内积极学外语、用外语的现象蔚然成风。现在，中国人的外语水平比过去提高了很多。需要说明：学外语时，在克服了初期困难、胆子大了之后，也要注意谦虚谨慎。俗话说艺高人胆大，但是不能有了进步就以为自己什么都懂，其实还有太多的东西不懂，不懂就承认不懂，懂了也要再提高，万不可粗心大意、自以为是。

当然，到国际组织工作，不会有用汉字给英语注音的荒唐事。但中国人的外语发音的确是个问题。季羡林先生讲到学习外语时，特别指出：诀窍是努力，关键是口音，有口音要注意，口音是能改正的。例如，受方言发音影响，北方人辅音常常清浊不分，法文辅音发音失去爆破，清浊更不易分清。南方人“黄”“王”不分，黄瓜读出来好似“王瓜”，南京一带 n、l 不分，牛奶说成“流来”。有人 s、sh 混淆，把上海说成“桑海”。发音发不好，有时会让人尴尬不堪。

除了练习发音、拼写，词汇（包括成语、短语、俚语、缩写）也很重要。外语常常有一词多义、动宾搭配问题，也要逐步积累掌握，以免误读误解。不少外语词汇和表达方式因国而异，同为英语，美国和英国也有区别。

【案例二】

英语 floor 是楼层、地板的意思。美国楼房的 first floor 和中国说的第一层一样。而英国的 first floor 在中国指第二层，他们把第一层叫作 ground floor。floor 还有发言的意思，《英华大词典》注释此为美国用法，实际现在的国际会议上都这么用。一位中国同事 CJ 参加世界卫生组织的一个会议，茶歇后大家端着咖啡入座，主持人说：“Dr. CJ，you have the floor.”一连说了几遍，CJ 某毫无反应继续品茶。究其原因，可能没听清、没听懂，或根本不知道 floor 可以这么用。

【案例三】

同是法语，在法国和瑞士、比利时也有差别。法国使用二十进制的计数系统（vigesimal 表示 French counting system）。法文 70 这个数字写作 soixante-dix，字面意思是 60 加 10；90 写作 quatre-vingt-dix，字面意思是 4 个 20 加 10。而瑞士人和比利时人同样讲法语，70 和 90 是 septante 和 nonante，读起来很简单。但和法国人谈话时，最好不要这么用，据说法国人看不起这种法语。

在国际组织，虽然天天使用外语，但半路出家学习外语，不论多么努力，也达不到母语的水平。何况，各种语言都在发展，不论汉语还是外语，新词汇新内容不断出现，外语学习没有止境，只有活到老学到老。学习外语，必须扎扎实实，千万不可自以为是，胡编乱造。

第五节　团结互助

国际职员长期远离祖国，心情如唐代诗人王维所云：独在异乡为异客，每逢佳节倍思亲。离乡思乡恋乡之情，不常年在外的人不会有切身体会。笔者到日内瓦后，每年给国内同事、领导和亲友发贺卡，年年自己设计、绘制贺年卡（见图 4－3、图 4－4），非常认真，非常执着，也正是为了记录友情、亲情。

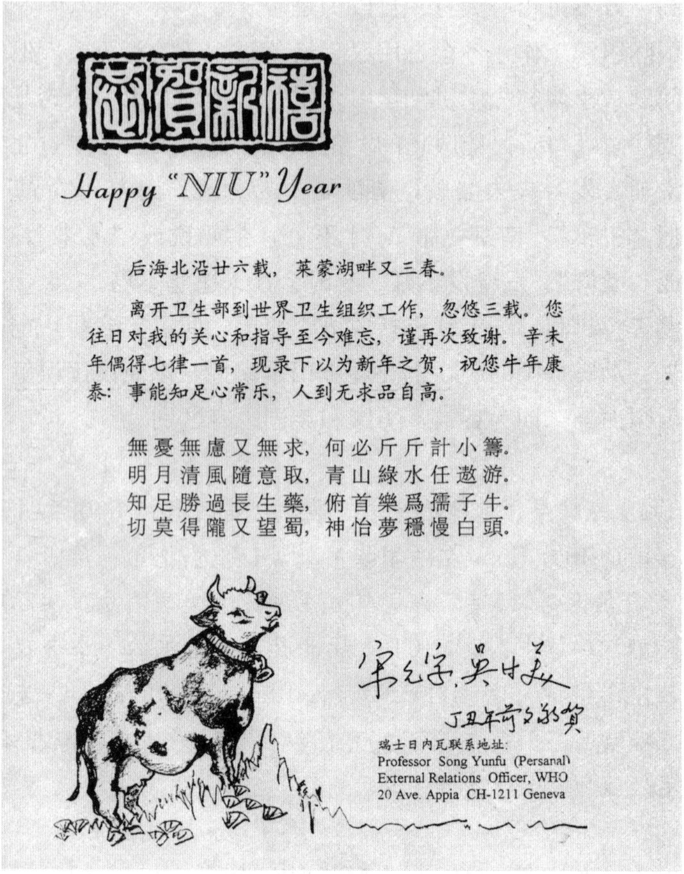

图 4－3　贺年卡 1

国际职员在国外工作，没有家属的支持配合是很难做好工作的。许多国际职员的家属为了配偶的工作，不得不放弃自己在国内的工作。同样，对于家属的支持，国际职员们也都心怀感激，体贴家属，支持鼓励配偶参加当地有益的社会活动。例如，不少家属参加了日内瓦有关组织举办的法文学习班，有的到中文学校兼职任教，有的参加当地的社区活动，介绍中国的烹饪方法、民俗文化等，有的协助瑞士官方有关机构来华举办友好活动，有的找到了适合自己的工作，或办公司或搞旅游，促进中瑞民间往来，各得其所、各显神通，不仅丰富了自己的生活，而且对加强与当地人民和其他国家的国际职员的友好关系起到了很好的作用。

笔者的一位同事 CK 退休回国，他夫人把随先生在国外 20 年的情况写成书面材料，感情真实，颇具代表性，从中可以看到家属们付出的辛劳、做出的奉献。

> 我随同丈夫赴任近 20 年。为了支持他完成任务，我义无反顾地离开了喜爱的工作，放弃了自己的事业。我为他取得的成绩感到骄傲，也对我做出的牺牲无怨无悔。

图 4-4 贺年卡 2

多年来，我从不认为自己是百分之百的家庭主妇。在任何情况下，人都要有独立的精神、向上的精神，不能把自己圈在家里，要走出去融入社会，广交朋友，使生活多样化。

掌握交流工具，练就包容心态

回想初到国外，感觉只有两个字：陌生。首先遇到的困难是，无所事事，没有工作。当全职太太天天面对柴米油盐很是无聊。其次语言不通，无法交流。为适应新生活，融入当地社会，必须首先突破语言关。我在国际学校义务当图书馆管理员、校车服务员，还教过中文。只要有机会，我就主动与人交谈、广交朋友，以提高语言能力、建立和人交流的自信心。

我结识了来自不同国家的朋友。很多国家的社会制度、生活习惯、文化传统、价值观念、思维方式和我们差异很大。我体验到，有包容、共享、合作的思想，才能营造和谐的气氛，才有利于介绍自己的文化，让更多的人了解中国、喜欢中国。只有尊重不同国家的风俗习惯，才能换来对等的尊重。

太平洋岛国有很多当地风俗。例如，不可以摸小孩子的头表示亲热，去当地人居住的村落，不可戴墨镜，不可穿无袖上衣，女士要穿长裙。斐济有种传统饮料Kava，部落决定大事，族人欢庆节日，欢迎远道贵宾——上至国家元首下至旅游客人，都少不了它。当地人在欢迎仪式上，献上一杯Kava是表示尊重，你必须喝下去，表示对他们的尊重。第一次和先生去一个无烟村参观访问，首先是隆重的仪式，地上铺着草席，大家席地而坐。中间放了一个三角木制大圆鼎，他们把树根的粉末倒进一个褪了色的毛巾中，在木盆中加水，把毛巾包放入水中用双手入水揉，盆里的水变成了泥汤，用半个椰壳盛满大半碗，送到你面前。受饮者双手击掌三下，接过椰壳碗，仰头一饮而尽，再击掌三下即完成程序。我第一次参加这样的庆典，尽管对Kava有许多疑问，也不能犹豫。第一口就让我舌尖发麻，满口渣滓，但我还是仰头一饮而尽，顿时满嘴发麻。仪式后，村民对我说"你喜欢我们的Kava"，大概是因为我脸上表情还算轻松。其实，我连移动舌头和说话都有些困难。不知这Kava到底是什么，参加过多少次庆典，我仍无法喜欢这个味道，但为了表示尊重对方，我却真的可以做到轻松自如。

"他代表世界，我代表中国"

丈夫在国际组织工作，为祖国赢得荣誉。为使他安心工作，我承担了所有的家庭琐事。有时请当地政府官员、各国大使馆的官员来家做客，晚餐多达二三十人。在马尼拉，我每年邀请在那里的中国留学生到家里做客，让远离祖国的年轻人感受家的温暖。

我加入外交使团夫人小组做公益活动，自己动手做圣诞节装饰品搞义卖，帮助孤寡老人和孤儿院的孩子们，买文具用品送给学校的贫困学生。

我参加当地国际妇女组织举办的外交使团夫人的聚会、当地学校的聚会，请外国朋友到家里小坐，品尝中国菜、中国茶，学习包饺子、包包子，介绍中国服饰、中国美食、中国文化，在无形之中传播着中国的声音。

身在海外，心系祖国

生活在海外，我更加从内心为祖国的飞速发展感到自豪和光荣。2008年举办奥运会，2009年的国庆60周年庆典，令世界刮目相看。在斐济不能从电视报纸上及时全面地得到奥运会的消息。奥运会开幕前，我在国际学校办北京奥运图片展，介绍北京奥运理念、奥运会会徽、奥运吉祥物。奥运结束后，我买回开幕式光盘和纪念品送给朋友们，和大家分享中国的强大，分享我心中的骄傲。

出门在外，民族自尊心比任何时候都强，会尽自己所能维护国家荣誉。我儿子1991年就读马尼拉国际学校。学校有重大活动时，都要悬挂每个在校学生国家的国旗，却找不到中国国旗。在中国大使馆的支持下，中国国旗终于在活动开始前冉冉升起。虽然这只是国际学校的仪式，但我把它当作一种责任，因为国旗代表着祖国的荣誉。

漂泊在外20年的游子，就要回到祖国的怀抱，重新回到亲人身边，有激动，有欣喜，也有对20年海外岁月的留恋与不舍。20年来，我无愧祖国的信任，无愧父母的教诲，无愧丈夫的关爱，无愧朋友的情谊！

到国外生活工作，职员与家属之间、职员与职员之间的相互关心、相互帮助显得非常重要。联合国中国书会是中国籍职员的一个民间友好组织，是以文化维系、联络同胞感情的纽带之一。书会得到联合国和我国驻外机构的支持、赞助，购买、募集了大量图书音像制品，给职员以中国文化的享受。早年书会组织国际职员外出活动，受到大家的欢迎。书会和有关方面合作，组织中国绘画、艺术展览，邀请国内有关人士参加。国际职员为了子女的国学教育，成立中文学校，孩子们白天到当地学校就读，晚上到中文学校学习。作为家长，国际职员也得到了沟通交流的机会。孩子们上课，家长们则一起打球，既锻炼了身体，又增进了友谊。中国职员和家属还参加联合国或当地组织的义卖活动，促进与各国人民的相互了解。每当新同事到来或老同事退休，我们总要组织中国的国际职员连同家属一起聚会，联络感情、相互鼓励。世界卫生组织的中国同事虽然在不同部门工作，但是大家在生活上、事业上、精神上互助互勉，形成了一个温暖的集体。

思考题

1. 怎样适应国际组织的跨文化氛围？
2. 国外的人际关系与国内有何不同？
3. 和外国人沟通应掌握什么技巧？
4. 国际公务员应怎样对待外语学习？

第五章

国际职员怎样“升上去”

俗话说：人往高处走，水往低处流。企盼职务晋升，乃人之常情。任何有上进心的人，都会追求个人事业的进步与发展。国际职员追求职业生涯完满同样是必然、必要、必需的。在国际组织中，怎样才能争取“升上去”呢？

第一节　晋升的各种可能性

联合国认为，发展职业生涯的动力是员工本人，进步快慢、进步大小关键在于主观努力的程度。联合国肯定职员的上进心、进取心、事业心，认为支持职员的发展是联合国做好工作的重要条件，并且为联合国职员规划、发展他们的职业生涯提供必要条件。例如，联合国为其职员组织举办了 20 多种职业讲习班（career workshops）、一对一的高级职业咨询（one-on-one career consultations with senior career counselors）、联合国职工配偶信息会（information sessions for spouses of UN staff）、职业开发在线课程（online courses on career development）等。世界卫生组织也为职员举办各种各样的讲习班、培训班、讲座会、报告会，内容涉及外语进修、外文写作、沟通技巧、IT 知识、网络应用等。世界卫生组织聘请外部专业机构指导人员，培训形式多样、气氛活跃，不同部门的学员相互交流，不仅学到了知识，而且广泛结交新友、扩大了交际范围，对密切部门之间的合作不无裨益。除此之外，还经常举办各类工作午餐（working lunch），请参加国际会议的世界顶级专家做报告，为员工及时了解国际最新动态提供方便。总而言之，国际组织的学习机会很多，有助于国际职员水平能力的提升，关键是职员个人能否充分利用这些有利条件。

联合国及其所属各部门、联合国各专门机构，对晋升有一套规定。国际公务员队伍由不同类别（category）的人员构成。每个类别内又分为不同级别（grade），随着类别、级别的提高，责任和要求也不断提高。前面已经介绍，按照职务类别，国际职员可以分为三类，可以逐级晋升。

从广义上讲，国际公务员的晋升有以下几种情况：

晋阶（step increase）是指各类职员在各自的类别之内和本人级别之内的工资提升。实际上，这并不是真正意义上的晋升，而是职员的正常晋阶（一档是一个step）。职员的工作表现符合要求，没出现重大问题，工资每年可以提升一档。表1－10是联合国公布的2023年1月生效的最新工资标准。从表中可以看到，每个级别的档次数量不同。如D1以下（含P5－P1）有13档，D2有10档，工作表现合格则每年提高一档。但是，表中阴影部分指每两年提高一档（D2从第2年起，D1从第5年起，P5从第8年起）的情况。

晋级（grade promotion）是指专业人员和一般事务类人员在各自的类别内从原来的职级晋升。在同一个类别内，职员可以凭自己的成绩、资格晋升（如P3晋升P4，P4晋升P5，或G4晋升G5）。司局领导则指从原来的D1职级晋级到D2。

晋升（promotion to higher category）是指跨类别晋升，例如从一般事务类人员类别晋升到专业人员类别，从专业人员类别晋升为司级人员类别，从司级人员类别晋升到不叙级的高级官员类别。

第二节　普通晋升靠能力业绩

不论晋阶、晋级还是晋升，主要靠工作表现好、业务过硬、成绩突出。如果平时表现一般、能力不强、业绩平平，即使有了更高的职位空缺，好事也不会落到你的头上。从这个意义上说，晋升没有诀窍，只有靠平时勤奋好学、勤勉工作，不断提高自己的能力、水平，取得突出的业绩。当然，也不排除偶然机遇、客观条件、人际关系等因素的作用。比如，如果国际组织不增设更高一级的职位，或者更高一级的职位没有空缺，你表现再好也无法晋升。

【案例一】

同事WQ刚到某国际组织时是P3级的临时合同人员，由于工作需要，其所在部门决定设立P4级职位，外部的应聘者没有人竞争过她，不久她晋升为P4级职位。这里的确有偶然的机遇，但最重要的是她的主观努力，包括努力建立良好的人际关系。她说：“原以为‘走后门’纯粹属某国特色，后来渐渐改变看法，看到在西方有时候在某些事情上也同样受制、受益于人际关系，特别是地位高、影响大的人，对其他职员的发展影响很大。”她从互利的角度，努力与有关人士保持着良好联系与互信，包括其他兄弟国际组织的官员、主要捐款大国官员、有影响的国家（如美国等国）的官员等。她说：“人毕竟是人，国际组织也有‘东方化的西方文化’（easternized western culture）。”

国际职员的晋级、晋升统称 promotion，晋升实际有两种情况：一是对职员本人岗位重新分类（reclassification），即把原岗位级别提升；二是重新分配（reassignment），即从原有岗位分配到其他岗位。重新分类的条件是，在该岗位工作的职员要具备必要的资历（necessary qualification）和令人满意的表现（satisfactory performance）。重新分类如果涉及从一般事务类职位升到专业人员职位，或者在同类别内晋升一个以上级别（如从 P2 晋升到 P4）的岗位，那么这个职位需要对所有职员公布，大家通过竞争上岗。对于 G 级升 P 级的职员来说，他们还必须和业务官员一样，接受总干事安排的在全球任何岗位的工作。

【案例二】

前面提及的 WQ，她不久又进一步晋升至 P5 级岗位，这次晋升则更是她本人努力争取来的。当时，正值禽流感暴发，她从事相关工作，她所在部门的工作受到世界关注。由于单位人手不足，她的工作量急剧增加，任务超出原岗位的职责范围。她向领导提出：“我是 P4 级别但从事着 P5 级别的工作，应当对岗位进行重新分类。”这实际上是正式提出的晋升要求。WQ 的请求是从 P4 级晋升至 P5 级，因此是否晋升只要看其本人是否具备必要资历、表现是否令人满意。经其所在技术部门领导同意，报告人事部门进行审核后，最终得到批准。

我国有些国际职员，原本资历和素质都更适合于高级职位，但是由于安排推荐的时候没有理想的高级职务，于是国内决定先将其安排在其他岗位，等待时机成熟再转升高级职务。例如，某部为向国际组织推送更多人员，曾在全国选拔后备人员，由于没有合适的岗位，于是先送几位到该组织的中文组做翻译（那时中文翻译人员的聘用，主要取决于中国的推荐）。原打算让他们先在内部熟悉情况，有机会时再跳槽到业务部门。但事实证明，到语文部门工作后，转业务部门的可能性几乎为零。同样，某部曾考虑把一位资历老、水平高的领导干部推荐到某高级职位任职，但由于该职位未能按预计时间空缺，所以让其先做 P5 级别岗位的工作。后来，时过境迁，该同志再没有机会晋升到原拟推荐的岗位。这些事例说明，不是我们推荐的人员资历、素质差，不是他们不具备晋升的条件，而是国内对国际组织的情况掌握不够，推荐的时机存在一些问题。

【案例三】

我的同事 GQ 毕业于国内著名大学，在国内担任过某部外事司国际处处长，工作认真负责，经验丰富。

他到国际组织之时，适合他的只有一个英国人退休后的空位，接替他的工作是当时的唯一时机。到任后他即接任会议计划与协调主管，级别为 P3。随着时间的推移，他的工作责任逐渐增加，工作范围不断扩大，工作量也急剧增多。他要负责挑选、聘用同声传译人员，安排、指导他们为会议提供联合国六种官方语言的翻译服务。此外，他还负责安排各种会议，并负责招聘所需笔译、打字、速记、声响技术、会场服务等临时人员，每年达数千次。

这些都是严峻的挑战，同时也为晋升带来了机遇。然而，要迅速提高级别绝非易事，要由人事部门、单位领导、职员代表第三方组成的专门小组进行多方了解、反复审核，最后才能重新调整职务级别。他积极努力，勤奋工作，获得多方好评及领导的肯定。他由P3晋升到P4，经历了数年奋斗。他的体会是，获得机遇不容易，有了机遇，要抓住它，更需要为之付出艰辛的努力。

以上案例的经验值得借鉴，尤其是即将或日后打算进入国际组织的后来人，在申报的时候要注意时机，尽量避免入职的起点过低。

【案例四】

同事ZF，1965年起在中国国际贸易促进委员会工作，先后在瑞士、美国进修知识产权法，在国内外发表过知识产权领域的大量文章，在中国国际贸易促进委员会历任专利代理部副部长、部长，曾任中国专利代理（香港）有限公司副总经理、总经理。

他曾应邀临时到世界知识产权组织工作。国际组织对他的能力、水平深为欣赏，打算聘用为正式职员，国内没有同意。五年之后，他于1992年再次来到日内瓦，正式成为国际组织高级职员。他从D1的司长岗位做起，工作上取得令人满意的进展。他负责专利合作条约工作，主要管理发展中国家的国际专利申请事宜，该国际组织为此专门成立发展中国家专利合作司，为发展中国家更有效地利用专利合作制度，为推动中国、印度、墨西哥、埃及、南非等几十个发展中国家的加入做出了很大贡献，他的级别也从D1晋升到D2。

【案例五】

原国内某部门副处长LJ，于1995年竞聘担任世界知识产权组织语言司P4级中文译审。2002年被任命为语言司中文翻译科科长，晋升为P5级官员。2011年语言司司长退休，2012年起由语言司几位P5级官员轮流代行司长职责。一年半后，该组织面向全球公开招聘司长。由于他的工作成绩，尤其在代行司长期间的出色表现，经过评定中心的评定以及遴选委员会面试和评审，最终从众多的竞争者中胜出，2013年9月被正式任命为其所在专门机构的语言司司长，成为联合国系统所有机构中第一位同时负责口译和笔译工作的中国职员。

此外，还有一种情况不属于加入国际组织之后的晋级，而是在接受国际组织聘用合同前就直接提出申请提高档次。

【案例六】

某部外事局副局长JC受聘到国际劳工组织，他所任职的岗位是高级业务官员P5的职位。在和国际组织人事部门负责人交换意见时，对方主动表示，鉴于其国内工作履历和职位，建议不要从P5的最低档次（step 1）做起。后来，他正式申请P5的step 7。但是，他报到时人事部门相关官员调离，最终只同意他从P5的第五档即step 5开始（相当于在国际组织工作过五年）。据介绍，后来国内又有两位局级人员应聘，他们吸取了JC的经验，都成功申请从P5的step 10做起，等于提前了10年。国内资深官员应聘到国际组织，争取从高起点做起，对他们日后进一步发展无疑会起到较好的作用。

从G类晋升到P类，是跨类别的晋升，比起在同一类别内的晋级来说，更为困难。例如，世界卫生组织对G类职员只要求中等学历。有的G类职员，在工作中参加继续教育获得高等学历，成功晋升为业务官员。

从P类到D类乃至更高级别，会受到有关规定的限制，比起前几种情况，更为困难。下面介绍一位同事从P4晋升到D1的案例。从中可以看到，晋升需要过硬的业务基础，同时更需要在国际组织打开局面、做出成绩。

【案例七】

同事CK曾到农村插队落户五年，后来报考医学院并攻读中医学院研究生。毕业后，留校任教，曾应邀到瑞典、芬兰、挪威、美国等国用英语讲授针灸、中医和中药知识。

1990年，他被选拔推荐给国际组织，任医官（P4）。没有任何经验可以借鉴，完全靠自己摸索。他刻苦学习、努力拼搏，迅速提高自己的组织协调能力、技术管理水平、外交工作才能、媒体沟通技巧。2000年晋升至P5。2003年，被任命为驻太平洋岛国首席代表，负责15个太平洋岛国的工作，晋升为P6。2010年9月，他又被任命为技术支援司的首任司长，成为司长级（D1）官员，负责对20多个国家办事处的业务工作进行管理。他的体会是：第一，在国际组织工作，一定要做好交给你的每一件工作，不能给中国人丢脸。第二，要懂得知足，不做“怨妇”，他在P4的岗位上干了10年，对名利、待遇，从来没有抱怨过。勤奋工作、勤勉奉献，不问收获，只管耕耘。正因为如此，他后来一路晋升，成为国际职员中的佼佼者之一。

他在国际组织和有关会员国近20年的工作，得到了有关国家的肯定和称赞，有的国家卫生部长代表其国家政府致辞感谢，有的国家总统为他签署感谢状，甚至有的国家议会通过决议，对他的贡献予以表彰。

【案例八】

笔者在世界卫生组织工作近14年，最后被提升为世界卫生组织伙伴关系与联合国改革项目协调员（coordinator）。世界卫生组织活动经费50%以上来自各国政府的自愿捐款。我所在的对外关系司，负责筹集预算外资金，是世界卫生组织最重要的部门之一。我负责英国等几个捐款大国，筹款数额占该司全部集资额的1/3，工作受到了领导和各个业务部门的肯定以及捐款国的认同。2003年，总干事决定，今后凡到世界卫生组织总部来访的高级代表团（政府副部长以上、议会副议长以上）均由我负责归口协调管理，并且亲自发电子邮件通知世卫组织全球 8 000 多位职员。

从上述几个案例可以看到，国际职员若想级别和职务能够“升上去”，既需要有学历、资历、能力作为基础，也需要在国际组织做出扎实的业绩。一个人在任何时候、任何条件下都要做好自己的本职工作，做出成绩，中国人绝不比外国人水平低、能力差。在国外，中国人要为祖国争气，这同时是在国际组织站住脚的基础、升上去的条件。

【案例九】

同事 TR 毕业于国内名牌医科大学，担任过某大医院最年轻的副院长，先后去加拿大和美国进修。他在国家机关担任处长三年，1995 年被推荐到世界卫生组织西太平洋地区办事处，从 P5 级别的临时技术顾问做起，先后在萨摩亚、美属萨摩亚、库克群岛、纽埃（新）、托克劳五国，以及马来西亚、新加坡、文莱等国做常驻代表，2009 年晋升为司长。他写过一篇短文，如实反映了在国外拼搏的经历：

工作初期，我对国际组织的情况不熟悉，各项政策、管理制度、操作程序、制度规范都要从头学起，早上六点半到办公室，晚上六点半才回家。最初的六年时间里，70%的周末要拿出一整天来加班。国际组织的默认规则是，凡能受聘的官员都被认定为具有经验，可以胜任工作。其实，好几位中国同事都感到，没有一两年的时间熟悉情况不可能胜任工作。当时没人能帮忙，唯一可以请教的人就是秘书，必须小心处理好和秘书的关系。工作的压力之下，四个月后，我的心脏出了问题。我不敢告诉别人，不敢请假休息，担心如果真有“心脏病”，转为正式官员的可能性会微乎其微，于是只能自己服用控制症状的药物。

在马尼拉的头六年，我夫人的国内工作离不开她，我只身在外过着单身汉的生活。每当忙碌一天拖着疲惫的身体踏入家门时，我都幻想有夫人轻柔的问候和微笑。可是没人在等我，没有人和我说话。其实，很多国际职员都面对同样的问题，他们的离婚率、分居率似乎很高。他们的配偶不愿放弃自己的事业和工作，不愿离开熟悉的城市远赴异国他乡。

第一次被任命为驻国家代表时，我有些犹豫不决：这个国家位于浩瀚的南太平洋中央，是距离西太平洋地区最远的国家办事处，真可谓天涯海角。可是，作为国际职员，我做出过服从分配的承诺。我想，在过去的百年沧桑中，多少中国人漂泊远行，海外留学、经商打工。现在，中国成长为世界大国，国人为什么就不能更加关注蓝色的海洋，更加寄情于大海对面那更为广阔深远的空间呢？有远见和勇气的中国人为什么不能给非洲、大洋洲等更多的关注，并在那里有更多作为呢？

在国际组织工作，并不像人们想象的那样平稳、舒适、安逸。我还经历了一次次的挑战和历练。一次去越南，我发烧 39℃，头痛、无力、出汗，高烧不退。我坚持完成任务，拖着疲惫的身心回到马尼拉。高烧反复，持续了两个多月，转氨酶升高，疑似急性肝炎。当时没有特效治疗方法，最好是休息，可司长说“如果你请病假，没人代替你”。作为中国人，我不愿意耽误我负责的工作，更不愿意给中国人丢脸，于是带病坚持了两个月。

我把全部身心都献给了世界卫生组织。它为贫困国家的百姓带来关爱关怀，救死扶伤，是一个无我的境界：随缘不执着，解脱不企求，人情冷暖不动其心，匮乏贫困不挫其志，疾病羸弱不伤其情，心中本无所求，纵有所得，也是多余之福。有机会服务于这个誉满全球的国际机构，是我的命运和幸运。

上述几位同事从 P 类职位晋升到 D 类职位，已属不易，从 P 类擢升到高级官员，机会更少。笔者在国际电信联盟的朋友 HL 刚入职时只是低级专业官员，后三次晋升到享受外交待遇的 P5，并且经过竞选，进入该组织的核心领导层。他谈到自己的晋升，说得颇有哲理意味：

其实，所有能到联合国工作的中国人都是有一定实力并碰上了一定机遇的。我也没有太多特别之处。如果说有，也就是多了一两个机遇。说我语言好，但在联合国里，我肯定不如那些学语言的，也不一定比其他非语言工作者强。谈到个人努力，那肯定是必要的，不努力就不会有今天。“莫等闲，白了少年头，空悲切”的警句一直牢记在心，“勤能补拙、笨鸟先飞”的格言一直是自我鞭策的动力。要说早就有宏伟目标，想当什么官，那是没有的事。不过“别人能干的，我也能干，甚至可以干得更好”，这也不是才有的想法。反过来也一样，我在某个位置上干出了一点成绩，换个人也能干好，因此没有必要沾沾自喜。真诚待人，“弱者面前不强，强者面前不弱”帮我交了不少中外朋友。与国内来的各界代表保持平等关系，尽量为他们提供方便，使我获得与他们保持接触和及时获得必要信息的机会，算是“与国内同步”“与时俱进”。很多人仍把我看成是国内工作人员，从来没人把我当作华侨。“不要问国家为我做了什么”，可以使我们在一些方面保持平常心态，“要问我为国家做了些什么”，则是我们这些人应尽的义务。

拿破仑有一句名言：“不想当将军的士兵不是好士兵”。HL 当“士兵”的时候，没有想过当“将军”。但是，他确实是一名“好士兵”。其实，联合国和联合国专门机构的若干位一把手，都是从普通职员做起，通过自己的长期艰苦奋斗、不懈努力，遇到适当的时机脱颖而出的。他们做“士兵”时未必就想过当“将军”，但是，他们做“士兵”的时候都是好士兵，都是有抱负、有理想、有作为的好士兵。他们成为国际组织最高负责人的实例发人深省。

【案例十】

科菲·安南是联合国第一位来自南部非洲的秘书长，也是联合国迄今唯一从联合国秘书处国际职员中产生的秘书长。安南 1938 年生于加纳的库马西市，就读于库马西理工大学，1961 年毕业获国民经济学学士学位，23 岁到日内瓦大学国际高等研究生院深造。1962年学习结束，到世界卫生组织工作，这是他迈入国际公务员生涯的第一步。最开始，他拿到的是一份短期合同，做预算干事，是最低的P1级别。最初他只是打算在国外短期逗留，想干个两三年就回非洲老家做别的事情。后来，他发现自己喜欢国际组织，喜欢“全世界的人都住在同一个屋檐下”的那种氛围。在后来40多年的联合国生涯之中，他经历了从最底层到最高层的各个级别的工作。1965年，安南赴联合国非洲经济委员会工作，举家迁居埃塞俄比亚；1968年，他被派到联合国纽约总部进修，成为人事部门临时负责人并在不久后转正；为了弥补知识的不足，他到美国麻省理工学院充电，研读管理课程并获得管理学硕士学位；1974年，中东“十月战争”后，他担任联合国驻开罗紧急部队民事长官；1976年，他重返联合国总部，先后担任人事和财政部门的领导；1986年，升任联合国助理秘书长，负责人事部门的工作；1990年，海湾战争爆发后，他同伊拉克就释放联合国人质的问题谈判，又率领联合国小组同伊拉克进行“石油换食品”谈判；1993年，出任联合国副秘书长负责维和行动，曾作为秘书长特使赴北约协调处理南斯拉夫问题。经历36年磨炼，于1997年当选联合国秘书长。

安南的同事和熟悉他的人对他评价极高。《安南传》2010年中文版引述100多位名人的评论，包括南非前总统纳尔逊·曼德拉、法国前总统雅克·希拉克、英国前首相托尼·布莱尔、美国前国务卿科林·鲍威尔、俄罗斯外长谢尔盖·拉夫罗夫等，以及联合国近百位安南的同事。这些评论说安南成绩卓著、令人敬仰：在工作当中他积极作为、高度负责、兢兢业业、一丝不苟、精力充沛、竭尽全力；在困难面前他睿智冷静、镇定从容、勇敢无畏、关键时刻挺身而出；在传媒面前他性格开朗、善于沟通、对应媒体游刃有余；在特殊国际氛围里，他以其丰富的经验、无穷的智慧，始终保持国际公务员应有的独立性和他特有的建设性，他的诚信使得“历届秘书长望尘莫及”。他“用异乎寻常的能力激发了跨越国界的集体感，代表了全人类的共同利益，而不是将这一利益与各国家利益区别对待”。中国外交部原部长李肇星说：安南“平易近人而直言不讳、满腔热情却沉着冷静、温柔平和却坚定不移。他热爱人民并把一生最好的时光献给了联合国这个最大的政府间组织，献给了人类和平与发展这一崇高事业。他因此为自己的祖国和整个非洲赢得了尊重”，“他拥护联合国的防御性外交，为实现和平奔走呼喊。他提出了新‘千年发展目标’，向贫穷、疾病和教育匮乏宣战。他的希望就是让每个人都有尊严地活着。他不遗余力，使人权成为联合国的又一根支柱，他拥护倡导不同文明间的相互尊重与和谐共存。他积极投身改革，在应对国际挑战这一问题上，他为联合国这一组织注入新的动力。特别是，他敦促国际社会解决非洲人民之需，帮助缔造了联合国和非洲之间的伙伴关系。联合国和整个世界所取得的进步来之不易，而科菲功不可没”。

机缘：安南当选联合国秘书长，自然靠他的能力和经历，不过也有机遇的因素。这里有一段故事，涉及他的前任秘书长加利先生。加利是埃及人，长期活跃在外交舞台上，具有丰富的政治、外交经验。1991 年 12 月，他已年近古稀，以埃及副总理兼外交部长的身份当选联合国第一位来自非洲的秘书长。加利的当选，被认为是非洲和阿拉伯国家乃至第三世界的光荣。加利为人耿直，忠实履行《国际公务员行为标准》，他说：为维护秘书长职位的独立性，“不惜同任何反对我履行全体会员国赋予我的职责的国家相抗衡，不管它是大国还是小国”。他效忠国际组织，无所畏惧，却因为“不听话”而得罪了美国。1996 年，五年任期将满，《纽约时报》披露：如果加利谋求连任，美国将使用否决权。果然，美国不顾安理会多数会员国的意见，连续动用否决权，迫使加利宣布退出竞选。由于加利没能连任，所以他的继任者须从其代表的非洲选出，这为安南提供了绝佳机遇。实际上，安南在这个过程中始终保持低调，他表示支持加利连任，从未参加竞选。尽管如此，还是有人把对加利遭遇的同情、对美国专横的憎恶，统统转移到安南头上，指责他是“美国化的维和行动部长”。在接下来的意向性投票中，法国对美国提名安南多次否决，事态陷入僵局。1996 年 12 月 13 日，安理会举行关键性投票，法国最后放弃否决权，安南当选。

启示：美国哥伦比亚大学爱德华·卢卡教授曾任联合国协会会长，他评论说：安南始终“在合适的时间到达合适的位置”，“巧妙地利用了每一次提升的机会，而不是仅仅想以某种方式突出自己”。芬兰前总统、诺贝尔和平奖得主马尔蒂·阿赫蒂萨里认为安南“是一个在机遇面前能够充分展现自己才华的人”。法国总统萨科齐的外交顾问、前法国驻美国大使让-戴维·莱维特说，在安南当选的时候，人人都说，现在联合国有秘书长了，这正是美国想要的①。可是“他比任何人都深谙联合国的体制……他代表着联合国的良知，他就是联合国的化身，从他身上，我们看到联合国应该说什么，应该想什么，应该成就什么”。作为秘书长，安南始终保持着秘书长应有的独立性。诺贝尔和平奖得主、联合国前副秘书长布莱恩·厄库哈特爵士指出，秘书长接触的是最为重要的国际事务，但他取得积极成果的能力很大程度上取决于 193 个成员政府对他的信心和信任。如果他想维持这种信任，同时又能与那些政府进行接触以便处理棘手问题，那他就不能像某些政府一样，在公开场合恣意发表直接和批判性的陈述。在美国单方面发动对伊拉克的战争时，安南公开表示反对，面对国际媒体批评这是“非法”行动，与布什总统领导的美国政府关系紧张。做到这一点实在难能可贵：秘书长不是“世界政府”的首脑，没有立法权力，没有军事力量，没有宽裕预算。诚如《安南传》所说，安南在十年任期中“雄心勃勃、涉足广泛”，他的成功得益于“冷战结束后较为宽松的国际环境”，以及他本人的“良好外交素质和人格魅力”。安南“谦恭的外表、无声的尊严、内在的坚忍”，给人们留下了深刻印象。从这位成功的国际公务员身上，我们的确可以学到很多。

安南 23 岁从世界卫生组织的最低级别职位起步，59 岁做到联合国最高首长，

---

① 指安南是美国提名人选。

是国际公务员第一人，他的故事带有传奇色彩。有一次，他到日内瓦参加国际会议，专门来到世界卫生组织看望那里的同事。他把世界卫生组织当成娘家，发表真挚的讲话。笔者作为世界卫生组织职员，为有安南这样的同事感到荣幸。其实，世界卫生组织的历史上有三位老人，他们也都是从普通职员做起，最后当选为世界卫生组织总干事的。

【案例十一】

哈夫丹·马勒，1923年生于丹麦，1951年加入世界卫生组织，作为普通职员在印度从事结核病防治工作近10年；1962年调到日内瓦总部；1969年被任命为系统分析司司长；1970年，被任命为助理总干事继续负责系统分析规划；1973年在其前任的提携下，当选为世界卫生组织第三任总干事。他积极倡导把卫生工作的重点放到发展中国家，1978年，在阿拉木图召开的第32届世界卫生大会提出“2000年人人享有卫生保健”的战略口号。他连任3届，任期长达15年之久，1988年退休，于2016年12月14日逝世，享年93岁。

背景：马勒是个理想主义者，博学多才、著述颇丰、为人坦诚、受人尊重，当选得到其前任的大力提携。

2007年11月，卫生部和世界卫生组织在我国联合举办中国农村初级卫生保健发展国际研讨会。马勒出席并发表题为《初级卫生保健的未来及其挑战》的演讲，被誉为初级卫生保健的创始人。马勒说，大多数发展中国家80%以上的卫生预算用于维持发展城市医院，而许多农村地区初级卫生保健严重缺失，90%的医疗研究只关心不足5%的人口，这种情况必须改变。他重提阿拉木图世界卫生大会，说那是世界卫生组织成立以来最具决定性的会议。阿拉木图会议气氛是神圣的，不是宗教意义上的神圣，而是人们想要完成一项伟大事业的神圣。那是思想领域内的一次真正的革命。人人享有卫生保健是一个价值体系，初级卫生保健则是战略内容，两者相辅相成。《阿拉木图宣言》远远超出所有国家政府、非政府组织和个人的期望，卫生保健从未获得过如此重要的地位。针对“人人享有卫生保健”的乌托邦式的目标，马勒说：“现在比以往任何时候都更迫切地需要初级卫生保健。当初提出‘2000年人人享有卫生保健’的口号时，目标并不是要到2000年根除所有疾病，我们知道那是不可能的。我们的目标是使世界关注卫生方面的不公平现象，并力图达到在世界各地公平分布的可接受的健康水平。”

对于世界卫生组织如何振兴初级卫生保健事业，马勒肯定了世界卫生组织现在正在进行的一项非常重要的工作。他说：“这项工作直接涉及世界卫生组织关于健康的精彩定义：健康不仅为疾病或羸弱之消除，而系体格、精神与社会之完全健康状态。我大力支持世界卫生组织总干事陈冯富珍，认为她特别有勇气，能够与成员讨论如何重振初级卫生保健。”其实，马勒所提到的问题，正是我国目前依然面临的问题。温家宝总理在2011年的《政府工作报告》中再次阐述这个问题，并将其列为“十二五”发展规划纲要的主要问题之一。

【案例十二】

中岛宏，1928 年 5 月 16 日出生于日本千叶县，获日本东京医科大学医学博士学位，后留学法国；1974 年加入世界卫生组织；1976 年成为世界卫生组织药物政策与管理部门负责人，对“基本药物”概念的提出及完善起了重要作用；1978 年，当选为世界卫生组织西太平洋地区办事处主任，连任两届；1988 年，当选为世界卫生组织总干事；1993 年竞选连任 5 年；1998 年满 70 岁退休。

背景：1988 年，总干事换届选举，参加竞选的候选人主要是当时世界卫生组织的几位地区办事处主任，包括非洲地区、美洲地区、东地中海地区、西太平洋地区等地的办事处主任。中岛宏参加竞选，他的当选除了他本人的学识之外，与其国家政府的力挺也是分不开的。日本外务省官员出面做有关国家工作，寻求包括中国在内的广泛支持。1993 年中岛宏争取连任总干事，不同的国家对此存在一些意见分歧。在他任期内，世界卫生组织艾滋病规划主任乔纳森·曼（美国籍）与总干事发生冲突辞职，这件事对世界卫生组织产生了较大影响。某些西方国家以世界卫生组织管理混乱为由反对中岛宏连任；大部分发展中国家认为尽管存在某些问题，但不应小题大做，对世界卫生组织对发展中国家的帮助应予以充分肯定。

中岛宏对我国很友好，在担任世界卫生组织地区办事处主任和总干事期间曾多次来华。从世界卫生组织退休后，他多次访问我国。安排我国推荐的人员在任职前到国外进修学习，接受我国医生到传统医学项目部门担任业务官员，提名我国人员到发达国家职员“一统天下”的资源动员部门任职，任命我国助理总干事、代理副总干事等，都是他在任期内所做的努力。

2007 年，世界针灸学会联合会成立 20 周年，已是八旬老人的中岛宏作为世界卫生组织名誉总干事，向大会表示热情祝贺，说道：“近年来针灸作为现代医学不可缺少的部分在世界范围内获得了认可，而推动这一全球性运动的最重要举措就是 20 年前针灸学者们联合发起并创办了世界针灸学会联合会。我非常荣幸地参加了世界针灸学会联合会成立前期的筹备工作，并和已故的坂本教授、现在的王雪苔教授等同事，还有部分西方人士，共同在北京召开了筹委会第一次会议。在我担任世界卫生组织总干事后，希望世界针灸学会联合会和世界卫生组织能建立正式的关系。我很高兴这种期望已经实现，双方关系不断加深，尤其是针灸教育和针灸研究成果在世界范围内，无论是发展中国家还是发达国家均得以迅速传播与应用，没有任何歧视。在世界卫生组织推行的‘2000 年人人享有卫生保健’这一活动中，针灸疗法成为不可或缺的一项医疗方法。”

【案例十三】

李钟郁，1945 年生于韩国，毕业于韩国首尔大学医学院，获美国夏威夷大学公共卫生医学硕士学位，是结核病防治专家，也是首位担任联合国专门机构首长的韩国人。1981 年，在美属萨摩亚热带疾病中心任卫生官员；1983 年，到世界卫生组织地区办事处从事麻风病防治；1987 年任慢性疾病地区顾问；1990 年，担任疾病预防和控制司长；1994 年，到总部全球疫苗和免疫规划署出任主任兼儿童接种疫苗行动执行秘书。他行事低调，管理有效，被《科学美国人》誉为“疫苗接种之王”，英国著名医学杂志《柳叶刀》称赞他是“安静的雷声”。据称，某大国计划推荐他参加 1998 年世界卫生组织总干事选举，另一参选人承诺如其不参加竞选可以聘请他担任高级职务，1998 年他被任命为新任总干事顾问，后又改为没有实权的总干事特别代表，最后回到业务部门，任结核病防治规划主任。2003 年，他终于实现夙愿，当选世界卫生组织第六任总干事，任期应至 2008 年，却不幸于 2006 年 5 月因突发脑出血不治辞世。他在世界卫生组织工作 23 年，被美国《时代》杂志评为 2004 年世界最有影响力的百人之一。

背景：李钟郁当选受到韩国政府大力支持，总统府专门成立对应小组，但韩国卫生部表态迟缓。他曾告诉笔者，这和他缺乏在国内卫生部门的工作经历及“同行是冤家”的陋习有关。李钟郁称他受到美国青睐，他参加竞选时，美国 52 位议员联名分别致函美国国务卿和美国卫生部部长，要求政府支持李钟郁竞选总干事。

当时有 9 人正式参选，除韩国的李钟郁，还有莫桑比克总理（前卫生部部长、外交部部长）、比利时籍联合国艾滋病规划主任、墨西哥卫生部部长、埃及前卫生部部长、黎巴嫩旅游部部长兼代理卫生部部长、塞内加尔卫生部部长、毛里求斯部长顾问、库克群岛议员。进入面试的 5 人分别来自埃及、墨西哥、莫桑比克、比利时和韩国。世界卫生组织 32 名执委会委员有权投票。笔者当时分析选情，预测韩国、比利时的两位候选人都是资深国际组织官员，胜出的可能性大；埃及、墨西哥、莫桑比克的候选人会依次出局，票选至少 5 轮方可决出胜负。结果不出所料，第 5、6 轮投票，两人连续以 16∶16 持平，最后李钟郁以 17∶15 胜出。

作为国际公务员，他们胸怀大志、积极进取，精神可嘉。当然，“夫英雄者，胸怀大志，腹有良谋，有包藏宇宙之机，吞吐天地之志者也”（《三国演义》曹操语），这几位“一把手”的业绩和成功之路不是每个人都能仿效的，但是他们对国际组织的奉献与奋斗精神是值得学习的。

联合国文件指出，不同类别岗位之间的变动不是一件容易的事情（There are restrictions on movement between the different categories）。实际上，跨类别升转、擢升的概率很低，特别是业务官员向领导层晋升尤其如此。某些职员占有高级职位并不是竞聘上岗，而是由最高行政首长直接任命的。例如，联合国副秘书长由秘书长任命；联合国专门机构的高级官员，也是由专门机构的一把手任命；世界卫生组织助理总干事由总干事任命。这类任命多有政治背景，某些职务的人员会从某些特定国家挑选。此外，任命也受其他因素制约，包括该职位人员替换的时间点、国际组织当时的需要、国际组织一把手的价值取向、有关政府推荐的力度，而当事人本身的能力则退居相对次要的地位。诚然，国际组织的高级官员自有其高明之处、过人之处，至少理应如此，但是，其他国际职员的能力未必不及高官，只不过是未逢其时、未得先机而已。国际职员积极进取、更上一层楼的精神值得肯定，但是，更要有脚踏实地、面对现实的精神。每个人都有自己的条件、自己的机遇、自己的位置，适合自己的就是最好的，做好自己的才是最好的。急功近利、好高骛远，卒无成焉。

联合国及其专门机构都是政府间国际组织，高级官员的任命或竞选受各种政治因素的影响。中国在联合国秘书处的高级官员（如副秘书长），都是外交部以政府名义推荐，商请联合国秘书长同意后任命的。1971 年新中国恢复在联合国的合法席位，1972 年起推荐出任联合国副秘书长的人选都是资深外交官：

◇ 唐明照：1972 年至 1979 年，负责联合国政治事务、托管地及非殖民化事务。

◇ 毕季龙：1979 年至 1985 年，负责联合国技术合作与发展事务。

◇ 谢启美：1985 年至 1991 年，负责联合国技术合作与发展事务。

◇ 冀朝铸：1991 年至 1996 年，负责联合国技术合作与发展事务。

◇ 金永健：1996 年至 2001 年，负责联合国大会事务管理。

◇ 陈键：2001 年至 2007 年，负责联合国大会事务管理。

◇ 沙祖康：2007 年至 2012 年，负责联合国经济和社会事务。

◇ 吴红波：2012 年至 2017 年，负责联合国经济和社会事务。

◇ 刘振民：2017 年至 2022 年，负责联合国经济和社会事务。

◇ 李军华：2022 年 7 月上任，负责联合国经济和社会事务。

第三节　要职竞选需国家支持

近年来，随着国内和国际形势的发展，更多的中国人走上联合国及其专门机构等国际组织的领导岗位（参阅本书附录一）。他们有的在国内有关部门担任过一定的领导职务，由政府推荐直接参加竞选；有的已在国际组织工作，得到政府支持参加竞选；也有的是未经政府举荐而被国际组织任命为高级职员。这些人从世界各国众多候选人中成功胜出，离不开个人的努力、水平能力、成绩业绩，而中国政府的大力支持，也是他们最终当选所必不可少的重要条件。

【案例一】

2006 年，陈冯富珍当选世界卫生组织总干事，这是联合国成立 60 多年来，中国人在联合国专门机构第一次担任最高职位，也是担任国际组织一把手的第一位中国妇女。坐上这第一把交椅，不是一件容易的事。它不是某个中国人的事情，而是中国政府的作为。

陈冯富珍原为香港卫生署署长，2003 年世界卫生组织总干事换届，新任总干事李钟郁组织班底时拟聘她为助理总干事，由于各种原因未果而任命其为司长，一年后仍被委以助理总干事的重任。李钟郁 2003 年 7 月 21 日正式就任，却不幸于 2006 年 5 月 22 日因脑出血不治病逝。半年后，世界卫生组织决定召开临时大会选举总干事，科威特、墨西哥、冰岛、缅甸、叙利亚、法国、莫桑比克、日本、厄瓜多尔、芬兰、西班牙、土耳其等十几个国家推荐候选人参选，包括厄瓜多尔总统、莫桑比克总理、墨西哥卫生部部长、西班牙卫生部部长、法国前卫生部部长、世界卫生组织西太平洋地区办事处主任等。选举过程中，各方激烈博弈，拉票竞争。11 月 7 日，最后五人到世界卫生组织执委会接受面试。她的四位竞争对手，不论资历、实力都不可低估，他们是世界卫生组织亚太地区办事处主任尾身茂（日本）、墨西哥卫生部部长佛伦克、科威特资深国际组织官员贝比哈尼、西班牙卫生部部长萨尔加多。陈冯富珍最终高票当选。2012 年 5 月，作为中国政府推荐的唯一候选人，她再次当选，已于 2017 年 6 月 30 日卸任。

背景：陈冯富珍 2003 年未能出任助理总干事，原因不宜在此探讨。她个人在香港工作期间的表现，特别是在抗击“非典”时期的表现，媒体多有报道，不再赘述。她能当选世界卫生组织总干事，离不开国家的大力支持：温家宝总理接受媒体采访时坦言支持其竞选，外交部派出得力年轻官员和她出访几十个国家“拉票”，中国驻联合国日内瓦办事处频频做各国使团的工作，副总理吴仪、国务委员唐家璇、外交部部长李肇星等以及卫生部有关领导接连会见，表达中央政府对此事的高度重视与支持。陈冯富珍当选后，美国《华尔街日报》等西方媒体一致认为，这是一项政治胜利，反映了中国外交工作的成功，是中国国际地位不断提高的标志，印证了中国在全球政治和卫生事务方面日益增强的影响力。

我国在联合国专门机构工作的国际职员竞选高级职位，近年来已不止一例。在国际电信联盟、国际民航组织、联合国粮农组织等机构，都有中国人竞选成功、成功竞选连任的事例。他们的背后同样有国家的强大影响。

【案例二】

国际电信联盟秘书长赵厚麟是其中一例。他出生于一个普通家庭，从小要求上进，做事认真。1966 年初中毕业后到农村劳动，但一直坚持学习文化知识。后来，被招收到工厂当工人，拜师学习技术，有空就读书。最后经推荐，考试进入南京邮电学院。1975 年毕业后，他被分配到郑州邮电部设计院工作至 1985 年。他负责电传、数据通信、非语声传输、电话交换、移动网络和其他方面的工作，曾作为代表参加全国专家会议，制定电信网络国家标准，参加邮电部北京—上海—杭州干线工程等国内网络重大工程规划、设计和建设，发表多篇论文，获邮电部科技进步二等奖，参加研究核试验的情况下通信的功能、作用、影响及其对策。20 世纪 70 年代末到瑞士进修，1981 年前往英国艾塞克斯大学学习，获信息通信硕士学位后又回到郑州继续工作。在基层劳动的历练、国外进修的经历，使他于1982年以中国代表身份参加国际电信联盟的标准化制定工作。1986年，他应聘到国际电信联盟的国际电报电话咨询委员会秘书局。1998年，经中国政府推荐，经过三轮角逐当选国际电信联盟标准化局局长，改变了欧洲人占据该位置百年的历史，这也是中国第一次在联合国系统成功竞选进入国际组织领导班子。他于2002年连任并于2006年当选国际电信联盟副秘书长，2010年竞选连任。他在接受媒体采访时说，国际电信联盟每4年举办一次世界电信展，他参观1979年举办的第三届大展的时候，根本没有中国展位。1987年至1999年，中国展位面积越来越大，产品越来越先进，某些设备已经能与世界先进设备相媲美。20世纪90年代中国电信事业发展迅猛，一年的装机容量比整个非洲过去30年装机容量的总和还多。90年代以来，中国和国外差距迅速缩小，中国在国际电联通信标准研究组担任研究组主席、副主席、课题报告人的不乏其数。拥有中国专利的第三代移动通信技术、互联网传输接续技术已经先后被国际电信联盟接纳，成为国际标准。他的这些话无疑说出了他竞选、连任成功的背后离不开中国电信业的迅速发展。

2014年10月，中国政府推荐赵厚麟竞选秘书长。他作为唯一的候选人，经一轮投票以152票高票当选（全部156票）。他说“当选离不开强大的祖国”。我国已成为世界第一电信大国、第一网络大国，2014年9月移动电话总数达12.7亿户，移动宽带用户超过5.25亿，网民达6.32亿；中国相关企业在世界500强的排名不断攀升，2014年中国移动从71位上升到55位，华为从315位上升到285位，并跃居全球第一大电信设备制造厂商；中国自主开发的TD-SCDMA和TD-LTE已成为世界3G、4G主要技术标准之一。这充分说明，有实力才有底气，有底气才能在世界上赢得更多话语权！

【案例三】

柳芳博士2015年3月当选国际民用航空组织秘书长，8月正式上任。她出生于1962年，先后获得南京大学法语言文学学士、武汉大学国际私法博士、荷兰莱顿大学航空及空间法硕士，自1987年起，先后在中国民用航空总局国际合作司任副处长、处长、副司长，2007年应聘进入国际民用航空组织，任该组织行政服务局局长。她这次当选，与她个人的学历、经历、努力、业绩密不可分。在国内工作时，她一直负责中国民航局的国际合作，是中国民航局双边与多边航空运输协定谈判的首席谈判代表。她的同事认为，她具有开阔的国际视野，工作认真、严谨、高效，业务能力强，善于分析问题和解决问题。她还是中国民航大学的客座教授、法学兼职硕士导师，学生称道她“干练、亲和，讲课非常严谨，开合自如”。她曾被推选为亚太经合组织航空专家组及航空服务分组主席，在人力资源、信息及通信技术、语言及出版物、会议、保安和后勤服务、国际民用航空组织大会和理事会秘书处服务以及创收业务等多方面的工作，都证明了她高效的管理能力。柳芳还担任理事会人力资源委员会秘书，并代表国际民用航空组织负责行政管理方面的所有事宜。

她的竞选，得到中国政府的提名。同时参选的还有来自阿联酋、澳大利亚和印度的三位人选。国际民航组织历任秘书长均来自欧洲、北美或中东，柳芳是国际民航组织历史上第一位亚洲籍秘书长、第一位女性秘书长、第一位中国籍秘书长。正如俄罗斯驻国际民航组织代表科尔萨科夫和中国民航局王志清副局长所说，柳芳的当选，是国际民航组织对中国人领导才能和执行能力的认可，更是对中国发展和中国民航业发展的充分肯定。柳芳当选，是中国国家实力使然。国际民航组织是联合国在民用航空领域的专门机构，现有 193 个会员国（截至 2022 年），中国是创始国之一，长期以来积极参与国际民航组织的各项工作，为国际民用航空的发展做出了积极贡献。中国积极引进国际先进经验，不断完善民用航空管理体系，推动行业的安全、有序和持续快速发展，2004 年成为全球第二大航空运输系统。

【案例四】

屈冬玉博士 2019 年 6 月当选联合国粮农组织总干事，是该组织历史上第一位中国籍总干事。屈冬玉 1963 年出生，曾任中国农业科学院副院长、宁夏回族自治区副主席、农业部副部长。屈冬玉于荷兰瓦赫宁根大学遗传育种专业毕业，研究生学历，遗传育种博士，曾经主要从事科研创新工作，专注于提高农民收入，通过科学技术减少贫困，以及建立农产品质量评估体系。他多年从事马铃薯遗传育种和生物技术研究工作，获“世界马铃薯产业杰出贡献奖”。2019 年 6 月 23 日，联合国粮农组织 194 个会员国在罗马总部召开的第 41 届大会选举新任职总干事。中国、法国和格鲁吉亚推荐各自的候选人参选，他们都在该领域有着丰富经验。美国支持格鲁吉亚前农业部部长基尔瓦利泽（Davit Kirvalidze），法国前农业部部长凯瑟琳（Catherine Geslain-Lanéelle）是欧盟的候选人，并且是该组织出现的第一位女性候选人。最终时任中国农业农村部副部长的生物学家屈冬玉在首轮投票中以 108 票胜出，任期四年，于 2019 年 8 月 1 日上任。屈冬玉的当选与中国取得的巨大成就密不可分，中国用占全球 9%的耕地和 6%的淡水资源满足了占世界 20%的人口的粮食需求，是非常了不起的成就，也是世界历史上的奇迹。

这些例子中的主角，都是国际组织的一把手，国际组织还有很多其他岗位，作用同样重要。中国人有义务、有能力、有必要去争取那些可以为国际社会做出更大贡献的岗位。遗憾的是，现在还没有做到这一点。过去，国际组织中的很多重要岗位被西方国家占有，这是历史遗留的问题。新中国成立初期，中国把联合国视为西方操纵世界的政治工具；后来观念逐步改变，视之为宣传阵地、政治讲坛；改革开放后，特别是近年来，中国作为负责任大国在国际组织的地位、作用日益提高。中国对国际组织的定位直接对国际公务员的工作产生影响。历史在发展、时代在进步，中国需要国际组织，国际组织也需要中国。中国籍国际职员在国际组织求职、任职、升职，不完全是他们个人的事情，需要国内方方面面对他们的信任、理解、支持、配合。前面引用过一位中国职员的话：不要问国家为我做了什么，这可以使我们在一些方面保持平常心态；要问我为国家做了些什么，这是我们这些国际职员应尽的义务。这句话一方面表达了国际职员的赤子之心、爱国之情，另一方面似乎也在诉说着什么。作为已退休的国际公务员，笔者真诚希望上至领导下至经办人员，特别是中层主管，都能对现在国际组织的中国职员、即将到国际组织的年轻同志给予支持与指导。支持与指导对中国的国际职员来说必不可少、弥足珍贵；而对主管部门来说则是分内之事、举手之劳。唯其如此，中国籍国际职员才能发挥更大的作用。

前面介绍的几位中国高级职员，基本是中国政府提名、通过竞争当选国际组织的一把手，或者是得到国家的支持被国际组织任命的。这里要特别介绍一位从实习生逐步走上联合国助理秘书长的中国职员，他的经历对大多数年轻人来说或许更加值得关注和学习，因为他是我国目前在联合国系统内非政府推送的级别最高的国际公务员。

【案例五】

徐浩良，生于1961年，1979年至1983年就读于同济大学土木工程学院桥梁系，毕业后在大学任教，1988年到美国进修，先后获得史蒂文斯理工学院管理科学硕士学位、哥伦比亚大学国际与公共事务学院国际政策分析与管理硕士学位。学习期间，他做过许多“听上去不那么体面”的工作，如在曼哈顿骑自行车送外卖，在新泽西开车帮人搬家，在报社输入赛马信息。1995年，在哥伦比亚大学留学时，他在联合国开发计划署找到了一个短期实习机会。15天的合同到期再续15天，后来延长到30天，再延长到3个月，通过不断续签短期合同，他在国际组织逐步站稳脚跟，最终于1999年获得一份为期两年的合同，被派到哈萨克斯坦，2007年被任命为驻哈萨克斯坦协调员。他先后任联合国开发计划署驻巴基斯坦、东帝汶、伊朗等国代表、副代表，担任联合国开发计划署欧洲和独联体局、亚太局等地区机构的领导职务。他领导开发联合国发展援助框架（2010—2015年），大力提倡“千年发展目标”作为重要的国家政策框架，并与迅速发展的经济体之间建立起有效的新的合作伙伴关系。2013年8月13日，他被联合国秘书长潘基文任命为联合国助理秘书长、联合国开发计划署助理署长兼亚太局局长。上任后，他深入各国全面了解情况，和各国领导人交换意见，与联合国开发计划署驻地工作人员交流。在过去的十几年里，他到访50多个国家。联合国发布的新闻稿对徐浩良给予高度评价，称他“多年来为联合国开发计划署提供了杰出服务，并因此在各种岗位上担任领导职务”。

徐浩良认为，过去这些年，既是个人事业发展的重要时期，也是中国国际地位不断提升的历史阶段。中国的世界地位在变化，中国在联合国的地位也在变化。中国人现在在国际组织里担任的高级职位越来越多，是中国实力增强的表现。

徐浩良看到，近年来国内求职者对国际组织的工作越来越感兴趣，但真正能到联合国工作的，人数非常有限。年轻人进步明显，能力很强，敢闯敢干；联合国需要各种专业人才，不过竞争激烈，要做好思想准备。想获得成功或者是实现理想，最重要的是努力。他说“小时候常常在上海家中的天井仰望天空，想象跟随掠过眼前的飞机去往远方”。从小到大，他都是好学生，在校期间长期担任学生会主席；在美国学习期间，骑着自行车送外卖穿梭在曼哈顿的高楼大厦的时候，他默默对自己说有一天也要住在这样的大楼里。他原是学工程的，在美国也做了很多不同的实习，但觉得工程专业不太适合自己，想做一些不一样的事情，所以一直在追求这个目标。进入联合国之前，他对国际组织了解不多，读管理和国际关系的研究生之前，对联合国仅仅是单纯的敬仰。然而，他从实习生做起，通过坚持不懈的努力和顽强拼搏，终于在联合国找到了属于自己的天地，实现了自己的理想。

他根据自己的感悟，对有志于做国际公务员的青年提出过三条建议：一是工作一定要做到最好，要超出别人的期待；二是不能完全中国式埋头苦干，要敢于表达自己，让他人认识到自己的价值；三是要真诚尊重别人，善于与人交流，建立并经营关系网络。现在，大家在为实现中国梦奋斗。徐浩良认为“中国梦的核心是社会的公正性。中国梦的概念与联合国倡导的给每个人创造更好生活的机会以及社会和谐发展是完全一致的”。他说：“如果能够帮助更多的人实现理想，那我的理想才更有意义，才是真正意义上获得了实现。”

党的十八大以来，推送优秀人才到国际组织，进展较大。2014 年 11 月，习近平总书记在中央外事工作会议上指出：“中国与世界的关系在发生深刻变化，我国同国际社会的互联互动也已变得空前紧密，我国对世界的依靠、对国际事务的参与在不断加深，世界对我国的依靠、对我国的影响也在不断加深。”① 同时提出在新形势下不断拓展和深化外交战略布局的四项要求，包括“切实推进多边外交，推动国际体系和全球治理改革，增加我国和广大发展中国家的代表性和话语权”②。2016 年 9 月，习近平总书记提出参与全球治理的具体要求：熟悉党和国家方针政策、了解我国国情、具有全球视野、熟练运用外语、通晓国际规则、精通国际谈判。2021 年 9 月 27 日，中央人才工作会议召开，习近平总书记提出人才培养要坚持四个面向，即面向世界科技前沿、面向经济主战场、面向国家重大需求、面向人民生命健康。笔者认为，面向国家重大需求就涵盖了“加强全球治理人才队伍建设，突破人才瓶颈，做好人才储备，为我国参与全球治理提供有力人才支撑”③。国际组织人才培养任重道远，需要各方面继续努力。

---

① 习近平．习近平谈治国理政：第 2 卷．北京：外文出版社，2017：442.

② 同①444.

③ 同①450.

思考题

1. 国际公务员的职业生涯前途如何？
2. 国际公务员晋升需具备什么条件？

第六章

浅析国际组织任职

前五章重点讨论了应聘在政府间国际组织秘书处任职的国际职员，即国际公务员。本章将探讨与之不同的另一类任职，即在国际组织权力机关和执行机关任职。国际组织分为政府间国际组织和国际非政府组织，在这两类组织中任职，既有共同点也有很多不同之处，为了便于阐述，分两节讨论。

第一节　在政府间国际组织任职

目前，世界上最大也是最重要的政府间国际组织是联合国，此外有联合国专门机构、区域性政府间国际组织（如我国参加的上海合作组织）等。1971 年我国恢复联合国合法席位后，中国人最早在国际组织出任的高级职位是联合国副秘书长、联合国专门机构助理总干事级别的职位。这些职务由联合国安理会五个常任理事国每国推送一位人员来担任，他们是国际公务员，不属于本章讨论的国际组织任职。这里所讲的国际组织任职，是指国际组织权力机关（代表大会）的官员，如大会主席、副主席、报告员，以及国际组织执行机关（执行委员会或执行理事会）的官员，如执行委员会主席、副主席、报告员。

以世界卫生组织为例，我国 1972 年恢复在该组织的合法席位，在次年召开的世界卫生大会上，我国当选为“可以指派一人出任执行委员会的国家”。根据《世界卫生组织组织法》和《世界卫生大会议事规则》，我国自 1973 年开始指派一位在卫生领域有资格的人员担任执行委员，参与执委会工作。联合国其他专门机构的执行机关情况类似，只是名称不同，如有的称执行局或理事会。

随着国际形势的发展，世卫组织执委会人数从 32 人增至 34 人，任期三年（新增委员任期必要时缩短，以使世卫组织的六个地区每年每个区域至少可选出一名委员）。为体现执委会的公正性，各国政府指派的执行委员在过去相当长的时间里不代表本国政府，而以个人身份参与执委会。与联合国安理会设五个常任理事国类似，世界卫生组织执委会对中、俄、美、英、法五国也有特殊安排。这五个国家指派的执行委员任期三年，期满轮空一年再当选成为“可以指派一人出任执行委员会的国家”。自1973年以来，我国始终可以指派一人担任执委会成员，只是每三年轮空一年。执委以个人身份工作的状况持续了50多年，直至挪威前首相布伦特兰当选总干事，20世纪末才变为现在的“新常态”。1986—1994年，笔者受政府指派做过两任执委，每年参加2～3次会议。那时，在执委会发言涉及自己的国家时，执委都不说自己国家的名称，而代之以“我最熟悉的国家”（the country that I know the best）。每当执委发言提到“我最熟悉的国家”时，会场总是发出一片笑声。其实，国际组织既是各国之间的沟通渠道、合作平台，也是不同势力之间的角力场所、博弈擂台。不论以所谓个人身份，还是名正言顺地代表本国，执委实际都在维护各自国家的利益，但必须同时兼顾国际社会的整体利益，在众说纷纭之中寻求各方的最大公约数。近年来，国际组织相当流行“by consensus”一词，足以说明国际事务的解决越来越需要当事各方协商一致、达成共识。

国际组织官员的荣誉

严格来讲，担任执委会或理事会成员，虽然也可以说是在国际组织任职，但他们依然是本国政府的代表。真正属于在国际组织任职的，是那些在国际组织权力机关和执行机关当选的官员，如国际组织大会主席及其各主要委员会的主席、执行委员会或理事会的主席等。根据《世界卫生组织组织法》和《世界卫生大会议事规则》的规定，这些官员分别由大会全体代表或执委会委员，遵循地理区域间轮换的原则选举产生，任期至选出继任者。执委会主席卸职满两年，可再次当选。《世界卫生大会议事规则》明确规定大会主席或代理主席的副主席，不参加投票表决，必要时指定其代表团的另一代表或副代表在全体大会上代表他的政府。《执行委员会议事规则》也规定执委会主席（或代理主席的副主席）不得参加投票表决。担任国际组织的大会或执委会主席，其主要作用是使与会各方协商一致、达成共识（reach a consensus），之所以规定他们不参加投票，就是要求他们在担任这些职务时要秉持公平、公正的原则和立场。

近年来，特别是2013年以来，媒体对中国人当选国际组织高级官员的报道相当热烈。本书“绪论”提到几位近年当选国际组织高级职务的中国人，都受到媒体广泛报道。

【案例一】

《新京报》2013年11月9日报道：对于郝平副部长当选联合国教科文组织大会主席，各界评论不一。有的认为，这是我国国力强大的体现，是国际社会对我国文教事业成就的肯定和尊重，提高了中国在国际组织的话语权，使中国人的智慧在更宽广的领域影响世界。也有的认为不宜轻言是国力强大的结果，否则，无法解释弱小国家的人士在国际组织任职。如果说任职就意味着国力上升，那履职期满离任意味着什么？还有的说，如果以为有了本国人任职就“朝中有人好办事”，那是对国际组织运作规则陌生的表现。联合国教科文组织的宗旨是通过教育、科学和文化促进各国合作，增进各国人民相互了解，维护世界和平。在这样宏大的主题下，“责任”才应该是最重要甚至是唯一的主题词。

各界人士对此从不同角度做出评论，一方面，说明公众对中国人到国际组织任职给予了很高关注；另一方面，说明人们对国际组织任职了解尚少。从报道的用词，也可以反映出人们的认知程度。例如，有媒体报道的标题是“郝平：国际公务员的角色转换——衡量一个国际组织掌舵者是否成功的标志，是看他是否以全球视野处理问题，勤勤恳恳为全世界服务”；有的标题把他称为“中国的掌门人”。其实，郝平担任的主席职务不属于国际公务员，把国际公务员与在国际组织任主席混为一谈至少不够准确。至于把当选两类不同高级职务的中国人笼统地称为国际组织掌舵人或掌门人，则大可商榷。

其实，对此应有全面的分析。首先，被选为国际组织主席当然是其本人的荣誉，这是国际社会对其能力和水平的认可；对他所属的国家来说，无疑也是一种荣誉，它反映了国际社会对这个国家的信任和友好情意。一般来说，竞选并担任这类职务，候选人自身必须具备较高素质，在本国担任较高职务，同时具有较丰富的国际活动经验，在国际合作中有一定业绩，精通或掌握外语。当然，候选人国家的实力和国际地位，也是成员投票时考量的因素之一。因素之二是中国与该组织的关系。中国是联合国教科文组织创始国之一，1971 年恢复合法席位后与之保持良好的合作关系：中国一直当选为执行局委员；2005 年 10 月，教育部副部长、中国联合国教科文组织全国委员会主任章新胜当选执行局主席；2010 年 4 月，在联合国教科文组织工作十多年的唐虔被任命为负责教育事务的助理总干事（唐虔曾任中国驻加拿大使馆教育处一等秘书、教育部职业技术教育司综合处处长，1993 年受聘到联合国教科文组织，最初任职业教育高级项目专家，后晋升处长、司长、执行办公厅主任、副助理总干事）。第三个因素是当选者本人的资历水平。郝平接受过中国和美国高等教育，曾任北京大学副校长、北京外国语大学校长，2009 年起任教育部副部长、中国联合国教科文组织全国委员会主任、教科文组织执行局委员。此外，还有个机遇问题。按照国际组织的规则，主席这类职位一般遵循按地域分配原则，由不同地区的国家轮流推举，经大会选举产生。如联合国教科文组织有 193 个成员和 11 个准成员（截至 2022 年 6 月），是联合国专门机构中成员数目最多的机构之一。该组织最高权力机构是代表大会，每两年召开一次，大会主席任期两年，由该组织 6 个区域轮流推选。2013 年轮到亚洲，郝平被选为唯一候选人，并得到第 192 届执行局全体执委赞同，最后在大会当选，这是郝平当选的因素之一。多种因素叠加，天时地利人和，当选顺理成章。他当选后对各国代表说：“今天，站在这个庄严的讲台上，我深感使命光荣、责任重大。”“这是对我本人莫大的信任，也是对我的祖国——中国的信任。我将牢记联合国教科文组织宗旨，为履行大会主席职责竭尽全力，不负重托，不辱使命。”“中国自古就有大同世界的梦想，希望在担任主席期间与教科文组织各位同事共同为消除贫困、促进文明间对话和推进可持续发展做出新的努力。”

对中国人当选国际组织官员出现这么多评论，说明人们越来越认识到推送优秀人才进入国际组织任职的重要性，认识到这是提升中国在国际组织中的代表性和话语权的重要途径之一。其实，早在 20 世纪 80 年代我国就开始了这方面的尝试，只是那时未曾引起如此广泛的关注而已。

【案例二】

中国人第一次当选国际组织主席距今已 30 多年。1987 年 5 月，世界气象组织在日内瓦召开第 10 次大会，国家气象局局长邹竞蒙和副局长骆继宾率中国气象代表团出席。5 月 19 日，邹竞蒙局长作为唯一候选人当选大会主席，并于 6 月 1 日至 5 日以主席身份主持执行理事会第 39 届会议。他当选后表示：将竭尽全力贯彻大会的决议，促进各方友好合作，使气象工作更好地为各国服务。中国常驻联合国日内瓦办事处钱嘉东大使代表中国政府感谢支持邹竞蒙当选的各国代表团，指出这不仅是邹竞蒙本人的荣誉，也反映了大会对中国和中国人民的信任和友好情意。1991 年 5 月，邹竞蒙再次成功当选大会主席。能连选连任两届大会主席，这在国际组织中相当罕见。

邹竞蒙成功连任两届主席，并非偶然。邹竞蒙（1929—1999）毕业于哈尔滨军事工程学院空军工程系，后在北京大学气象学专业读研。他从事气象工作几十年，先后担任中央气象局负责人、国家气象局局长、中国气象学会常务理事和副理事长、国家气候变化协调小组副组长等职务。他坚持改革开放，大力推进中国气象工作现代化建设，不断开拓气象服务的新领域，包括发展卫星通信、新一代气象雷达，从而使气象服务的社会效益和经济效益显著提高，探索出一条适合国情的气象事业发展道路。他在国际合作方面也做出了自己的贡献，他以极大热情致力于缩小发展中国家同发达国家在气象和水文领域的差距，积极参与世界气象组织活动，曾任世界气象组织中国常任代表、世界气象组织执行理事会成员，1983 年当选世界气象组织第二副主席，任期至 1987 年。毫无疑问，他本人的学历经历、能力努力、成绩业绩，是他参与竞选并顺利当选的基本条件；他在气象领域国际合作的工作和贡献是他成功当选的有力支撑；而中国在气象事业方面取得的成绩则是他当选的重要依托。

【案例三】

1989 年 5 月，世界卫生组织在日内瓦召开第 42 届世界卫生大会，我国卫生部部长陈敏章率代表团出席大会并当选大会主席，他的当选同样有其必然性。陈敏章（1931—1999）毕业于上海震旦大学医学院，长期从事临床和科研工作，是著名内科专家，是我国引进国外胃肠道显微内窥镜第一人，他精通英语和法语，曾任首都医科大学副校长，北京协和医院院长，卫生部副部长、部长，中华医学会会长，中国红十字总会会长等职。担任卫生部领导期间，他提出发展预防保健、农村卫生和振兴中医药三项重点工作，组织多部卫生法律法规的调研起草工作，主持制定了一系列对卫生工作具有指导意义的文件。这是他得到国内外一致认可的基本条件。

我国同世卫组织的良好关系以及陈敏章在国际合作中发挥的重要作用，是陈敏章当选的重要因素。我国 1972 年恢复在世界卫生组织合法席位，1973 年起举荐人员担任世界卫生组织助理总干事，中国同年当选为“可以指派一人出任执行委员会的国家”。1978 年卫生部和世界卫生组织签署“合作谅解备忘录”，1981 年世界卫生组织在京设立驻华代表处，1982 年双方签署新的备忘录，开始接受世界卫生组织拨款，派人出国留学、考察培训，开展技术合作、建立合作中心，并推荐人员应聘到世界卫生组织做国际公务员。1987 年 5 月，我国代表团向第 40 届世界卫生大会提交《走向消灭麻风》决议草案并获一致通过。这是我国第一次在国际组织独立发起提交决议案，也是世界卫生组织历史上第一次提出消灭麻风。1987 年 9 月世卫组织第 38 届西太平洋地区会议在我国召开，陈敏章部长当选大会主席，这是世卫组织地区委员会第一次在我国召开地区会议，也是中国人第一次担任会议主席。1988 年 9 月，世卫组织第 39 届西太平洋地区会议在菲律宾马尼拉召开，议程之一是选举下届地区主任，时任西太平洋地区二把手的韩国候选人韩相泰和某发展中国家推荐的卫生部长参选。当时我国和韩国尚未建交，陈部长率领中国代表团出席会议，在选举过程中发挥外交技巧，取得良好效果。在那次会议上，西太平洋地区会员国一致推荐陈敏章作为亚洲候选人竞选下一届世界卫生大会主席。

【案例四】

2017 年 12 月 7 日，国际海事组织理事会第 119 届会议在伦敦总部召开。交通运输部国际合作司张晓杰副司长当选为会议主席。这是我国代表首次当选理事会主席。理事会是国际海事组织的重要决策机构，在大会休会期间履行大会职能，审议该组织战略规划、预算、人事以及会员国审核等重点议题。张晓杰的当选，体现了在海事领域国际社会对我国的高度认可。

实践证明，中国有能够胜任国际组织主席等关键职位的人才。

国际组织官员的职责

担任国际组织官员，既是一种荣誉、一份责任，更是一种挑战。对于大会主席的职责，国际组织做出了明确规定。例如《世界卫生大会议事规则》规定大会主席的职责为宣布每次全体会议的开始及结束、主持全体会议的讨论、保证本规则得到遵守、授予发言权、提付表决及宣布决定。主席应裁决程序问题，按本规则掌握会议进程并维持秩序。《执行委员会议事规则》对执委会主席职责也做出类似规定：

宣布执委会每次会议开始及散会、主持讨论、授予发言权、提付表决、宣布决定，并保证规则得以实施。主席应按发言要求顺序授予发言权。当发言者发言离题时，主席应提醒其勿走题。

可见，作为大会或执委会主席的主要角色就是主持会议。如何掌握会议进程和裁决程序问题，《世界卫生大会议事规则》依据以往出现的各种情况，对每种情况下的做法都做出了具体规定，相当全面明确，但也相当复杂，没亲历过国际会议的人只凭借条文很难做出恰当判断。《世界卫生大会议事规则》共 120 条，其中涉及“全体会议进程的掌握”的有 20 条之多（第四十八条至第六十八条），包括“对程序问题定义的说明”：“按惯例，会员国代表在提出程序性动议或要求说明或澄清问题时，往往借提‘程序问题’作为取得发言机会的手段，后者的使用依据是现行惯例，不应与依议事规则第五十六条提出的程序问题相混淆”。所谓程序问题是要求主持官员行使其职务固有的某种权力，或议事规则明确授予的某种权力，基本上是对主持官员的一种干预。例如，它可能关系到辩论进行的方式、秩序的维持、议事规则的遵守，或者关系到主持官员怎样行使议事规则条例，或对主持官员对某条例的实施提出质询。因此，在议事规则范围内，会员国的代表可提请主持官员注意其他代表或主持官员本身违反或误用议事规则的情况。程序问题优先于任何包括程序性动议在内的其他事项。例如《世界卫生大会议事规则》有这样的规定：

> 第五十六条：当讨论任何事项时，会员国或准会员的代表可提出程序问题，大会主席应立即对程序问题裁决。会员国或准会员的代表可对主席的裁决提出申诉。在这种情形下，应立即将申诉付诸表决。提出程序问题的会员国或准会员代表的发言，只能针对程序问题，而不得涉及讨论事项的实质。
>
> 第六十条：当讨论任何事项时，会员国或准会员的代表可提议对某一讨论项目延期辩论。除提案人外，经一人发言赞成，一人反对后，立即将延期辩论动议付诸表决。
>
> 第六十一条：当讨论一项目时，会员国或准会员的代表可随时提议结束辩论，不论是否其他会员国代表已报名发言。如要求允予发言反对结束辩论，则可给予不超过两人的发言，然后立即将此动议付诸表决。如卫生大会决定赞同结束，大会主席应宣布结束辩论。卫生大会随后只表决对辩论结束前提出的一项或一项以上的提案。
>
> 第六十五条：当对某一提案提出修正案时，应先表决修正案。当对某一提案提出两个或两个以上的修正案时，卫生大会应将大会主席视为其实质内容距原提案最远的修正案先行表决，次远者次之，依次序进行，直至全部修正案者已付诸表决为止。

以上规定，对于不常参加国际会议的人来说，可能很难搞清楚在现实中如何掌握。有些国家的外交官常年参加各种国际会议，非常熟悉这些规则与惯例，常常利用所谓程序问题或者惯例来左右对实质问题的讨论进程。这对大会主席来说，同样是一种挑战。当选会议主席的中国人，都是国内有关部门的领导人，他们公务繁忙，不可能花费很多时间研究这些议事规则，因此需要有关部门的职能机构（国际合作司或外事司）为他们做好功课。

国际组织在召开大会的过程中，有时会遇到一些意想不到的问题，为帮助大会主席掌握会议，秘书处人员实际需要为主席提供大量的协助和服务。会前，秘书处为主席准备主持词，写明会议进行的程序。譬如，写明会议进行到某阶段可能会出现甲、乙两种可能，出现甲情况时，按照事先写好的甲程序主持；反之亦然。如果主持人的经验丰富，他（她）会根据实际情况做出相应对策；如果主持人的经验不够丰富，则只能照本宣科。有的时候，与会代表团可能对主持人的判断提出异议，使得主席无所适从。在这种情况下，主席最好的办法是请秘书处的法律顾问出面，对现场出现的问题做出法律解释。

国际组织大会的主席台和国内有很大不同，国内通常把重要来宾和领导安排在主席台上，会务人员和秘书不能在台上。世界卫生大会之所以做出与此不同的安排，一是与会代表团有 190 多个，团长多是部长，无法也不能分出主次；二是方便秘书处协助主席掌握会议进程。总干事是秘书处首席行政官，助理总干事是秘书处分管会务的人员，坐在主席身边，随时给主席做出提示，包括大会辩论时的发言顺序。《世界卫生大会议事规则》规定，代表团发言以举牌先后为序。由于会场太大，有时助理总干事要用望远镜才能看清举牌代表的国名。他负责按举牌的时间顺序，把各代表团的国名列在纸上递给主席。主席宣布的发言顺序实际由秘书处掌控。发言顺序的先后，有时会产生不同的效果，个中奥妙见仁见智。笔者在世卫组织工作期间，作为秘书处人员为大会甲委员会主席提供协助。世界卫生大会有两个主要委员会，甲委员会负责处理规划及预算事项，乙委员会主要处理行政、财务及法律事项。这位主席不是很熟悉程序，基本上按照秘书处提供的主持词履行职责。但是，有时会因主持人而产生问题。有一年，我国卫生部一位副部长率团出席世界卫生大会，委员会请了 Y 国一位著名电视节目主持人主持。中国多次举牌要求发言，女主持人却视而不见，最后才点到他。中国副部长发言时首先对此表示遗憾，世卫组织从此再没请明星主持会议。

大会主席除需要熟悉了解《世界卫生大会议事规则》外，还要有应对突发事件的能力，这需要较高的政治敏锐性，处理问题既应保持原则性又应体现一定的灵活性。处理得当可以化解矛盾，处理不当则可能产生意想不到的后果。国际组织的经费一般分为正规预算和预算外收入，正规预算来自会员缴纳的会费。联合国 1974 年起实行双年度预算，美国会费比例最高，占 25%。2000 年改为三年预设制，美国要求将其会费比例降至 22%。美国常以拖欠或拒交会费为政治手腕对联合国及其专门机构施加压力。1984 年，美国退出联合国教科文组织，指责它是“第三世界批评美国和以色列的讲坛”。2003 年，美国恢复会籍。2011 年 10 月 31 日，联合国教科文组织大会接受巴勒斯坦加入该组织。这是巴勒斯坦首次以会员国身份加入联合国机构。美国和以色列代表当即离开会场，并决定停止缴纳会费。美国拒交会费使联合国教科文组织陷入财政困境，正规预算从 6.53 亿美元减少至 5.07 亿美元。据报道，这影响了联合国教科文组织的部分活动，并裁员 300 余人。2012 年，联合国教科文组织总干事设法筹募约 7 500 万美元预算外收入应对预算危机。根据《联合国宪章》规定，会员国所欠会费达到其应缴会费两年的总和时，将自动失去表决权。2013 年 11 月，美国失去投票权。美国国务院发言人对此表示“遗憾”，但强调美国仍是联合国教科文组织会员国，将“通过一切可能途径与教科文组织保持接触”。2018 年 12 月 31 日，美国再次正式退出联合国教科文组织。不同势力在国际组织的政治博弈，由此可见一斑。如何处理各方的政治博弈，也是对大会主席的考验。

【案例】

陈敏章部长 1989 年 5 月当选第 42 届世界卫生大会主席，其间遇到一个棘手的政治问题。阿拉伯国家和以色列之间的冲突由来已久，1989 年世界卫生大会召开前半年的 1988 年 11 月 15 日，巴勒斯坦全国委员会第 19 次特别会议发表巴勒斯坦独立宣言，宣告成立巴勒斯坦国，并得到一些国家的承认；我国 1988 年 11 月 20 日宣布同巴勒斯坦国建立正式外交关系；1988 年 12 月 15 日，巴勒斯坦正式成为联合国观察员。在次年的世界卫生大会上，以色列和阿拉伯国家的代表团发生尖锐对立，一些阿拉伯国家私下酝酿中止以色列的会籍。美国则散布带有威胁性的流言，如果中止以色列会籍，美国将退出世卫组织。阿拉伯国家的代表团纷纷约见拜会大会主席。作为中国政府的部长，陈敏章自然对阿拉伯国家表示友好，支持巴勒斯坦的合法权益。我国与以色列当时尚未建立外交关系，但作为大会主席，在主持大会时必须保持中立。对此，有些阿拉伯国家的朋友在发言时公开表示不满。作为主席，陈敏章部长会内会外进行了大量协调和有效斡旋，最终，大会通过关于巴勒斯坦被占领土卫生状况的决议，未就中止以色列会籍形成文件，从而避免了可能出现的严重后果。

除以上讨论的全球性国际组织，还有区域性国际组织，如上海合作组织（简称上合组织）。1996 年 4 月，中国、俄罗斯、哈萨克斯坦、吉尔吉斯斯坦、塔吉克斯坦五国元首在上海会晤，建立“上海五国”会晤机制。2001 年 6 月乌兹别克斯坦加入，六国元首签署《上海合作组织成立宣言》，建立上合组织首脑定期会谈机制。这是迄今为止唯一在我国成立、以我国城市命名、常设机构在我国的区域性国际组织。上合组织有两大常设机构，一个是秘书处，设在北京，主要职能是为组织活动提供协调、信息分析、法律和技术保障；另一个是地区反恐机构，设在乌兹别克斯坦首都塔什干。两大常设机构在 2004 年 1 月正式运转。秘书处首任秘书长是来自中国的张德广（1941 年生，北京外国语学院俄语系毕业，在外交部历任使馆秘书、参赞、大使、副部长，2003 年 5 月被任命为上合组织秘书长，任期为 2004 年 1 月 15 日至 2007 年 1 月 1 日）。现任秘书长是中国的张明，2022 年 1 月 1 日上任，任期三年。秘书处资金由会员国按比例分担，人员由各会员国推选，秘书处工作语言是汉语和俄语。上合组织会员国均有秘书处常驻代表，类似各国常驻联合国代表团。上合组织职员与本章讨论的国际组织任职不同，和前五章介绍的国际职员类似，这里不做进一步讨论。

第二节　在国际非政府组织任职

国际非政府组织，指的是非官方性质的民间组织，其成员不是由各国政府派官方代表组成，而是社会团体、民间机构和个人。他们关心和从事的活动，涉及宗教、慈善、文化、经济、科学、技术等各个方面。随着全球化的发展，国际非政府组织在全球治理进程中的地位与作用日益明显。

非政府组织的地位和作用越来越受到政府组织的重视，联合国及其专门机构与非政府组织的关系也在不断发展。20 世纪 70 年代起，联合国召开国际会议，非政府组织也同期在同一地点举办非政府组织论坛，这是非政府组织参与并影响联合国决策过程的重要途径之一。第一次与联合国同期举办平行的非政府组织论坛，是 1972 年在斯德哥尔摩举办的联合国人类环境会议，此后还有 1992 年在里约热内卢举办的联合国环境与发展大会、1994 年在开罗举行的国际人口与发展会议、1995 年在哥本哈根举办的社会发展问题世界首脑会议、1995 年在北京召开的世界妇女大会、1996 年在伊斯坦布尔召开的第二届联合国人类住区会议等。

联合国经社理事会下设非政府组织委员会，是联合国系统内审议非政府组织申请联合国咨商地位的唯一机构。获得咨商地位的非政府组织可以观察员身份列席有关会议，目前获联合国经社理事会咨商地位的非政府组织有 3 800 多个。1996 年，联合国经社理事会通过决议，允许各国和各地区非政府组织在经社理事会发表意见。联合国专门机构也与非政府组织的发展联系和合作，如联合国开发计划署、联合国环境规划署、联合国粮农组织、世界卫生组织、联合国儿童基金会等，都设有专门的部门负责处理与非政府组织有关的事务。例如世界卫生组织已和医药卫生领域的 200 多个非政府组织建立了正式联系。

中国加入国际非政府组织的情况

根据《国际组织年鉴》，全球非政府组织有数万之多，分布在世界各地，内容包罗万象，从宗教到社会、从绿色和平到人道主义，林林总总五花八门。成立时间较早的有红十字会与红新月会国际联合会（International Federation of Red Cross and Red Crescent Societies，IFRC，1919 年成立）。1989 年中国红十字会常务副会长谭云鹤当选红十字会与红新月会国际联合会副主席，1992 年顾英奇继任，2013 年 11 月中国红十字会常务副会长赵白鸽当选红十字会与红新月会国际联合会副主席（任期 4 年）。国际奥林匹克委员会成立时间更早（1894 年）。1922 年，中国奥委会得到国际奥委会承认，1989 年中国奥委会主席何振梁当选国际奥委会副主席

（任期4年），2008年中国奥委会副主席于再清当选国际奥委会副主席，并分别于2014年、2018年再次高票当选副主席。除这两个广为人知的非政府组织，世界上有大量专业性非政府组织，仅国际科技组织就有1.3万个。国际非政府组织在全球治理和国际事务中的影响越来越大，发挥着某些政府机构所不能发挥的作用，是全球化时代处理许多国际热点问题的重要力量之一。国际科技组织主导着许多学科的发展方向，掌握着相关领域的人才、标准和技术资源，是开展国际科技交流、促进科技发展的重要组织形式，也是展示各国在国际科技界影响和地位的重要舞台。积极参与国际非政府组织，推荐我国优秀人才到国际非政府组织任职，意义重大。

随着我国的改革开放，我国科学技术方面的国际交往越来越频繁，科学家个人和各类民间学术团体加入国际非政府组织的数量不断增加，为促进我国的科技发展、提升我国在国际科技界的影响力创造了有利条件。根据2011年全国科技工作会议的报道，我国加入的国际非政府科技组织有1 000个左右。中国科学技术协会及其所属全国学会以国家会员身份加入的国际民间科技组织几乎覆盖理、工、农、医和交叉学科所有重要的领域，包括加入在国际科学界和工程技术界影响最大的两个综合性组织，即国际科学理事会和世界工程组织联合会（World Federation of Engineering Organizations，WFEO）。

中国科学技术协会（China Association for Science and Technology，CAST）是我国科技工作者的群众组织，所属全国学会209个（截至2020年底），其中全国学会个人会员557.9万人，团体会员6.4万个，有按自然科学、技术科学、工程技术等学科组建的团体，也有科普方面的团体。我国参加国际民间组织，一般以国家会员身份代表本学科加入，科研院所、高等院校通常代表本单位或以个人身份加入。中国科协及其所属全国学会是“国家队”，对于提升我国在国际民间组织的代表性和影响力，具有不可替代的重要作用。

中国人在国际非政府组织任职，与在政府间国际组织的状况类似，也有一个发展过程。我国加入的1 000多个国际非政府组织有近2 000位主席、副主席、秘书长、委员级别的官员。近年来，我国在国际科技组织的任职人数逐年增加，担任国际组织主席、副主席、执行委员以上的人数，从2016年的183人增至2020年的376人（见表6-1）。

表6-1 中国人在国际科技组织担任执行委员以上高级职位情况（2016—2020年）

年份	任职总数	比上年增加比例	正副主席	比上年增加比例	执行委员	比上年增加比例
2016	183		78		105	
2017	287	57%	131	68%	156	49%
2018	348	21%	155	18%	193	24%
2019	359	3%	150	−3%	209	8%
2020	376	5%	129	−14%	247	18%

与中国科技工作者协会相关的国际科技组织约 612 个，我国已经参加的有 367 个。可以说，中国科学家已经并正在走向国际科技组织的高端管理层，特别是近年来的进展较大，举例如下：

【案例一】

2012 年 8 月在澳大利亚墨尔本举行的第 22 届国际摄影测量与遥感大会上，国家基础地理信息中心陈军教授当选为国际摄影测量与遥感学会（International Society for Photogrammetry and Remote Sensing，ISPRS）主席。该学会是摄影测量与遥感领域具有代表性的国际学术组织，是国际科联（ICSU）现有 30 个联合会成员之一，有着很高的知名度与影响力。这是学会成立 102 年来中国人第一次当选主席。

摄影测量与遥感是从非接触式成像和其他传感系统中获取地球及环境的可靠信息，并对其进行记录、测量、分析的一门科学。陈军教授主要从事基础地理信息建模、更新与服务的科学研究与工程实践，1988 年起主持完成多项国家自然科学基金项目和国际合作重点项目。2000 年，他提出时空数据建模方法，形成数字地表模型的多维动态构模理论方法，完成全国 1∶5 万数据库集成建库、数字国界等国家地理信息重点工程，获 2004 年国家自然科学二等奖。他主持完成“地理信息系统空间数据库更新模型与方法”，将数据库现势性从 20～30 年提升到 5 年之内，达到国际领先水平，获得 2012 年设立的中国测绘科技进步特等奖。他承担的“全球地表覆盖信息的动态服务模型与方法研究”，将开拓和带动国际地表覆盖动态信息服务的研究与应用。

此外，陈军积极参与学术交流与合作，连续三届担任中国地理信息系统协会会长，组织学术交流与合作，推动我国地理信息行业的技术进步与发展。在国际上，他 20 世纪 80 年代初参与国际摄影测量与遥感学会学术活动，先后担任该学会工作组组长、技术委员会主席、执行委员、大会主席、秘书长，在有关方面支持下成功举办了包括第 21 届国际摄影测量与遥感大会在内的一系列国际交流活动，提升了我国的国际学术地位与影响。

【案例二】

2013 年 9 月 20 日，在俄罗斯圣彼得堡召开的第 36 届国际标准化组织大会上，国家质检总局和国家标准委提名的中国标准化专家委员会委员、国际钢铁协会副主席张晓刚当选 ISO 主席。这是 ISO 成立以来中国人首次担任最高领导职务，标志着我国在国际标准化领域取得重大突破性成果。

国际标准化组织成立于 1947 年，是世界最大、最权威的综合性国际标准化组织，具有联合国经社理事会的咨询地位，和世界贸易组织有密切工作联系。截至 2012 年，该组织制定发布约 2 万项国际标准，其标准在全世界具有权威性和通用性，已成为国际经贸活动的重要规则，被誉为国际贸易的“通行证”，在减少国际贸易壁垒和经贸摩擦、推动建立国际经济贸易新秩序等方面发挥着重要作用。ISO 标准的范围不断扩展，如质量管理体系（ISO9000）、环境管理体系（ISO4000）和社会责任标准（ISO26000）等，不仅与国际贸易有密切关系，对社会管理、公共服务乃至政府职能等都有深刻影响。

张晓刚当选主席，是我国实质性参与国际标准化活动的重大突破，体现了我国综合国力和国际地位，是我国科技水平和自主创新能力不断增强的体现。中国人当选，不仅使我国在制定国际标准化战略、政策和规则中发挥更大作用，提升我国在国际标准化领域的地位和影响力，而且有助于我国引进国际先进标准，推动我国与国际标准体系衔接；同时将激发我国企业界参与国际标准制定的自信心和积极性，促进我国产业和企业进入国际市场。

【案例三】

2014 年 10 月 6 日，康复国际代表大会在波兰华沙举行，来自 28 个国家的 71 名代表参加会议。经过竞选英文演讲和投票表决等会议程序，中国残联主席张海迪高票当选新一届康复国际主席。这是国际社会对我国残疾人事业所取得的成就的高度肯定，对我国乃至国际残疾人事业的发展必将产生深远影响。张海迪 1955 年生，五岁患脊髓血管瘤高位截瘫。1983 年开始文学创作，邓小平亲笔题词："学习张海迪，做有理想、有道德、有文化、守纪律的共产主义新人！"张海迪担任中国残联主席以来，积极推动残疾人事业发展和国际残疾人事务的交流与合作，产生了广泛的国际影响，2012 年获联合国亚太经社会"亚太残疾人权利领袖奖"，并获英国约克大学荣誉博士学位。中国残联积极发展与康复国际等国际残疾人组织和国际机构的合作与交流，积极推动联合国《残疾人权利公约》的制定，认真做好履约工作。成功举办北京残奥会、上海特奥会和广州亚残运会，在上海世博会首次设立残疾人展馆，展示中国人权保障的良好形象，赢得了国际社会的广泛赞誉。

康复国际 1922 年成立于美国，拥有超过 100 个国家和地区的会员。康复国际致力于维护残疾人权利，促进残疾人融合发展，推进残疾人事务在国际、区域和国家层面的互相合作，推动制定强有力的政策和立法。康复国际积极倡导残疾人康复和服务，在推动发起"国际残疾人年"、实施联合国《关于残疾人的世界行动纲领》、制定残疾人通用标识等方面发挥了重要作用。

【案例四】

2015 年 11 月，在意大利举行的国际认可论坛（International Accreditation Forum，IAF）第 29 届全体成员大会上，中国合格评定国家认可委员会秘书长肖建华当选为主席，成为首次当选该国际组织最高职务的发展中国家代表。认证认可是国际通行的质量管理手段，也是 WTO 提倡的贸易便利化工具。可以在保证质量的前提下，有效减少技术壁垒，降低贸易成本。成立于 1993 年的国际认可论坛，是由世界各国的认可机构、认证机构及其用户共同组成的国际认可合作组织。中国合格评定国家认可委员是国际认可论坛的创始成员之一。业内人士表示，此次当选标志着我国在国际认证认可领域的影响力和话语权取得重大突破，并在运用认证认可规则推动"一带一路"建设、促进全球贸易便利化等方面发挥更加积极的建设性作用。

【案例五】

2017年12月1日世界工程组织联合会（World Federation of Engineering Organizations，WFEO）选举中国科协推荐的龚克当选世界工程组织联合会下届主席，任期2年，2019年正式履行主席职责。这是该组织成立50年以来中国科学家首次当选主席，他当选后即以候任主席身份参加该组织执行理事会的领导工作。龚克（1955年生）长期从事微波、毫米波技术，电波传播方面的研究工作，曾任清华大学副校长、天津大学校长、南开大学校长。该联合会是世界最大工程类国际组织，在国际工程领域具有广泛影响力，1968年在联合国教科文组织的倡议和支持下成立。目前成员覆盖93个国家和地区，并附属有11个相关领域的国际工程组织。中国科协1981年代表我国正式加入该组织，成为国家会员。为提高我国在国际科技舞台的影响力和话语权，中国科协组建WFEO工作协调委员会，先后推荐张光斗、张维、钱易、沈士团、钟义信等当选WFEO副主席或执委。

【案例六】

2018年7月4日在巴黎召开的国际科学理事会（International Science Council，ISC）首届全体大会上，国家自然科学基金委员会党组书记、主任李静海院士当选ISC副主席，任期为2018—2021年。李静海，1956年生，化学工程专家，中国科学院院士、第三世界科学院院士、瑞士工程院外籍院士、英国皇家工程院外籍院士、澳大利亚技术科学与工程院外籍院士，中国科学院过程工程研究所原所长。李静海主要从事多尺度方法和颗粒流体两相复杂系统研究，致力于气固两相系统的计算机仿真和多相复杂系统的研究，包括多相流动、煤燃烧、计算机仿真、多尺度方法及计算。李静海2014年当选原国际科联（International Council for Science，ICSU）副主席，任职期间为ICSU做出了重要贡献。他的成功当选有助于促进我国参与全球科技治理，提升我国科学家在国际科技领域的引领力，助力科学基金国际交流与合作，推动我国在国际科技界发挥更大作用。国际科学理事会由原国际科联和原国际社科联（International Council for Social Sciences）于2018年合并而成，是世界上成员覆盖面最广泛、学科门类最齐全的综合性科技组织，在国际科技界具有强大号召力。截至2002年9月，ISC拥有101个国家会员、27个国际科学联合成员、26个国际科学联系成员和4个区域性联系成员。

【案例七】

2018年10月22日国际电工委员会（International Electrotechnical Commission，IEC）第82届大会在韩国召开，中国推荐的舒印彪当选主席，任期2020—2022年。舒印彪（1958年生），中国工程院院士，曾任国际电工委员会副主席、中国国家电网有限公司董事长。这是该组织成立112年来，我国专家首次担任最高领导职务。

国际电工委员会是在1887—1900年召开6次国际电工会议的基础上，1906年成立的国际性电工标准化机构，旨在解决电气工程和电子工程领域的国际标准化工作。该委员会总部最初在伦敦，1948年搬至日内瓦。该委员会的目标是：有效满足全球市场的需求；保证在全球范围内优先并最大限度地使用其标准和合格评定计划；评定并提高其标准所涉及的产品质量和服务质量；为共同使用复杂系统创造条件；提高工业化进程的有效性；提高人类健康和安全；保护环境。2019年10月14日到25日，第83届国际电工委员会大会在中国上海召开。这反映了我国在国际电工领域不断提升的影响力和话语权，是我国积极参与全球治理和国际标准工作的重要成果。

【案例八】

2019年8月在葡萄牙召开的国际行政院校联合会（International Association of Schools and Institutes of Administration，IASIA）换届选举中，中国国家行政学院国际合作部主任董青当选该组织新一届主席。董青是该组织首位来自中国和亚洲地区的主席，体现了国际公共行政领域对中国治国理政经验和中国经济社会发展成就的充分肯定，是中国国际影响力提升的结果，也体现了会员单位对中国国家行政学院在干部教育培训和治国理政研究领域重要作用的高度认可。

国际行政院校联合会于1962年成立，总部在比利时布鲁塞尔，是世界行政院校系统最高层次的国际机构，也是公共行政领域最具影响力的国际学术组织之一，160多个会员都是从事治国理政研究和治理人才培养的核心机构，包括各国的公务员管理和培训机构、高等院校、公共行政研究机构和智库等。该联合会有12个常设工作组，围绕相关专题开展经常性合作研究和研讨交流，包括：公共行政教育和培训、公共部门改革、地方治理与发展、公共政策制定和实施、公共伦理和文化、公共治理和领导力、人力资源管理、全球化及区域一体化、性别平等与多元化、反腐败、公共行政与可持续发展等。该组织作为交流和分享公共治理经验、探讨应对公共行政领域全球性挑战的国际性平台发挥着重要作用。中国国家行政学院于1995年加入该组织，积极参与该组织的管理事务和各项活动。

【案例九】

2020年7月，国际生物防治组织（International Organization for Biological Control of Noxious Animals and Plants，IOBC）国际执委会换届改选，中国农业科学院研究员、昆虫学专家高玉林当选全球副主席，任期四年（2020—2024年）。高玉林在国家自然科学基金、国家重点研发计划等科研项目支持下，近10年紧紧围绕马铃薯块茎蛾、西花蓟马等经济作物害虫生物学、生态学及绿色防控技术的研究和应用等方面开展系统科研工作，在国内外期刊发表学术论文110多篇，是国际著名昆虫学期刊《害虫治理科学》（*Pest Management Science*）的执行主编、多个昆虫学期刊的编委。

国际生物防治组织1956年成立，是世界性生物防治领域的国际科学组织，其宗旨是联合世界从事生物防治的科技工作者，促进全球生物防治及研究与开发、科研成果的转化与推广。针对全球性有害生物绿色防控、生物多样性保护、环境保护、可持续发展、食品安全性、人类与自然的和谐等重大问题，该组织每年组织大量学术交流活动，并为许多国际组织和政府机构提供科技咨询。该组织为联合国粮农组织、欧盟、经济合作与发展组织和世界银行等重要机构提供了大量科技咨询。

【案例十】

2021年7月，国际商会（International Chamber of Commerce，ICC）任命师虹律师为新一届国际商会仲裁院（The ICC International Court of Arbitration）副主席，任期为2021—2024年，这是历史上中国律师第一次被任命为国际商会仲裁院副主席。师虹律师是方达律师事务所的合伙人，专注国际商事仲裁和涉外诉讼业务。她具有中国人民大学的法学学士学位及美国宾夕法尼亚大学LLM学位、中国执业律师资格及美国纽约州律师资格。2005年她加入方达律师事务所之前，在美国高特兄弟律师事务所的北京和纽约办公室执业六年，还曾作为法律顾问在中国国际经济贸易仲裁委员会工作三年。师虹曾代理上百件具有影响力的纠纷案件，成功代表多家跨国公司及大型中国企业处理在中国法院的诉讼案件及在国际商会仲裁院、新加坡国际仲裁中心、香港国际仲裁中心、中国国际经济贸易仲裁委员会进行的仲裁案件，以及依据《联合国国际贸易法委员会仲裁规则》进行的临时仲裁案件。

ICC仲裁院是附属国际商会的国际性常设调解与仲裁机构，是国际商事领域最负盛名的争议解决机构。1923年成立，对促进通过仲裁解决国际商事争端起着重大的引领作用。仲裁院的主要职能是确保仲裁规则的正确实施，协助各方当事人和仲裁员克服程序上的障碍。仲裁院由1位主席、17位副主席（含12位新当选副主席）和来自约121个国家和地区的195位委员组成。

我国在国际非政府组织任职的人员，特别是担任领导职务的人员，比过去有了一定增加。2018—2022年中国科协在国际组织担任重要职务的人员如表6-2所示。但是，和我国的国际地位相比，我国在国际非政府组织任职的人员的状况依然不能令人满意，中国人在国际非政府组织任职还有很大空间，需要各方面做出进一步努力。根据中国科协2020年的统计，全球有影响力的国际科技组织约有3 344个，中国科协及所属全国学会参与的仅占1/10，任重要职位的人数也不多。和主要发达国家相比，我们的任职情况的确不理想，国际组织总部设立在我国的更少，只有47个，而在美国有492个。影响我国科学家到国际科技组织任职的因素很多，其中一个瓶颈是我国科技人员的国际任职能力还有待提高，当然国家的相关政策也是一个关键。

表 6-2 中国科协加入的国际组织及任职情况

国际组织名称	姓　名	职　务	任职时间
国际科学理事会	李静海	副主席	2018—2021 年
世界工程组织联合会	龚　克	主席	2019—2021 年
世界工程组织联合会	彭　静	执委	2019—2021 年
太平洋科学协会	吕永龙	主席	2016—2020 年
亚太工程组织联合会	黄　维	副主席	2019—2021 年；2021 年连任
世界科技工作者联合会	赵忠贤	副主席	2022 年 5 月当选
世界科技工作者联合会	薛　澜	执委	2022 年 5 月当选
世界科技工作者联合会	韩喜球	执委	2022 年 5 月当选
亚洲科学理事会	王　曦	主席	2018—2020 年

在国际非政府组织任职的职责

国际非政府组织的主要职能大致有几个方面：（1）确定相关学科的发展方向，吸引国际高水平科研机构、团体和个人参与；（2）定期组织召开国际学术大会，搭建高端国际交流平台；（3）推动成员间交流互动、资源共享。为实现上述目的，国际非政府组织均制定章程，明确其会员构成、组织架构、运作机制等。

国际非政府组织的会员，一般分为团体会员和个人会员，他们享有的权利和承担的义务，以及缴纳的会费均有所不同。和政府间国际组织类似，大多数国际非政府组织的最高权力机构为定期召开的全体大会，其职责是审议通过组织章程、改选领导机构、审核批准预算等重要事项。国际非政府组织的决策管理机构一般为执行委员会，其职责是执行全体大会的决议，向大会提交涉及政策方向、财务管理、工作计划的决议草案，确保国际组织的正常运转。有的国际非政府组织还设立专业委员会负责相关的学术活动、政策研讨等事务。国际非政府组织均设有秘书处，负责行政管理和日常工作。由于经费限制，秘书处的工作人员一般从所在国当地招聘，人数都不是很多，有的只有十人左右。国际非政府组织在中国设立秘书处的数量有限，因此中国人应聘到秘书处工作的可能性较小。本文讨论的在国际非政府组织任职，主要指在国际组织决策机关和执行机关担任主席、副主席，或执行委员会、专业委员会委员等。

国际非政府组织的领导和执行机关负责人的产生，一般由团体会员推荐各自的候选人，经执行委员会或提名委员会审核通过提交全体大会，大会通过公开投票选举产生，任期一般 2～4 年，一般连任不超过 3 届。和政府间国际组织不同，国际非政府组织的官员实际参与决策的时间要更长。有的国际非政府组织主席从副主席中选出，当选主席有一个候任期，然后才出任主席，主席任期结束后以卸任主席身份参与决策活动。假设主席的任期为 3 年，那么他实际参与领导层的工作可以达 12 年之久：副主席（vice president）3 年、候任主席（president elected）3 年、主席（president）3 年、卸任主席（immediate past president）3 年。因此，担任国际非政府组织的主席职务，不仅时间跨度长，其职责也不只是主持会议，而是参与实质性决策过程，所发挥的作用也更多、更大、更重要。

促进国际非政府组织任职的思考

加强优秀人才的培养，推送他们到国际非政府组织任职，是一个涉及因素较多、较为复杂的问题，有关部门近年来已经做了大量工作。如何推送更多的优秀人才到国际组织任职，后备人员应具备什么条件和素质，是一个值得探讨的问题。

第一，国际化复合型人才的能力建设。

中国人口众多、人才济济、人才辈出，向国际非政府组织推送人员任职，应不是一件难事。然而，目前中国人在非政府组织的任职情况并不令人满意。究其原因，并非没有人才，关键在于人才选拔和培养要有针对性、预见性、国际性、适用性，需要政府部门、学术团体、高等院校等各方面，立足长远、共同努力，尤其要加强中青年骨干的能力建设与素质培养。我国专家学者数以百万计，不是所有科学家都适合到国际组织任职。出任国际非政府组织的领导人，既要拥有扎实的专业知识功底，又要具备一定的领导和管理能力；既要有高智商，又要有高情商；既要有学术研究的科学性，又要懂为人处世的艺术性；既要有艺高人胆大的业务能力，又要有一定的人脉关系；既要有讲好中国故事的本领，又要有适应跨文化国际氛围的能力；既要具有国际视野和政治敏锐性，又要谙熟一门甚至几门外国语言。简言之，培养国际化复合型人才，要提倡通识教育，对学生如此，对专家亦然。上面用六个“既要……又要……”句式，意在强调：在国际学术组织任职，不懂专业不行，光懂专业也不行；关键不在学问本身，而在学问之外的学问。

以上内容，到国际组织任职的后备人员都应当注意学习。这些内容，不是简单从书本上就能学到的。我国有不少人在国际组织担任过各种职务，他们的经验可供参考。中国科协、中国科学院近五六年为所属学会、协会、研究院所连年举办“国际组织任职和后备人员培训班”，请外交官、国际问题专家、国际组织职员授课，介绍国际形势、国际非政府组织情况、任职实践经验。当然，最好的学习是身临其境、置身其中，通过参与国际组织的活动，逐步了解、熟悉国际组织的运作规律和任职要求。西方人称之为“exposure”，也就是我们常说的“要知道梨子的味道必须亲口尝尝”。在国际组织担任过职务的中国同事都有相同或相似的感受与感悟。

【案例一】

原卫生部国际合作司李世绰司长曾在世卫组织总部和驻国家代表处任职，退休回国后出任中国抗癫痫协会主席。他在政府间国际组织及国际非政府组织都曾任职：1996 年任世卫组织执委会主席，2005 年后在国际抗癫痫联盟（International League Against Epilepsy）和国际癫痫病友会（International Bureau for Epilepsy）任不同职务。他认为，近年来中国的非政府组织涉足国际非政府组织多边活动，为促进国际交流合作做了大量工作，有力地推动了我国新时期的民间外交。然而，在许多国际场合仍缺少中国声音；我国主流民间组织在国际活动中经常被西方质疑为政府代言人，未能获得应有的公信力；虽然参与国际活动，但被动响应多，主动倡议少，在国际非政府组织决策层和执行层任职者为数不多，引导力和影响力有限；有时候遇到不友好的言辞或者对我们的指责，要么反应过度，要么视而不见。他的建议归纳起来有几点：

√ 以开放姿态交流，学会用国际非政府组织语言，不说教、不讲空话，注重用事实说明观点。维护国家利益不必也不能只有一种声音，要学会从不同角度、以不同声音展示中国。要客观介绍中国，既谈成就也不回避问题；对不友好言辞乃至无理指责，要学会冷静对应，既不回避矛盾，也不强词夺理，开诚布公摆事实讲道理，实事求是以理服人。

√ 针对不同活动，采取形式多样的方式参与，争取给人耳目一新的感觉。

√ 深入研究国际组织重大问题，形成观点，勇于在研讨中提出自己的见解，挑战他人的观点；针对国际非政府组织偏爱替代选择（alternative approach）的特点，善于掌握在关键时机说“关键话”，提出我们倾向性的选择意见。有了共同语言，才能真正进入活动圈子。

√ 深入了解和掌握国际非政府组织活动规则，在充分准备的情况下，必要时主动提出对某些议题的探讨，提高我国的影响力、引导力和话语权。

【案例二】

南京医科大学康复医学系主任、南京医科大学第一附属医院康复医学中心主任励建安，在国际物理医学与康复医学学会（International Society of Physical and Rehabilitation Medicine，ISPRM）及其与世界卫生组织合办的国际康复救灾委员会担任主席。针对如何争取任职，他有深刻务实的见解：

√ 必须积极参与各种国际活动，在实践中了解、熟悉国际组织。

√ 必须积极办好国内会议，邀请国际专家，广交朋友建立人脉，抓住核心人物。

√ 必须政治敏感，抓住机遇。如四川地震及时安排ISPRM主席内阁表态，组织国家康复医疗队，撰写相关研究文章。通过这些，他担任了WHO-ISPRM自然灾害康复委员会主席并受到国际杂志约稿。

√ 必须处理好台湾问题，坚持一个中国原则，同时寻求双方接受的解决方案。

√ 必须利用好“靠山”，依靠国家实力与影响、国际学会核心人物的作用。

√ 必须注意“知己知彼，百战不殆”，重视信息与情报的收集工作，对重大事件事前做好功课，以便在国际组织提高效率。

√ 必须有较好的英语沟通能力，打好语言基础，多说多写，不怕出错。

第二，积极参与、循序渐进、逐步提升。

大部分国际组织的历史较长，而我国恢复国际组织席位或加入相对时间较短，担任高层职位，需要循序渐进，从基层开始逐步提升。一方面，我们了解熟悉国际组织运行机制需要一个过程；另一方面，对方也需要了解我们的水平和实力。中国候选人要学会尊重多样性，善于建立人脉关系，等待把握适当时机（有些国际非政府组织的领导人要按地域轮流推选）。因此，国内有关民间团体，要在调研的基础上做出长远规划，选择适当人选，从基层的任职开始做起，为参与高层竞选做好准备。

【案例三】

陈军教授2012年当选国际摄影测量与遥感学会主席，是该学会成立102年以来，中国学者首次担任主席。他20世纪80年代初就开始参与该学会的学术活动，最初加入技术委员会工作组，逐步了解其组织构架和运作模式，在学术交流活动的同时广交朋友积累人脉，2000年当选技术委员会主席、2004年进入执行委员会、2008年当选执委会秘书长，直至2012年当选学会主席，经历了30年的时间。由于陈军在国际组织活动中表现积极，利用任职的优势创造条件，鼓励和支持国内其他专家参与该组织的活动，目前已有多位中国学者在国际摄影测量与遥感学会技术委员会中任职。

【案例四】

中国康复医学会常务副会长励建安，在国际物理医学与康复医学学会的经历也是很好的证明。ISPRM 1999年由1950年成立的国际物理医学会（现国际物理医学与康复联合会，IFPMR）和1969年成立的国际康复医学会（IRMA）两个国际组织合并而成。励建安于1999年参加ISPRM成立大会并当选理事；2001年起，他参加了ISPRM第一届国际大会；2002年参加四个技术委员会；2004年当选执行委员会委员；2007年参加竞标，成功争取到了2013年在中国举办ISPRM国际大会的主办权（2013年在北京召开ISPRM第七届国际大会时当选大会主席）；2008年主办首届亚洲和大洋洲地区物理医学与康复医学学术大会并任主席；2010年当选为ISPRM副主席（任期2年）；2012年递升为ISPRM候任主席；2014年递升为ISPRM主席；2016年成为ISPRM前任主席，至2018年。

【案例五】

中国科学院武汉岩土力学研究所研究员、岩土力学与工程国家重点实验室主任冯夏庭教授，在2011年于北京召开的国际岩石力学第12届大会上当选国际岩石力学学会主席（任期至2015年），是该组织成立50年来中国人第一次当选主席。大会被誉为国际岩石力学的“奥林匹克”，每四年召开一次，这次是首次在中国举办，50多个国家和地区的逾千名代表参加大会。

国际岩石力学学会（International Society for Rock Mechanics，ISRM）是世界岩石力学工程学界高水平、高层次的交流平台，并为团体会员提供优惠政策。中国自1979年加入以来，取得了丰硕成果。作为岩石力学工程大国，我国目前在国际岩石力学方面具有极为重要的地位和影响力。在总结当选主席的经验时，冯夏庭特别提到中国岩石力学与工程学会多年以来一直积极参与ISRM的活动，承办了不少重要会议。又如，多位中国学者在该组织任职，任ISRM副主席的有：陈宗基院士（1983—1987）、孙钧院士（1995—1999）、钱七虎院士（2003—2007）、冯夏庭研究员（2007—2011）。任各专业委员会主席的有：蔡美峰教授任教育委员会主席（2004—2011）、沈凤生教授任工程实例委员会主席（2004—2007）、李最雄研究员任文物保护委员会主席（2007—2011）、王驹研究员任放射性废物处置委员会主席（2007—2011）、冯夏庭研究员任岩石工程设计委员会主席（2007—2011）。

第三，争取承办国际组织在华召开的国际会议。

国际科技组织一般定期召开国际学术大会，受到各国专家高度重视。争取在我国召开大型国际学术会议，不仅使我国广大科技人员不出国门就能了解国际最新动态，同时也让国际组织更多地了解我国相关领域的成就，提升我国在国际组织的影响力。在中国举办国际会议，我国科学家参与会议的筹备、组织并出任会议主席，得到更多亮相的机会，建立更加广泛的人脉。中国专家得到更多的国际认可，对他们日后到国际组织任职，无疑是十分必要的。

【案例六】

定于2012年召开的第23届世界力学家大会（International Congress of Theoretical and Applied Mechanics），经争取最终决定在我国首都北京举办。这是力学学科覆盖面最广、学术水平最高的国际会议，66个国家和地区的1 500多位代表出席，我国与会人员约占总数的40%。来自美国和荷兰的国际大奖获得者分别介绍了他们的最新成果，大会安排了17个专题特邀报告。会议期间，国际理论与应用力学联合会执行局进行换届选举。中国力学学会副理事长、浙江大学校长杨卫院士当选执行局委员，任期4年（2012—2016年）。中国力学学会副理事长、西安交通大学副校长卢天健教授当选为新一届大会委员会委员，任期4年（2012—2016年）。中国学者在国际组织中担任重要职务无疑有助于提升我国在国际力学界的话语权。又如，通过在华举办2013年国际先进材料大会，中国材料研究学会韩雅芳当选为国际材料联合会第二副主席。

第四，争取国际组织秘书处设在中国。

国际非政府组织秘书处是其执行机构，即执委会或执行局的常设办事机构，负责与各会员国及相关机构的沟通、协调。秘书处设立在哪个国家，就更便于哪个国家掌握国际组织的运行管理，主导科研发展方向。秘书处设立在中国，体现出国际专家学者对中国同行的信任，也是我国进一步扩大国际合作、为促进相关学科发展做出贡献的重要机遇。目前，大部分国际非政府组织的秘书处设在西方国家，这里涉及的因素很多，包括国际组织组建成立的历史、相关学科的发达程度、经费和资源等问题。中国加入国际非政府组织相对时间较短，目前已有少数国际组织将秘书处设在中国，今后可能还会有所发展。

【案例七】

世界针灸学会联合会（The World Federation of Acupuncture-Moxibustion Societies，简称“世界针联”），是由我国发起、总部设在中国的第一个国际非政府组织。1982 年 12 月世界卫生组织西太平洋地区办事处在菲律宾马尼拉召开针灸穴名标准化工作组会议，与会的针灸学者倡议筹建世界针联。1984 年，卫生部、中国科协、外交部和国家科委联名报请国务院批准，开始正式筹备工作。笔者适在卫生部工作，和外事司及中国针灸学会共同参与具体运作。经三年的积极筹备，1987 年 11 月世界针联在北京正式宣告成立。时任国家副主席乌兰夫、习仲勋、黄华副委员长等国家领导人出席了成立大会的开幕式。大会接纳世界各地 57 个团体会员，代表 37 000 多名针灸工作者，通过《世界针灸学会联合会章程》和《世界针灸学会联合会道德准则》。中国是针灸的发源地，国际针灸界呼吁中国牵头，世界针联设在北京顺理成章。世界针联的历届主席、秘书长和司库，迄今为止均为通过大会选举产生的中国专家担任。从 1987 年起担任主席的分别是：胡熙明、王雪苔、陈绍武、洪伯荣、邓良月、刘保延。

世界针联现有 246 个团体会员，代表 70 个国家和地区的近 40 余万名针灸工作者。世界针联举办了 20 余次世界针灸学术大会、国际针灸专题研讨会；开展针灸标准化研究，参与同世界卫生组织制定并推广“针灸术语标准化”和“经穴部位国际标准”；1988 年创办《世界针联通讯》，1991 年创办会刊《世界针灸杂志》，1997 年开展国际针灸资格考试，出版《国际针灸学教程》，2004 年创办世界针联网站（www. wfas. org. cn）；1998 年起成为与世界卫生组织建立正式关系的国际非政府组织。

【案例八】

国际动物学会（International Society of Zoological Sciences，ISZS）是在民政部正式登记注册、落户我国的国际学术团体。其前身为创始于 1889 年的国际动物学大会（International Congress of Zoology）。这是国际动物学界最高级别科学会议，首届大会于 1889 年在法国召开，之后每 4 年举办一次。2004 年，国际生物科学联合会（IUBS）接受中国、澳大利亚和以色列科学家的共同提案，决定成立国际动物学会。2004 年 8 月，北京召开第 19 届国际动物学大会，各国与会的动物学家投票一致同意秘书处永久落户中国，挂靠中国科学院动物研究所。秘书处团结从事动物科学的学者、教育者及各国动物学专业组织，促进不同专业间的协调与合作，推动动物科学发展。在中国科协、中国科学院和中科院动物研究所的支持下，出版会刊《整合动物学》，主办整合动物学一系列国际研讨会和第 20 届国际动物学大会；承担“全球气候变化的生物学效应”国际研究计划；举办高端研修班、教育培训、科普宣传等国际学术交流活动。截至2013年10月，学会拥有团体会员114个，覆盖各类科技人员3万多人，分布在世界73个国家和地区。国际动物学会推动了世界整合动物学的发展，促进了我国动物学界的国际交流。由于国际动物学会设在中国，我国科学家在国际动物学会发挥着主导作用，张知彬教授担任国际动物学会会长，中科院韩春绪教授任秘书处专职秘书长。

【案例九】

国际地质科学联合会（International Union of Geological Sciences，简称“国际地科联”），成立于1961年，是全球地质科学家级别最高的学术组织，在组织全球基础和应用地学研究、“地学为社会服务”以及用地学研究成果影响政府决策等方面发挥着重要作用。国际地科联主席、秘书长、司库组成执行局，负责联合会日常事务，是其核心领导。执行局下常设办事机构为秘书处，负责执行局与理事会成员及相关组织机构的沟通协调工作。中国地质学会于1976年成为国际地科联成员。2012年12月，在中国国土资源部的支持下，国际地科联秘书处迁址中国北京。中国地质学会常务理事、中国地质科学院副院长董树文研究员任国际地质科学联合会司库（2012—2016年）。国际地科联秘书处落户中国北京，不仅是国际地科联和国际地学界对中国同行的信任，也是中国政府和地学界为扩大国际合作、促进地学发展做出贡献的重要机遇。

思考题

1. 国际组织任职与国际职员有何区别？
2. 如何推送优秀人才到政府间国际组织任职？
3. 如何进一步推送人员到国际非政府组织任职？
4. 在国际组织任职需要具备哪些条件？

附录一

国际组织一瞥

关于国际组织现在已经形成了专门的学问，这里仅介绍一些基本常识。国际组织是由众多国家组成的国家间组织，是近代出现的跨国性的组织。国家间在政治、经济、社会、文化等领域进行交流与合作过程中，会出现一些任何单独国家都难以解决的问题，需要有关国家共同研究。为此，它们定期或不定期举办国际会议，由于需要处理日常事务而成立秘书处，逐步转化成为相应的国际组织。

据《国际组织年鉴》统计，20 世纪初，世界上有 200 余个国际组织，到 20 世纪 50 年代发展到 1 000 余个，20 世纪 70 年代末增至 8 200 余个，1990 年约为 2.7 万个，1998 年为 4.8 万余个，21 世纪初达 5.9 万余个。现在，世界上有 7.2 万余个国际组织，包括有主权国家参加的政府间国际组织、民间团体成立的国际非政府组织，它们既有全球性的，也有区域性、国家集团性的。

国际组织的分类

国际组织的性质宗旨、地域分布、成员构成各不相同，可以从不同角度简单分类。

按成员分类

● 政府间国际组织（international governmental organizations，IGOs），指一般只有主权国家才能参加、通过宣言等具有法律约束力的国际公约而成立的国际组织。例如，世界上最大的一般政治性组织联合国、联合国各专门机构（special agencies of the United Nations）等。

● 国际非政府组织（international non-governmental organizations，INGOs），指未经政府间协议而建立，由独立机构、民间组织、志愿协会等团体组成的国际组织，例如，红十字国际委员会（International Committee of the Red Cross，ICRC）、国际奥林匹克委员会（International Olympic Committee，IOC）、国际科学理事会等。

世界上的国际非政府组织占国际组织总数的90%左右，其数量远高于政府间国际组织。

按地域分类

● 全球性国际组织。这类国际组织的名称一般以联合国（United Nations）、世界（World）、全球（Global）、国际（International）等开头，如联合国儿童基金会（United Nations Children's Fund，UNICEF），世界卫生组织（World Health Organization，WHO），抗击艾滋病、结核和疟疾全球基金（Global Fund to Fight AIDS，Tuberculosis and Malaria），国际劳工组织（International Labour Organization，ILO）等。

● 区域性国际组织。这类国际组织的名称一般指明其所在地域，例如亚太经济合作组织（Asia-Pacific Economic Cooperation，APEC）、非洲联盟（African Union，AU）、美洲国家组织（Organization of American States，OAS）、欧洲联盟（European Union，EU）等。

全球性国际组织虽然覆盖的国家数量多，但区域性国际组织的数量远高于全球性国际组织，占全部国际组织的70%以上。

按性质分类

● 政治性国际组织，如联合国是世界最大的政治性政府间国际组织，独立国家联合体（Commonwealth of Independent States，CIS）是苏联解体后由原多个加盟共和国组成的一个区域性政府间国际组织。

● 专业性国际组织，如世界贸易组织（World Trade Organization，WTO）、国际图书馆协会联合会（International Federation of Library Associations and Institutions，IFLA）等。

专业性政府间国际组织

现代国际组织最早出现在欧洲，是工业革命后欧洲国家多边关系发展的产物，是为了在一定业务领域进行国家之间的合作而成立的机构。

● 国际电报联盟成立于1865年，是为了各国能够在电报和邮政方面进行合作而成立的。1844年，美国人塞缪尔·莫尔斯（Samuel Morse）利用电磁技术，从华盛顿向巴尔的摩发出了世界上第一份公共电报。当时没有跨国电报线路，电文需经抄写和翻译，交到口岸经邻国电报网转发。于是，许多国家着手制定双边和区域性协议，促进各国的网络互连。1865年，欧洲20个国家在巴黎签署《国际电报公约》。该组织现名为国际电信联盟（International Telecommunication Union），是联合国专门机构之一。

● 世界气象组织的前身是国际气象组织，至今已有 100 余年的历史。各国天气、气候、水文变化不受国家疆界限制，世界气象领域的合作组织应运而生。1872 年在莱比锡举行了国际气象会议，1873 年在维也纳召开首届世界气象大会，成立国际气象组织，协商处理世界各类气象观测网的建立和管理，组织国际协作。此后每六年召开一次会议，1929 年设立秘书处负责处理日常事务。该组织的业务范围不断扩大，逐步涵盖图书出版、观测方法、高空气象、农业气象、水文气象、航空气象、航海气象等各个专业领域，并设立了东南亚、非洲、美洲、西南太平洋、欧洲、东地中海六个地区办事处。1950 年，国际气象组织正式更名为世界气象组织（World Meteorological Organization），成为联合国的专门机构之一。

● 万国邮政联盟的前身邮政总联盟于 1874 年成立。1840 年英国建立了邮信体系，出版发行世界首枚邮票，由此形成现代意义上的公共邮政。那时，国家之间的信件来往没有统一网络，国际贸易迅速发展，邮政领域的国际组织随之诞生。1874 年，欧洲成立邮政总联盟。由于加入联盟的国家日益增多，1878 年更名为万国邮政联盟（Universal Postal Union，简称万国邮联），它大大推动和促进了世界邮政事业的发展。

专业性国际非政府组织

民间性质的国际非政府组织比政府间国际组织数量更多，有的成立更早，例如：

● 红十字国际委员会创建于 1863 年。它是从个人自发救助受伤士兵的行动开始逐步形成的致力于人道主义、帮助战争受害者的国际组织。它经历了人类历史上的众多危机，在两次世界大战当中，组织后方急救队志愿者，保护没有参加战争的人员和不再参战的人员和战俘。最早在欧洲活动，后扩展到全球各大洲。目前有 189 个国家的红十字会加入该组织，共同弘扬人道主义、维护世界和平、发展进步事业。

● 国际抗癌联盟（Union for International Cancer Control）是全球最大的非政府抗癌组织机构、最有影响力的肿瘤防治学术组织，创建于 1933 年，拥有全球 346 个会员单位（截至 2009 年 10 月），覆盖 109 个国家和地区。中国抗癌协会于 1997 年成为该联盟的正式会员单位。2009 年，该组织在天津建立国际抗癌联盟中国联络处。

政治性的国际组织

这类国际组织都是政府间国际组织。

● 国际联盟（League of Nations）是以“防御侵略战争、和平方式解决国际争端”为宗旨的第一个政治性国际组织，是第一次世界大战的产物。1919 年，有关国家在法国召开巴黎和会，在美国倡导下通过《国际联盟盟约》，盟约于 1920 年 1 月生效。一战中，对德国、奥地利宣战的国家是创始国，先后加入的国家共有 63 个，中国于 1920 年 6 月加入该联盟。国际联盟确定了两大任务：一是维护世界和平，制止侵略行为；二是以和平的方式解决国际社会、经济等方面的国际争端和问题。但国际联盟没能阻止二战爆发，于 1946 年解散。

● 国际劳工组织成立于 1919 年，附属于国际联盟。它成立的原因首先是人道因素，当时“劳动条件使大量工人遭受不公正、苦难和贫困”；其次是政治因素，当时工业化进程造成工人数量大幅增加，不改善工人劳作条件就会“造成巨大不安定，乃至使世界和平与和谐遭受危害”；最后还有经济因素，要改善劳工工作条件必然造成生产成本提高，各国必须采取一致行动，以避免不公平竞争。国际劳工组织就是在这样的历史背景下成立的。和联合国其他专门机构不同，参加国际劳工组织大会的各国代表团由政府代表、雇主代表、工人代表三方组成，各自独立表决。

中国与国际组织

国际组织形成的初期阶段正值我国晚清时期。我国加入国际组织并参与国际组织活动，最早记录见于清末，发展于中华民国成立之后；新中国成立后和国际组织的关系经历了一个相当曲折复杂的发展过程。

清朝晚期

光绪三十年（1904 年），我国第一个红十字会成立。那年，日本和沙俄在旅顺发动日俄战争，我国东北惨遭战火荼毒，引起社会广泛关注。上海著名社会活动家沈敦和等人在清政府支持下与英、法、德、美中立国家的在华友好人士进行协商，于 1904 年 3 月联合成立包括中国在内的、由上述五国人士组成的万国红十字会上海支会，利用民间募捐和清政府拨款救助难民，这就是中国红十字会的起源。清政府于 1906 年签署《日内瓦公约》。1910 年，万国红十字会上海支会更名为大清红十字会。1912 年中华民国成立后，更名为中国红十字会。

大清红十字会前身为万国红十字会上海支会，在严格意义上还没有正式参加国际组织。然而，这在中国参加国际组织的历史上具有重要意义。中国红十字会 1912 年被红十字国际委员会承认为其成员，是我国历史上最早加入国际组织的机构。

民国时期

1912 年 1 月 1 日中华民国成立后，中国与国际组织的关系取得进展，既加入了国际非政府组织（如红十字国际委员会、国际红十字会与红新月会联合会），也加入了一些政府间国际组织，还成为一些重要国际组织的创始国，例如：

● 万国邮政联盟是国际邮政事务方面的政府间国际组织，中华民国 1914 年 3 月成为其成员（香港于 1877 年 4 月加入，1997 年 7 月 1 日更名为中国香港；澳门于 1878 年加入，1999 年 12 月 20 日更名为中国澳门）。

● 国际电信联盟由无线电通信、电信标准化和电信发展三大部门组成，中国 1920 年加入该联盟。

● 国际奥林匹克委员会于 1894 年成立，中国奥委会 1922 年得到国际奥委会承认。

● 国际联盟于 1920 年成立，中国于 1920 年加入该联盟。

● 国际劳工组织于 1919 年成立，中国是创始国之一。

● 联合国于 1945 年成立，中国是创始国之一。

● 世界卫生组织于 1948 年成立，中国是创始国之一。

● 世界气象组织的前身是国际气象组织，于 1873 年成立，中国是《世界气象组织公约》签字国之一。

新中国时期

1949 年 10 月 1 日中华人民共和国成立后，中国与国际组织的关系经历了长期曲折的历史过程，中国所扮演的角色也发生了巨大变化：从相互完全拒绝到双方逐步承认，从强调政治挂帅到逐步熟悉适应，从片面注重政治转向逐步全面务实，从一般参与者转向积极主导者。这个过程的每个阶段都有其历史必然性和时代特殊性，与当时的国内、国际形势相关联；与高层领导对国际形势的分析和对国际组织的认知程度相关联，与我国整体实力相关联。20 世纪末特别是 21 世纪以来，中国和国际组织的关系进一步发展，从一般参与者逐步向建设者、主导者发展，积极参与对国际组织“游戏规则”的修改和制定。这种变化反映了我国综合国力的提升，体现了我国和平发展的需要，回应了国际社会希望我国在国际事务中发挥更大作用的共同期待。我国与国际组织的关系，可分为以下几个阶段：

1949—1970 年，从相互完全拒绝到双方逐步承认

新中国成立初期，一些西方国家对我国采取不承认的孤立政策，西方在国际组织中占据主导地位，加上意识形态等方面的因素，我国对国际组织有强烈的不信任感，视之为西方操纵世界、愚弄人民的政治工具，朝鲜战争的爆发加深了这种认识。

1950 年 6 月 25 日，朝鲜战争爆发，次日美国参战。美国打着联合国的旗号，主导联合国安理会批准其提案，组织所谓联合国军（包括美国、英国、法国、荷兰、比利时、卢森堡、加拿大、新西兰、澳大利亚、土耳其、菲律宾、泰国、希腊、哥伦比亚、埃塞俄比亚、南非联邦共 16 个国家派兵参加）。在与联合国军直接交战的情况下，我国不承认此联合国决议的合法性，不可能与联合国建立关系。中国是联合国的创始国之一，1949 年后，在联合国的席位问题长期未得到解决。1950 年 1 月起，为抗议蒋介石集团占据中国在联合国的席位，苏联拒绝出席联合国安理会会议。1950 年朝鲜战争爆发，苏联驻联合国安理会大使未返回纽约，结果安理会以 13 票赞成 1 票反对（南斯拉夫）的表决结果批准组建联合国军，导致中朝两国同以美国为首的联合国军间长达 3 年的战争，直至 1953 年 7 月 27 日签署《朝鲜停战协定》。

其实，我国并未完全拒绝联合国。1949 年 11 月，周恩来总理以中华人民共和国外交部部长名义致电联合国，声明中华人民共和国是代表中国的唯一合法政府，要求取消蒋介石集团在联合国占据的席位，1950 年，中国任命了出席第 5 届联合国大会的首席代表，但是遭到美国阻挠。1950 年，苏联、印度等在联合国大会提出接受新中国的议案，遭到美国破坏，被联合国大会否决；此后 10 年，历届联合国大会都“暂缓讨论”我国席位问题。1960 年，赞成讨论的增加到 34 票，反对票为 42 票。1961 年，美国把恢复中国席位说成是“重要问题”，要求 2/3 多数票通过。1970 年，阿尔巴尼亚等国提出恢复中国权利的议案，首次获得简单多数票通过，但没达到 2/3 多数票。新中国被拒联合国大门之外长达 21 年之久，在这 21 年里，为恢复我国在联合国合法席位的斗争从未停止，这从一个侧面反映了我国和国际组织相互之间从“完全拒绝”到“逐步承认”的曲折过程。

我国和其他国际组织之间也有过类似的曲折历程。20 世纪 50 年代初，中国外交部部长向联合国专门机构（万国邮政联盟、世界卫生组织、世界气象组织、国际民用航空组织、国际劳工组织、国际货币基金组织、国际复兴开发银行、国际电信联盟）提出承认中国席位的要求。由于美国阻挠，我国仅于 1950 年和 1951 年出席万国邮政联盟会议。1950 年世界卫生大会做出“邀请中国出席”的决议，但该决议同时发给中华人民共和国中央人民政府和蒋介石集团，我方对此未予理睬。新中国成立后，第一个恢复我国合法席位的国际组织是红十字国际委员会——1952 年举行的第 18 届国际红十字大会，承认中国红十字会是中国唯一合法的全国性红十字会。

1955 年，美国开始推行“两个中国”政策，阻碍我国与国际组织建立正常关系。1956 年国际奥委会主席布伦戴奇（美国籍）把台湾列入国际奥委会名单。经多次抗议无效，我国决定不参加当年的奥运会；1958 年中断与国际奥委会的关系；1975 年中国要求恢复在奥林匹克运动中的代表权，直到 1979 年才通过决议解决中国代表权问题：中国使用中华人民共和国国旗、国歌；“中华台北奥委会”使用“不同于其目前使用的旗、徽和歌”。

1971—1978 年，从强调政治挂帅到逐步熟悉适应

在第三世界国家的支持下，在 1971 年的第 26 届联合国大会上，恢复中国合法席位的提案得到绝大多数会员国支持，以 76 票赞成、35 票反对、17 票弃权的结果顺利通过。这为我国走向国际舞台打开局面，我国随即与国际组织恢复或建立了合作关系。

- 1971 年起，我国恢复了在国际劳工组织、国际民用航空组织、联合国教科文组织、万国邮政联盟、世界气象组织、国际电信联盟、国际海事组织的席位。
- 1972—1973 年，我国积极参加联合国所属机构活动，包括联合国开发计划署、联合国环境规划署、联合国工业发展组织、联合国贸易与发展会议等。

这个阶段我国与国际组织的关系重点是同联合国及其专门机构恢复和建立关系，活动集中在政治方面，同经济、贸易、文化、科技等领域的国际组织联系相对较少。那时由于刚刚加入国际组织，还缺乏在国际组织开展多边外交活动的经验，加之“文革”极左思潮的影响，我们虽出席参与国际组织活动，但多视之为国际讲坛，与会时往往带有自我宣传色彩，以第三世界代表自居。涉及与我国关系不大、业务性较强的议题，一般很少发言。即使发言也常是原则表态多，具体建议少；政治宣讲多，业务探讨少。给人的印象不是积极的参与者，更像是旁观者、批判者。世界卫生组织有位高级官员曾对笔者的同事说：“我们秘书处对中国代表发言非常紧张：你们一般不发言，一旦发言必定涉及政治问题。”这虽是句玩笑，却从外国人的视角折射了那时的情况，“政治挂帅”确曾影响到那时我国在国际组织活动中的表现。

1979—1989 年，从片面注重政治转向逐步全面务实

改革开放以来，我国同国际组织的关系进一步发展。我国民间科技团体采取更加灵活务实的办法，参加了数量可观的国际非政府组织活动。1979 年以后，中国科学技术协会所属各学会、协会同国际科技团体恢复和建立合作关系。1979—1992 年，新加入国际科学理事会、世界工程组织联合会等 200 多个国际科技组织，涵盖自然科学、工程技术领域等绝大部分重要国际组织。我国同政府间国际组织的关系逐步扩展到经济、贸易、维和、裁军等领域。

- 1980 年，恢复在国际货币基金组织的代表权。
- 1980 年，加入世界知识产权组织。
- 1980 年，参加裁军谈判会议；1983 年，向驻日内瓦代表团派出裁军大使。
- 1981 年，列席关贸总协定纺织品委员会；1986 年，列席部长级会议。
- 1983 年，成为世界旅游组织正式成员。
- 1984 年，成为国际刑警组织正式成员。
- 1984 年，成为国际原子能机构成员、指定理事国。
- 1984 年，中国全国人民代表大会代表团加入各国议会联盟（Inter-Parliamentary Union）。
- 1990 年，中国第一次派出维和观察员，参与联合国在纳米比亚的维和行动。

这个时期，我国解放思想，逐步改变对国际组织只尽义务不敢享受应有权利的局面，开始与国际组织建立健全实质性的合作机制。

- 1981 年 6 月，世界卫生组织在京设代表处，以加强同我国合作项目开展，解决合作中的问题。卫生部和代表处建立例会制度，共同处理合作日常事务，并建立联合协调委员会机制，每年轮流在北京和马尼拉举行会议。
- 1985 年 1 月，国际劳工组织设立北京局，负责与有关部委、工会、企业和学术团体联络，实施在我国的技术合作，协助我国发展职业技术培训。

1990 年至今，从一般参与者角色转向积极主导者角色

1989 年，西方国家对我国实行“制裁”，停止许多双边官方往来。相比较而言，我国与国际组织的合作受到的影响相对较小。1989 年 8 月初，中国与世界卫生组织联合协调委员会会议如期在我国进行，世界卫生组织高级官员率团出席。中国科学技术协会于1989年下半年至1990年的一年半时间里，在国内举办13次国际会议，2 000多名外国专家应邀与会。

20世纪70—90年代，综合国力的不断增强以及国际组织工作经验的日渐丰富，为我国在国际组织采取更为主动的行动提供了条件。对国际组织的参与度和认同度，是判断我国融入国际体系的重要指标。冷战结束后，国际组织成为解决全球性问题的主要途径，也是我国在国际事务发挥作用的重要平台，成为我国和平发展、与国际接轨的合作伙伴。笔者赞同这样的归纳：中国对国际组织的态度经历了从拒绝到承认、从消极旁观到积极参与、从象征性主张到实质性建设、从注重实际利益到努力寻求双赢的过程。中国积极参与国际组织“游戏规则”的制定，由“被动参与”向“主动建设”转化，逐渐成为这一体制的“参与者、维护者和建设者”①。

有人说21世纪是国际组织的世纪。21世纪以来我国以更加积极、更加开放的姿态出现在国际舞台上，不仅参加全球性国际组织，还积极发展与重要区域性国际组织的关系，在我国承办国际组织的论坛、博览会等等。

● 1991年11月，我国加入亚太经济合作组织。该组织于1989年成立，是亚太地区最具影响力的经济合作官方论坛，也是我国参加的最重要的区域性经济合作论坛。1991年10月，我国坚持一个中国原则和严格区分主权国家和地区经济体原则，与有关方面签署谅解备忘录，明确中国作为主权国家以“中华人民共和国”的名称、台湾和香港以“中国台北”和“香港”（1997年7月改为“中国香港”）的名称同时加入。我国领导人参加该组织历次领导人非正式会议。在亚太经合组织第14次领导人非正式会议上，胡锦涛同志提出“建设持久和平、共同繁荣的和谐亚太”，被列入《河内宣言》。我国同该组织成员经贸关系密切，1991年以来，与该组织成员的贸易额占我国外贸总额70%以上。

● 1997年，我国加入东南亚国家联盟（Association of Southeast Asian Nations）“10+3”会晤机制。东盟于1967年成立。成立初期正值我国进行“文化大革命”。中美建交后，东盟各国（文莱、印度尼西亚、马来西亚、菲律宾、新加坡、泰国、越南、老挝、缅甸、柬埔寨）陆续与我建交并解除贸易禁令。中国于1996年成为东盟全面对话伙伴，关系发展顺利：

1997年，发表《中华人民共和国与东盟国家首脑会晤联合声明》，确定中国—东盟21世纪睦邻互信伙伴关系指导原则。

2001年，协商10年内建成中国—东盟自由贸易区。

● 2001年，上海合作组织正式成立。中国、俄罗斯、哈萨克斯坦、吉尔吉斯斯坦、塔吉克斯坦和乌兹别克斯坦六国元首签署《上海合作组织成立宣言》，这是第一个在中国宣布成立、第一个以中国城市命名的地区性国际组织，会员国总面积占欧亚大陆的3/5，人口是世界人口的1/4。上合组织前身是“上海五国”领导会晤机制，旨在加强中国与四国（哈、吉、俄、塔）在边境地区的互信。上合组织在安

① 孙洁琬．中国与国际组织“亲密接触”．人民论坛，2007 (11).

全、经贸、文化、军事、司法领域展开合作。2003 年，中国驻俄国大使张德广被任命为上合组织首任秘书长。

● 2001 年 2 月，博鳌亚洲论坛成立，总部设在海南博鳌，论坛不是严格意义上的区域性国际组织，但国际社会对此均广泛关注。时任的日本首相、菲律宾总统、澳大利亚总理、哈萨克斯坦总理、蒙古国总统等 26 个国家政要与会，通过《博鳌亚洲论坛宣言》。

● 2001 年 12 月，中国正式加入世界贸易组织。中国自 1986 年申请重返关贸总协定，1995 年 7 月世贸组织接纳中国为该组织的观察员。中国经历了长达 15 年的努力，最终成为该组织的第 143 个成员。

2004 年，签署《中国—东盟全面经济合作框架协议货物贸易协议》，2010 年实现物流零关税。

2004 年，开始每年在华举办中国—东盟博览会，这是在中国境内由多国政府共同长期举办的展会。

● 2007—2010 年，我国在大连、天津轮流承办夏季达沃斯论坛。世界经济论坛是瑞士日内瓦大学施瓦布教授于 20 世纪 70 年代初创建的国际非政府组织，每年冬季在瑞士达沃斯召开年会（因此也被称为“达沃斯论坛”）。与会者有国家元首、政府首脑、政要名流、政府部长、国际组织高官、知名企业高管，被称为“非官方国际经济峰会”。2006 年确定举办夏季论坛，成立北京代表处，这是其在亚洲的第一个代表机构。

● 2008 年 12 月，中国派出海军舰艇赴亚丁湾和索马里海域执行护航任务。至 2022 年 6 月，已有百余艘舰艇、3 万余名官兵对 1 500 批 7 000 余艘中外船舶实施护航。这是中国海军首次从近海走向远洋、从绿水走向蓝水，不仅维护了国家利益，也为世界和平做出了贡献。

近年来，在国际组织出任高级领导职位的人员也有所增加。2006 年 7 月我国提名香港特别行政区原卫生署长陈冯富珍为世界卫生组织总干事候选人，这是我国第一次参加联合国专门机构首席行政首长职位竞选。2006 年 11 月陈冯富珍当选，2007 年 1 月就职，2012 年竞选连任，任期至 2017 年。在国际组织出任高级职务的人员还有：

● 1998 年，赵厚麟当选国际电信联盟标准化局局长，2002 年连任；2006 年当选国际电信联盟副秘书长，2010 年连任；2014 年 10 月当选秘书长，2018 年连任。

● 2001 年，中国气象局副局长颜宏当选世界气象组织助理秘书长，2004 年当选副秘书长。

● 2004 年，国家邮政局国际合作司司长黄国忠当选万国邮政联盟国际局副总局长，2008 年连任。

● 2006 年，世界知识产权组织总干事办公室王彬颖被任命为该组织助理总干事，2009 年，当选副总干事，2014 年 10 月连任，2020 年再次被任命为副总干事。

我国参与国际组织的理念、做法不断进步。1980 年，邓小平指出：“我们在国际事务中起的作用的大小，要看我们自己经济建设成就的大小。如果我们国家发展了，更加兴旺发达了，我们在国际事务中的作用就会大。现在我们在国际事务中起的作用并不小，但是，如果我们的物质基础、物质力量强大起来，起的作用就会更大。”30多年过去了，中国发生了巨大变化。我们深信我国与国际组织的关系将得到进一步深化，在国际组织所发挥的作用将会更大。党的十八大以来，我国在国际组织任职的人员有了较大的进展，当选或连任政府国际组织和非政府组织行政首长，以及当选国际组织大会主席的有：

- 2012年陈冯富珍连任世界卫生组织总干事；
- 2013年李勇当选联合国工业发展组织总干事，2017年连任；
- 2013年张晓刚当选国际标准化组织主席；
- 2013年郝平当选联合国教科文组织大会主席；
- 2014年赵厚麟当选国际电信联盟秘书长，2018年连任；
- 2015年柳芳当选国际民用航空组织秘书长，2018年连任；
- 2019年屈冬玉当选联合国粮农组织总干事。

此外，联合国多个专门机构首长任命中国职员为副手，如：

- 2011年朱民被任命为国际货币基金组织副总裁；
- 2013年徐浩良被任命为联合国助理秘书长、联合国开发计划署助理署长兼亚太局局长；
- 2013年易小准被任命为世贸组织副总干事；
- 2016年张涛被任命为国际货币基金组织副总裁；
- 2018年曲星任联合国教科文组织副总干事；
- 2020年王彬颖任世界知识产权组织副总干事；
- 2021年刘华任国际原子能机构副总干事；
- 2021年张向晨任世界贸易组织副总干事；
- 2021年李波被任命为国际货币基金组织副总裁。

联合国简介

本书讨论的是国际公务员，他们工作的机构是联合国、联合国所属机构、联合国专门机构等政府间国际组织，现将相关情况做简要介绍。

联合国于1945年成立，是世界上最大的一般性、普遍性国际组织，现有193个会员国。

历史背景

联合国网站说“国际联盟”是联合国的前身，这似乎不十分确切，但二者的历史背景有相似之处。和第一次世界大战后成立的“国际联盟”一样，联合国是第二次世界大战的产物。一战后至二战前的20年间，资本主义国家的发展进入不平衡阶段，德、日经济实力增长，英、法、美发展相对缓慢，其间两次经济危机对资本主义国家影响严重。1939年，德国进攻波兰，英、法对德宣战，第二次世界大战正式爆发，61个国家和地区20多亿人口卷入战争。

战争初期美国保持中立。1941年日本偷袭珍珠港，导致太平洋战争爆发。1941年12月，英国首相丘吉尔访美，与罗斯福总统举行会议，议定《联合国家宣言》草案。1942年1月1日，以美国、英国、苏联、中国为首的26个国家签署《联合国家宣言》。这是世界上第一次正式使用"联合国家"的提法，当时还没作为国际组织的名称。1943年10月，苏、中、美、英四国在莫斯科发表《普遍安全宣言》，反映战后建立国际安全组织的共同主张。1945年4月25日在美国旧金山召开国际组织会议，以便正式制定《联合国宪章》。1945年6月26日，参加旧金山会议的50个国家一致通过了《联合国宪章》。

基本宗旨

联合国的宗旨简单来说就是作为协调各国行动的中心，实现三个共同目的：

◇ 维持世界和平与安全，制止侵略及破坏和平行为，通过和平方式调解那些有可能破坏和平的国际争端。

◇ 尊重人民的平等和自决权利，发展国际友好关系。

◇ 促进国际合作，解决经济、社会、文化及人类福利等各方面的国际问题，增进并激励对全人类的人权与基本自由的尊重。

主要机关

联合国由六大主要机关组成：联合国大会、联合国安全理事会、联合国经济及社会理事会、联合国托管理事会、国际法院、联合国秘书处。

◇ 联合国大会简称"联大"，由全体会员国组成，负责《联合国宪章》范围内各种事项，包括审议安全理事会和联合国其他机构报告，批准预算和会费分摊比例，选举安理会非常任理事国及其他机构应选举的理事国，根据安理会提名任命联合国秘书长。值得指出的是，联大决议没有法律约束力，只起道义和国际舆论方面的作用。联大通常每年9月召开，一般性辩论9个工作日，各国元首或政府首脑发言都集中在此阶段，大会整个会期长达13周。

◇ 联合国安全理事会简称"安理会"，由15个国家组成，美、英、法、俄、中为常任理事国，其他10个席位由联大选举产生，任期2年。安理会最主要的职责是维持国际和平与安全，所做出的决定所有会员国必须接受。安理会还负责向联大推荐新会员国、联合国秘书长人选等。安理会会务频繁，两次会议间隔不超过2周。安理会投票办法特别，出席并参加投票的理事国中9票同意即可通过，但规定9票赞成票里必须包括全部五个常任理事国，即使有一个常任理事国反对也不能通过。常任理事国"否决权"是历史形成的少数抵制阻止多数的权利。

◇ 联合国经济及社会理事会简称“经社理事会”，负责协调指导联合国在这方面的活动，由 54 个会员国组成。经社理事会每个月召开数天短会，每年 7 月举行为期 4 周的年会，讨论重大经济、社会和人道主义问题。

◇ 联合国托管理事会自 1994 年起已不再运作。

◇ 国际法院设在荷兰海牙，负责和平解决国际争端，由 15 名不同国籍的法官组成，每届法官任期 9 年，可连选连任，每三年改选 5 人。正、副院长由法官选举产生，任期 3 年。

◇ 联合国秘书处为联合国提供服务，执行其决定。秘书长由安理会提名、联大任命，任期 5 年，可连选连任。秘书处工作人员为国际公务员。联合国历任秘书长情况见表 A-1：

表 A-1　联合国历任秘书长

任次	任职人	任职时间（年）	国籍
第一任	赖伊	1946—1952	挪威
第二任	哈马舍尔德	1953—1961	瑞典
第三任	吴丹	1961—1971	缅甸
第四任	瓦尔德海姆	1972—1981	奥地利
第五任	德奎利亚尔	1982—1991	秘鲁
第六任	加利	1992—1996	埃及
第七任	安南	1997—2006	加纳
第八任	潘基文	2007—2016	韩国
第九任	古特雷斯	2017 至今	葡萄牙

联合国秘书处总部在纽约，在瑞士日内瓦、奥地利维也纳、肯尼亚内罗毕等地设有地区办事处。

联合国有关实体

联合国有很多部门，例如：

◇ 联合国环境规划署（United Nations Environment Programme）。

◇ 联合国贸易和发展会议（United Nations Conference on Trade and Development）。

◇ 联合国人口基金（United Nations Population Fund）。

◇ 联合国儿童基金会（United Nations Children's Fund）。

◇ 联合国难民事务高级专员公署（The Office of the United Nations High Commissioner for Refugees）。

◇ 世界粮食计划署（World Food Programme）。

联合国所属机构、联合国专门机构组成了复杂的“联合国系统”，详见图 A-1。

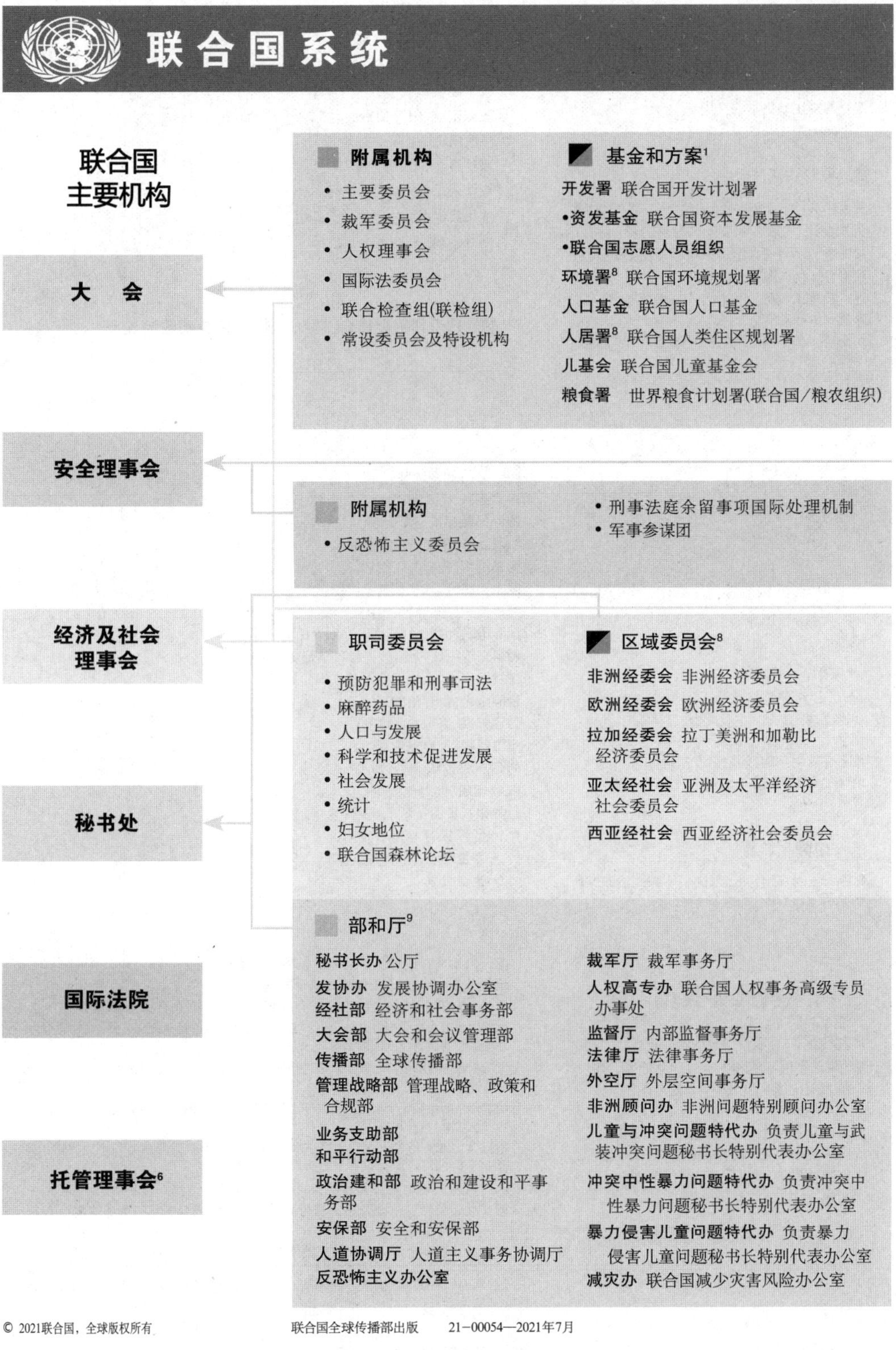
联合国系统
联合国
主要机构
大 会
安全理事会
经济及社会
理事会
秘书处
国际法院
托管理事会6
附属机构
• 主要委员会
• 裁军委员会
• 人权理事会
• 国际法委员会
• 联合检查组(联检组)
• 常设委员会及特设机构
基金和方案1
开发署 联合国开发计划署
•资发基金 联合国资本发展基金
•联合国志愿人员组织
环境署8 联合国环境规划署
人口基金 联合国人口基金
人居署8 联合国人类住区规划署
儿基会 联合国儿童基金会
粮食署 世界粮食计划署(联合国/粮农组织)
附属机构
• 反恐怖主义委员会
• 刑事法庭余留事项国际处理机制
• 军事参谋团
职司委员会
• 预防犯罪和刑事司法
• 麻醉药品
• 人口与发展
• 科学和技术促进发展
• 社会发展
• 统计
• 妇女地位
• 联合国森林论坛
区域委员会8
非洲经委会 非洲经济委员会
欧洲经委会 欧洲经济委员会
拉加经委会 拉丁美洲和加勒比经济委员会
亚太经社会 亚洲及太平洋经济社会委员会
西亚经社会 西亚经济社会委员会
部和厅9
秘书长办 公厅
发协办 发展协调办公室
经社部 经济和社会事务部
大会部 大会和会议管理部
传播部 全球传播部
管理战略部 管理战略、政策和合规部
业务支助部
和平行动部
政治建和部 政治和建设和平事务部
安保部 安全和安保部
人道协调厅 人道主义事务协调厅
反恐怖主义办公室
裁军厅 裁军事务厅
人权高专办 联合国人权事务高级专员办事处
监督厅 内部监督事务厅
法律厅 法律事务厅
外空厅 外层空间事务厅
非洲顾问办 非洲问题特别顾问办公室
儿童与冲突问题特代办 负责儿童与武装冲突问题秘书长特别代表办公室
冲突中性暴力问题特代办 负责冲突中性暴力问题秘书长特别代表办公室
暴力侵害儿童问题特代办 负责暴力侵害儿童问题秘书长特别代表办公室
减灾办 联合国减少灾害风险办公室
© 2021联合国，全球版权所有
联合国全球传播部出版 21-00054—2021年7月

图 A-1 联合国系统

研究和训练

裁研所 联合国裁军研究所
训研所 联合国训练研究所
联合国系统职员学院
联合国大学

其他实体

贸易中心 国际贸易中心（联合国/世贸组织）
贸发会议[1,8] 联合国贸易和发展会议
难民署[1] 联合国难民事务高级专员公署
项目署[1] 联合国项目事务署
近东救济工程处[1] 联合国近东巴勒斯坦难民救济和工程处
妇女署[1] 联合国促进性别平等和增强妇女权能署

相关组织

禁核试组织筹委会 全面禁止核试验条约组织筹备委员会
原子能机构[1,3] 国际原子能机构
国际刑院 国际刑事法院
移民组织[1] 国际移民组织
海管局 国际海底管理局
海洋法法庭 国际海洋法法庭
禁化武组织[3] 禁止化学武器组织
世贸组织[1,4] 世界贸易组织

建设和平委员会

高级别政治论坛

可持续发展问题高级别政治论坛

- 维持和平行动及政治特派团
- 制裁委员会（特设）
- 常设委员会及特设机构

其他机构[10]

- 发展政策委员会
- 公共行政专家委员会
- 非政府组织委员会
- 土著问题常设论坛

艾滋病署 联合国艾滋病毒/艾滋病联合规划署
地名专家组 联合国地名专家组
地理空间信管专委会 全球地理空间信息管理专家委员会

研究和训练

犯罪司法所 联合国区域间犯罪和司法研究所
社发所 联合国社会发展研究所

毒品和犯罪问题办公室[1] 联合国毒品和犯罪问题办公室
日内瓦办事处 联合国日内瓦办事处
最不发达等国家高代办 最不发达国家、内陆发展中国家和小岛屿发展中国家高级代表办公室
内罗毕办事处 联合国内罗毕办事处
伙伴关系办公室[2] 联合国伙伴关系办公室
维也纳办事处 联合国维也纳办事处

专门机构[1,5]

粮农组织 联合国粮食及农业组织
国际民航组织 国际民用航空组织
农发基金 国际农业发展基金
劳工组织 国际劳工组织
基金组织 国际货币基金组织
海事组织 国际海事组织
国际电联 国际电信联盟
教科文组织 联合国教育、科学及文化组织
工发组织 联合国工业发展组织
世旅组织 世界旅游组织
万国邮联 万国邮政联盟
世卫组织 世界卫生组织
知识产权组织 世界知识产权组织
气象组织 世界气象组织
世界银行集团[7] 国际复兴开发银行
- **世界银行** 国际开发协会
- **开发协会** 国际金融公司
- **金融公司**

注：

1 联合国系统行政首长协调理事会(首协会)的成员。
2 伙伴关系办公室是联合国对联合国基金会的协调中心。
3 原子能机构和禁化武组织向安全理事会和联合国大会(大会)报告。
4 世贸组织对大会无报告义务，但不定期为大会和经济及社会理事会（经社理事会）开展金融和发展等方面的工作。
5 专门机构为自治组织，其工作通过经社理事会(政府间一级)和首协会(秘书处间一级)进行协调。
6 随着剩下的最后一个联合国托管领土帕劳于1994年10月1日取得独立，托管理事会于1994年11月1日停止运作。
7 根据《宪章》第五十七和六十三条，解决投资争端国际中心和多边投资担保机构并非专门机构，而是世界银行集团的组成部分。
8 这些机构的秘书处是联合国秘书处的组成部分
9 秘书处还包括以下办公室：道德操守办公室、联合国监察员和调解事务办公室，以及内部司法办公室。
10 有关经社理事会附属机构的完整清单，请参阅un.org/ecosoc/zh。

本图反映联合国系统的职能性组织架构，仅作情况介绍之用，未包含联合国系统的所有办事处或实体。

图 A-1 联合国系统（续）

经费预算

联合国的经费预算有经常预算和维和预算。两项预算的经费主要来源为会员国缴纳的会费。联合国成立之初，会员国数量少，预算水平不高，例如 1946 年和 1947 年的年度经常预算分别只有 1 939 万美元、2 740 万美元（联合国大会文件第 A/RES/68 号）。经过 70 余年的发展变化，随着会员国数量和联合国活动的增加，近年来的经常预算已高达 30 亿美元。2022 年度的经常预算为 32.31 亿美元，略高于 2021 年度的 31.22 亿美元。经常预算主要用于联合国内设各部门的运转，1974 年以来实行双年度预算。根据第 72 届联大决议（A/RES/72/266）联合国 2020 年起试行年度预算办法。除经常预算，还有维和预算。联合国 1948 年开始维和行动，初期经费数量很低。维和预算以年度为期，根据维和需要制定。维和经费分摊比例在经常预算经费分摊比例基础上适当调整，但安理会常任理事国单列，分摊比例高于经常预算比例。以上两项预算的经费，均主要来自会员国缴纳的会费、摊派的经费。若用于各国的会费和按评定标准缴纳的维和费用入不敷出，联合国还有一个经费来源，即各国政府和团体的自愿捐款（预算外收入），而捐款往往是带有指定用途的，即 earmarked。

会费评定

联合国 1959 年起每三年评定一次会员国的会费比例。联合国 1945 年成立，1946 年美国会费占比高达 39.89%，1951 年起逐年略有降低，至 1954 年降至 33.33%。1974 年联大决定会费最高不超过 25%，这个比例维持到 20 世纪末。2001 年联大决定最高会费占比为 22%，维持至今。中国会费 1946 年占比 6.30%，中华人民共和国恢复联合国席位的 1971 年为 4.00%。"文革"期间我国不公布国民收入统计，实际被高估，1978 年占比 5.5%，高于一些发达国家。1980 年后占比才逐步降低，1983—2000 年近 20 年的会费占比低于 1%。随着中国的改革开放和国民经济高速发展，会费占比逐步提高。2019 年中国超过日本成为第二会费大国，占比 12.005%。

2021 年 12 月联合国大会通过的 2022—2024 年会费分摊比额计算要素和标准如下：

（1）国民总收入估计数；

（2）三年和六年统计基期的平均数；

（3）基于市面汇率的换算率；

（4）2019 年至 2021 年期间分摊比额表采用的债务负担调整办法；

（5）低人均收入调整为 80%，以统计基期所有会员国的人均国民总收入平均数为人均收入限度起始数；

（6）最低分摊比率为 0.001%；

（7）最不发达国家的最高分摊比率为 0.01%；

（8）最高分摊比率为 22%。

因此，美国会费仍维持 22%不变；中国继续排名第二，但是占比提高至 15.254%。中国自 1946 年以来会费比额的变化见图 A-2。

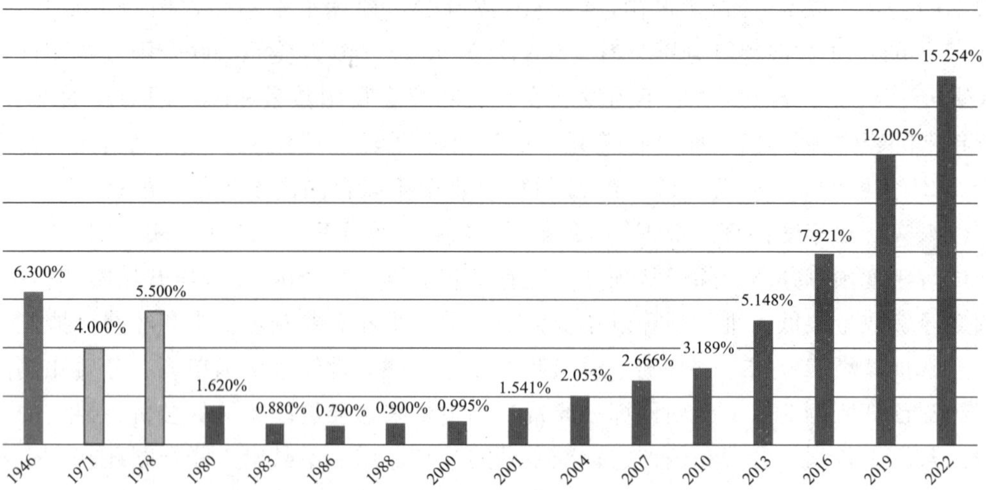

图 A-2　1946—2022 年中国在联合国的会费比额变化

2007—2009 年，会费最高的前 10 个会员国如表 A-2 所示：

表 A-2　2007—2009 年联合国会费最高的前 10 个会员国

排名	国家	占会费总额	排名	国家	占会费总额
1	美国	22.00%	6	意大利	5.08%
2	日本	16.62%	7	加拿大	2.98%
3	德国	8.58%	8	西班牙	2.97%
4	英国	6.64%	9	中国	2.67%
5	法国	6.30%	10	墨西哥	2.26%

2009 年 12 月通过 2010—2011 年财政预算总额为 51.56 亿美元。

2021 年联合国通过 2022—2024 年新的会费比额，会费最高的前 10 个会员国如表 A-3 所示：

表 A-3　联合国 2022—2024 年会费最高的 10 个会员国

排名	国家	占会费总额	排名	国家	占会费总额
1	美国	22.00%	6	法国	4.318%
2	中国	12.254%	7	意大利	3.189%
3	日本	8.033%	8	加拿大	2.628%
4	德国	6.111%	9	韩国	2.574%
5	英国	4.375%	10	西班牙	2.134%

徽章与旗帜

联合国的徽章的中心是一幅以北极点为中心、方位角等距离的世界地图，地图用白色代表水域，蓝色代表陆地，8 条直线与 5 个同心圆代表经纬线，标志着联合国是全球性国际组织；地图周围有两根橄榄枝环绕，象征着联合国的根本宗旨是维持世界和平与安全。联合国大会 1946 年通过了这一设计。

联合国旗帜底色为浅蓝色，正中是白色的徽章（见图 A－3）。联合国大会 1947 年通过该设计，允许表示支持联合国的组织和人民悬挂。

图 A－3　联合国旗帜

与中国的关系

中国是联合国创始国之一。我国在联合国的代表权问题可分为若干阶段。

联合国成立至新中国成立之前

1943 年 10 月，苏、中、美、英四国发表《普遍安全宣言》之后，分别举行过数次会议。中华民国政府出席了 1943 年 11 月 22 日至 26 日召开的开罗会议，就建立战后国际和平机构问题分别与美、英交换了意见，表示“中国将欣然参加四强的一切机构和参与制定决定”。

联合国国际组织会议于 1945 年 4 月 25 日在美国旧金山开幕。中国派代表团出席，中华民国政府外交部部长兼代理行政院院长宋子文为团长和首席代表，正式成员 9 人：

◇ 顾维钧（1888—1985），时任中华民国驻英大使。

◇ 王宠惠（1881—1958），时任中华民国国民参政会主席团主席。

◇ 魏道明（1901—1978），时任中华民国驻美大使。

◇ 胡　适（1891—1962），中华民国前驻美大使。

◇ 吴贻芳（1893—1985），女，时任国民参政会主席团主席。

◇ 李　璜（1895—1991），中国青年党发起人。

◇ 张君劢（1887—1969），中国国家社会党成员。

◇ 董必武（1886—1975），中共党员、解放区代表。

◇ 胡　霖（1889—1949），时任《大公报》总经理。

此外还有顾问、秘书、随员，中共党员陈家康（1913—1970）、章汉夫（1905—1972）以秘书身份参加。大会开幕，中国代表团团长在主席台就座。董必武是代表团里最年长的一位，这是中共高级领导人首次在国际政治舞台亮相。董必武以大局为重，在讲话中表示："我虽系共产党之一员，然系代表整个中国。中国代表团中包括各党各派，诚是极好的象征。会议之一切，系超越一切党派利益。"他和其他代表合作，做出了积极贡献。

《联合国宪章》于1945年6月26日通过，中国第一个签字，随后苏、英、法及其他国家依国名英文字母为序签字，美国最后签字。中国代表团其中的8位成员（包括董必武）在《联合国宪章》上签字，他们不是代表哪一党、哪一派，而是代表全中国。在会议中，代表团内国民党、共产党、其他党派与无党派人士，密切合作团结一致，促成会议取得成功。

但是，中国共产党派人参加代表团是经过一番斗争的。国民党政府反对中国共产党代表参加。1945年2月，周恩来致电美国大使，指出绝不能仅由国民党政府代表参加会议，国民党独占代表名额，不公平、不合理。3月15日，罗斯福致电蒋介石表示，代表团容纳共产党和其他政党，能在大会上产生良好印象。10天后，蒋介石复电：决定派10人组成代表团，其中，国民参政会参政员6人，共产党、其他政党及无党派人士4人。

董必武参加中国代表团，表示中国共产党支持建立联合国。毛泽东在中国共产党第七次全国代表大会上发表《论联合政府》的报告说："中国共产党对于保障战后国际和平安全的机构之建立，完全同意敦巴顿橡树林会议所作的建议和克里米亚会议对这个问题所作的决定。中国共产党欢迎旧金山联合国代表大会。中国共产党已经派遣自己的代表加入中国代表团出席旧金山会议，借以表达中国人民的意志。"

新中国成立后

1949—1970年，是我国为恢复在联合国等国际组织合法席位而斗争的阶段，在联合国及世界卫生组织、国际劳工组织、世界气象组织、国际民用航空组织、万国邮政联盟等组织进行了不懈努力，受西方国家阻挠历经曲折，但始终未曾放弃。

1971—1978年，是斗争取得重大胜利的时期。随着国际政治力量对比的变化，越来越多的国家转向支持恢复我国的合法地位。1971年10月25日，第26届联合国大会以76票赞成、35票反对、17票弃权的结果通过阿尔巴尼亚、阿尔及利亚等23国提出的提案，决定恢复中华人民共和国在联合国的一切权利，承认中华人民共和国政府代表为中国在联合国的唯一合法代表，并立即把蒋介石集团从它在联合国及其所属一切机构中所非法占据的席位上驱逐出去。

1971年11月2日，中国组成中国代表团出席第26届联大。团长为外交部乔冠华副部长，副团长黄华，代表符浩、陈楚，副代表唐明照、王海容、张永宽等。代表团11月9日启程赴纽约，周恩来、叶剑英等国家领导人到机场欢送。

11月15日，新中国代表团第一次出席联大受到热烈欢迎。11月30日，黄华出席安理会会议。

1979年至20世纪末，中国加入的国际组织数量进一步增加，在国际舞台上更加活跃。如：1982年起给联合国环境规划署捐款，该署2003年在我国成立代表处；

1978年，联合国人口基金建立驻华代表处，向我国提供援助，中国也向其捐款；联合国儿童基金会自1979年开始与我国在儿童保健和营养、环境卫生、基础教育、艾滋病防治方面合作；世界粮食计划署1979年与中国恢复关系，1980年签订基本协定设立驻华代表处。我国在联合国等国际组织的活动范围和影响进一步扩大，关切的问题从政治扩展到经济、贸易、金融、文化、科技，进而延伸至军备控制和裁军等各领域。

21世纪以来，世界出现了新问题、新形势，中国与联合国的关系也出现了新发展、新变化、新态势。2000年，联合国首脑会议制订全球“千年发展目标”。2001年“9·11”事件后，反恐被列为联合国主要议程。2003年，美国单方面发动伊拉克战争，破坏联合国主导的国际安全机制。21世纪，国际社会需要进一步巩固和加强联合国的合法地位，形成新的集体安全共识，共同应对全球挑战。经过改革开放40多年的努力，我国和平崛起势不可当，我国在联合国的作用日益扩大。2008年国际金融危机席卷全球，为我国提供了新的历史机遇和国际话语权。在新的形势下，我国同联合国的关系必将进一步变化、深化、强化。习近平总书记提出“要提高我国参与全球治理的能力，着力增强规则制定能力、议程设置能力、舆论宣传能力、统筹协调能力”。党的十八大以来，我国全面推进中国特色大国外交，推动构建人类命运共同体。随着全球治理体系和国际秩序变革的加速推进，我国逐步深度参与人权、气候变化、公共卫生等诸多领域的规则制定、议程设置等工作，在全球治理中发挥日益重要的作用，这必将有助于提升我国国际影响力、感召力、塑造力。

联合国专门机构简介

联合国专门机构是独立的国际组织，不是联合国下属机构。有些比联合国成立时间还早，如万国邮政联盟、国际劳工组织等。它们在专门领域（如经济、文化、社会、教育、科学、卫生等）具有全球权威、广泛活动。联合国专门机构是专业性组织，一般不过问政治，世界银行明确规定“禁止政治活动”。专门机构遇到政治议题，一般主张交给联大或安理会处理。

专门机构具有独立法律地位、组织法、议事规则、经费来源；决议无须联合国批准；专门机构成员，并不一定是联合国成员，专门机构成员数量不一。截至2022年6月，联合国有193个会员国，世界卫生组织有194个成员，世界知识产权组织只有193个成员。它们一般有立法、执行、秘书处三层组织架构：

◇ 最高权力机关为全体成员大会，负责制定方针政策、通过预算、选举执行机构成员。大会每年或更长时间定期召开，如世界卫生组织每年5月召开大会，万国邮政联盟代表大会每5年召开一次。

◇ 执行机构为理事会（或执行局、执委会），每年开会数次，负责执行大会决议，提出建议、计划和方案。组成人员一般是大会选举的国家指定人员，也有的由会员国委派。

◇ 秘书处是办事机构，负责权力机关、执行机构委托工作，为其提供便利，处理经常性事务。秘书处职员为国际公务员，首席行政官由大会选举产生，其他职员通过招聘任职，受行政首长领导。秘书处在维持国际组织日常运转中具有重要作用。

有些专门机构还有地区和国家两级机构。如世界卫生组织有 6 个地区委员会、在 140 多个国家设代表处。国际劳工组织设地区、次地区和国家局。

联合国专门机构是由主权国家加入的政府间国际组织，成员享有同等权利，表现在投票制度是一国一票（one country one vote），但也有例外。如世贸组织不以国家名义而以独立关税区名义加入。世界银行、国际货币基金组织实行加权投票表决制。投票权分为两部分：一部分是基本投票权，各会员国均 250 票；此外为加权投票权，按各国缴款份额多寡而定。因此，美国、欧盟和日本的投票权高于发展中国家。这两个组织规定，重大议题需 85％的赞成票。美国表决权高达 17％，等于掌握实际否决权。这种表决方式被称为“one dollar one vote”。2010 年 11 月，国际货币基金组织执行董事会就改革方案达成一致，发达国家向发展中国家转移超过 6％的投票权，使发展中国家总体份额升至 42.29％。我国持有的份额从 3.72％升至 6.39％，从排名第六升到第三（前两名为美国和日本），获得更大话语权。国际货币基金组织总裁认为：“这项具有历史意义的协议是基金组织 65 年历史上一次最根本性的治理改革，也是一次最大规模的有利于新兴市场和发展中国家的权力调整，调整是为了认可它们在全球经济中越来越大的作用。”

目前，与联合国正式签约成为专门机构的组织（包括与联合国建立工作关系的国际原子能机构、世界贸易组织）共 17 个：

◇ 国际劳工组织，1919 年作为国际联盟的附属机构成立，1946 年成为联合国的专门机构，总部设在日内瓦。

◇ 联合国粮食及农业组织，1945 年在加拿大魁北克成立，1946 年成为联合国的专门机构，总部设在罗马。

◇ 联合国教育、科学及文化组织，1946 年成立，同年 12 月成为联合国的专门机构，总部设在巴黎。

◇ 世界卫生组织，1948 年成立并成为联合国的专门机构，总部设在日内瓦。

◇ 国际货币基金组织，1945 年成立，1947 年成为联合国专门机构，总部设在华盛顿。

◇ 世界银行集团，1944 年成立，1947 年成为联合国专门机构，总部设在华盛顿。

◇ 国际民用航空组织 1947 年成立，并成为联合国的专门机构，总部设在蒙特利尔。

◇ 万国邮政联盟，前身为 1874 年成立的邮政总联盟，1878 年改为现名，1978

年成为联合国的专门机构，总部设在伯尔尼。

◇ 国际电信联盟，前身为国际电报联盟，1934 年改为现名，1947 年成为联合国的专门机构，总部由瑞士伯尔尼迁至日内瓦。

◇ 世界气象组织，其前身为成立于 1873 年的国际气象组织，1951 年成为联合国的专门机构，总部设在日内瓦。

◇ 国际海事组织，1959 年成立，原名为政府间海事协商组织，1982 年改为现名，总部设在伦敦。

◇ 世界知识产权组织，前身是 1893 年成立的保护知识产权联合国际局，1974 年成为联合国的专门机构，总部设在日内瓦。

◇ 国际农业发展基金，1977 年成立，1978 年开始活动，是联合国粮食与农业的三大机构之一，总部设在罗马。

◇ 联合国工业发展组织，1966 年成立，是联合国的多边技术援助机构，1985 年成为联合国的专门机构，总部设在维也纳。

◇ 世界旅游组织，1975 年成立，2003 年成为联合国专门机构，总部设在马德里。

◇ 国际原子能机构，1957 年成立，是各国政府在原子能领域进行合作的国际机构，同联合国建立工作关系，总部设在维也纳。

◇ 世界贸易组织，是独立于联合国具有法人地位的国际组织，1995 年正式运作，1996 年取代 1947 年签订的关税及贸易总协定，总部设在日内瓦。

联合国专门机构主管的业务和组织机构各有不同，但有许多共同之处。中国与联合国专门机构的关系，经历了大体相同的曲折：

◇ 中国是国际劳工组织的创始国之一，1971 年恢复我国的合法席位，1983 年正式恢复我国在该组织的活动，1985 年国际劳工组织在我国设立北京局。

◇ 中国是联合国教科文组织创始国之一，1971 年在该组织内恢复合法席位，1972 年出席大会并当选执行局委员，1979 年成立中国联合国教科文组织全国委员会。

◇ 中国是国际货币基金组织创始国之一，1980 年恢复合法席位，目前在该组织份额占总额 6.40%（截至 2022 年 6 月），单独组成选区并派一名执行董事，1991 年该组织设立北京代表处。

◇ 中国 1914 年加入万国邮政联盟，1972 年恢复合法席位，1974 年起参加万国邮政联盟大会并当选邮政经营理事国。

◇ 中国是 1947 年《世界气象组织公约》签字国之一，1972 年加入该组织。

◇ 中国 1920 年加入国际电报联盟，1972 年恢复合法席位，1973 年当选国际电信联盟理事国。

◇ 中国是《国际民用航空公约》创始缔约国之一，1946 年成为正式会员。1971 年，国际民用航空组织承认中华人民共和国政府的代表为中国驻该组织的唯一合法代表。1974 年中国政府正式恢复参加该组织并当选为理事国，在蒙特利尔设立常驻该组织理事会中国代表处。

◇ 中国 1980 年加入世界知识产权组织，1984 年加入《保护工业产权巴黎公约》，1989 年加入《商标国际注册马德里协定》，1992 年加入《保护文学和艺术作品伯尔尼公约》，1994 年加入《专利合作条约》。至 1999 年共加入 10 多个条约。

◇ 中国 1973 年恢复在国际海事组织的会员国地位。

◇ 中国 1984 年成为国际原子能机构会员国。

◇ 中国 1995 年成为世界贸易组织观察员，中国 2001 年 12 月 11 日正式加入世界贸易组织。

限于篇幅和作者知识水平，本书仅以世界卫生组织为例，做一简单介绍。

世界卫生组织

过去国内人们对世界卫生组织的了解远不如对世界贸易组织的了解，近年来发生的几件大事，特别是突发的全球性的公共卫生事件，引起人们对这个国际组织更多的关注。

第一件是 2003 年发生“非典”疫情（传染性非典型肺炎，世界卫生组织后定名为 SARS），世界卫生组织在世界范围内主导“非典”防治工作而名声大振。

第二件是 2006 年 5 月世界卫生组织总干事李钟郁不幸病故，次年我国提名接任人选。这本是国际组织内的人事变动，但变成了我国外交工作的一件大事。2006 年 7 月，我国政府提名香港特别行政区原卫生署长陈冯富珍为候选人。这是有史以来我国第一次在联合国专门机构参加首席行政首长职位的竞选，格外引人注目。

这几件事发生时，笔者已到世界卫生组织总部工作，从国外特定环境、以国际职员视角见证历史，亲历亲闻，感受良多。以下就把世界卫生组织作为联合国专门机构的一个实例，做一些介绍。

历史回顾

世界卫生组织于 1948 年 4 月 7 日成立，现有 194 个会员国（截至 2022 年 6 月）。1945 年 4 月 25 日至 6 月 26 日在美国旧金山召开的联合国国际组织会议，讨论通过《联合国宪章》。有关国际组织文件没提建立国际卫生机构。中国代表团施耿元（1908—1998）医生以团长秘书名义与会。他发现这个问题，经团长同意积极活动，与巴西共同起草宣言，倡议增加卫生内容，成立全球政府间卫生组织，宣言获大会通过，为成立世界卫生组织奠定了基础。1946 年 6 月 19 日，国际卫生会议在纽约召开，会议持续 4 周半，联合国 61 个会员国出席，详尽讨论《世界卫生组织组织法》、召开首届世界卫生大会等。《世界卫生组织组织法》内容充满智慧和远见卓识，获得大会通过并交会员国政府批准。美国总统杜鲁门到会致辞说：“现代交通条件已不可能通过检疫来防止疾病对一个国家的侵入，这就需要在每一个国家里发展和加强卫生服务的建设，而这些服务需要由国际社会的活动予以协调。”世界卫生组织是根据《联合国宪章》成立的第一个专门机构。1948 年 4 月 7 日《世界卫生组织组织法》生效（4 月 7 日为“世界卫生日”），同年 6 月在日内瓦召开第一届世界卫生大会。

基本宗旨

该组织宗旨是“求各民族企达卫生之最高可能水准”。这是60多年前使用的语言，用现在的话说就是使全世界人民获得最高水平的健康。《世界卫生组织组织法》说：“享受最高而能获致之健康标准，为人人基本权利之一，不因种族、宗教、政治信仰、经济或社会情境各异，而分轩轾。”它否定了“身体没有疾病就是健康”的传统看法，提出了从身体、精神、社会多方面认识健康，指出“健康不仅为疾病和羸弱的消除，而系身体、精神及社会生活的完美状态”。世界卫生组织60多年前对健康的定义如此超前，至今依然适用，不能不钦佩前辈精英的远见卓识和超人智慧。

主要任务

世界卫生组织根据其宗旨确定主要任务和工作方向，目前表述的内容包括十几个方面：

◇ 指导和协调国际卫生工作；

◇ 根据各国政府的申请，协助加强国家卫生事业，提供技术援助；

◇ 主持国际性流行病学和卫生统计业务；

◇ 促进防治和消灭流行病、地方病和其他疾病；

◇ 促进防治工伤事故及改善营养、居住、计生和精神卫生；

◇ 促进从事增进人民健康的科学和职业团体之间的合作；

◇ 提出国际卫生公约、规划、协定；

◇ 促进并指导生物医学研究工作；

◇ 促进医学教育和培训工作；

◇ 制定有关疾病、死因及公共卫生实施方面国际名称；

◇ 制定诊断方法的国际规范的标准；

◇ 制定食品卫生、生物制品、药品的国际标准；

◇ 协助在各国人民中开展卫生宣传教育工作。

组织机构

其组织机构包括权力机构、执行机构、地区组织、秘书处、国家代表处等。

◇ 世界卫生组织的最高权力机构是世界卫生大会，主要任务是审议总干事报告、规划预算、接纳新会员及其他重要议题。

◇ 执行委员会是执行机构，负责执行大会决议、政策和大会委托的任务，成员由世界卫生大会选举产生34个国家，再由这些国家各选派一位公共卫生领域的资深专家组成，委员任期3年，每年改选1/3。

◇ 地区委员会：世界卫生组织的地区安排是创造性措施，在联合国专门机构是特例。共设六个地区办事处：非洲（布拉柴维尔）、美洲（华盛顿，原泛美卫生组织）、东地中海（开罗，由埃及检疫委员会改编）、欧洲（哥本哈根）、东南亚（新德里）、西太平洋（马尼拉，中国属于该地区）。

各地区组成基本上是取决于会员国的地理位置，但会员国可自行选择。如有的非洲国家参加东地中海地区；又如朝鲜和韩国出于政治原因分别参加东南亚地区和西太平洋地区。

◇ 秘书处是为理事机构提供服务和协助的常设办事机构，总部设在日内瓦，地区委员会有各自的办事处。总干事为最高行政首长，候选人由会员国政府提名，经执委会面试、筛选、提名，由世界卫生大会选举产生，任期 5 年。世界卫生组织历任总干事情况见表 A－4：

表 A－4 世界卫生组织历任总干事

任次	任职人	任职时间（年）	国籍
第一任	奇泽姆	1948—1953	加拿大
第二任	坎道	1953—1973（两届）	巴西
第三任	马勒	1973—1988（三届）	丹麦
第四任	中岛宏	1988—1998（两届）	日本
第五任	布伦特兰	1998—2003	挪威
第六任	李钟郁	2003—2006（未满一届）	韩国
第七任	陈冯富珍	2007—2017（两届）	中国
第八任	谭德塞	2017 至今	埃塞俄比亚

◇ 国家代表处：目前在 140 多个发展中国家设有代表处或派驻联络员，由总干事委派的代表及招聘人员组成，代表处不直接参与实施世界卫生组织项目，仅提供技术咨询和协助。世界卫生组织中国代表处设在北京，有上百位工作人员。

经费预算

正常预算来自会员国按照规定份额所缴纳的会费，预算外资源来自会员国和有关国际组织、机构和个人自愿捐款。

● 正常预算：世界卫生组织实行双年度预算，正常预算来源是会员国缴纳的会费。从 20 世纪 80 年代实行零增长，一直维持在 8 亿美元左右。世界卫生组织的活动经费实际越来越紧张，但绝大部分会员国都不同意增加会费总额：发展中国家经济上确实有困难；发达国家也不主张增加会费总额，因为正常预算的使用要经世界卫生大会批准，办法是“一国一票”，以体现会员国集体意图。2005 年正常预算增加 4%，此后总的预算水平不断增加，但增加的经费不是来自正常预算，而是来自预算外收入。2010—2011 年总预算为 45.4 亿美元，正常预算仅占总额的 20%左右。2020—2021 年规划预算方案草案总额为 48.404 亿美元，其中来自会费的比例不足 20%。各国缴纳世界卫生组织的会费比例，基本参照联合国制定的会费比例。美国会费最高曾经占 25%，2002 年降到 22%，持续至今。中国会费在 1972 年恢复世界卫生组织合法席位后一度高达 5.5%（1978 年），改革开放后由于我国对外公布 GDP 数字，会费比额逐步下降，1983—2000 年低于 1%。随着中国经济的逐步发展，我国会费也逐步提高。表 A－5 是 2012—2021 年，世界卫生组织前十个会费大国的排名变化情况。

表 A-5 2012—2021 年世界卫生组织前十个会费大国的排名及会费占比变化

排名	2012—2013 年		2014—2017 年		2018—2019 年		2020—2021 年	
1	美国	22.0%	美国	22.0%	美国	22.0%	美国	22.0%
2	日本	12.5%	日本	10.8%	日本	9.7%	中国	12.0%
3	德国	8.0%	德国	7.1%	中国	7.9%	日本	8.6%
4	英国	6.6%	法国	5.6%	德国	6.4%	德国	6.1%
5	法国	6.1%	英国	5.2%	法国	4.9%	英国	4.6%
6	意大利	5.0%	中国	5.1%	英国	4.5%	法国	4.4%
7	加拿大	3.2%	意大利	4.4%	巴西	3.8%	意大利	3.3%
8	中国	3.2%	加拿大	3.0%	意大利	3.7%	巴西	3.0%
9	西班牙	3.2%	西班牙	3.0%	俄罗斯	3.1%	加拿大	2.7%
10	墨西哥	2.4%	巴西	2.9%	加拿大	2.9%	俄罗斯	2.4%

● 预算外资源：预算外收入主要是自愿捐款，来自部分会员国政府、基金会、联合国等其他国际组织等。预算外经费的使用需和捐款国协商，自愿捐款一般都由捐款方指定用途（earmarked），不需要世界卫生大会讨论。自愿捐款解决了经费短缺的问题，但秘书处无法根据工作情况做出统一协调。因此，在挪威前首相布伦特兰担任总干事期间开始呼吁捐款方尽量减少指定用途，交由秘书处进行协调。笔者当年分管的英国政府第一个予以积极响应，但是大部分捐款依然指定用途。世界卫生组织现把非指定用途捐款定名为“核心自愿捐款”（core voluntary contribution，CVC），响应者逐步增加，但至 2020 年只有 10 个国家将部分自愿捐款作为 CVC 交由秘书处统一使用，这方面的工作尚有极大提升空间。

2020 年向世界卫生组织提供自愿捐款的前 20 名包括有关会员国政府、国际政府组织、国际或国家非政府组织、基金会，如表 A-6 所示。中国自愿捐款 8 900 万美元，排名第 15 位。

表 A-6 2020 年向世界卫生组织提供自愿捐款的前 20 名捐款方 单位：百万美元

序号	捐 款 方	数 额	序号	捐 款 方	数 额
1	美国	853	11	联合国中央应急基金	100
2	英国	464	12	科威特	95
3	比尔及梅琳达·盖茨基金会	455	13	世界银行	95
4	全球疫苗免疫联盟	389	14	挪威	93
5	德国	359	15	中国	89
6	联合国人道主义事务协调厅	286	16	加拿大	87
7	日本	234	17	瑞典	87
8	欧盟委员会	213	18	韩国	72
9	国际扶轮社	168	19	澳大利亚	71
10	美国国家慈善信托基金	116	20	法国	71

主要提供核心自愿捐款的会员国中，英国排名第一，金额超过一亿美元。图 A-4

是12个会员国2020年提供核心自愿捐款的数额。

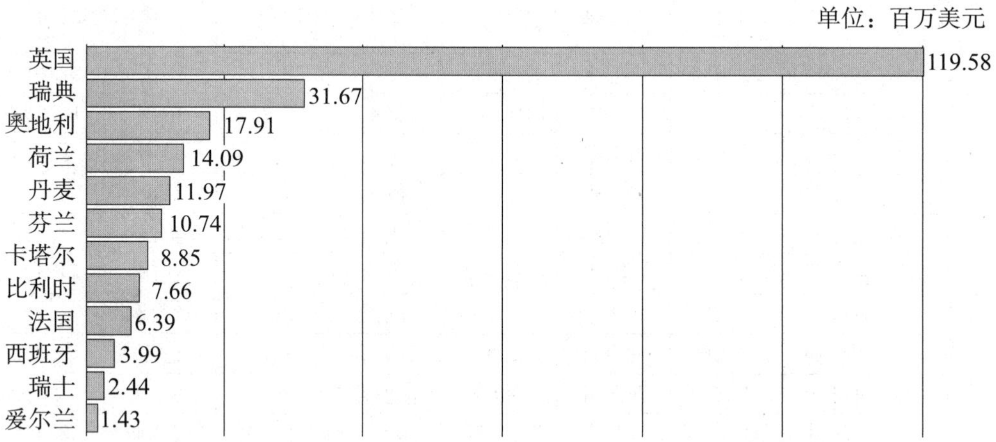

图A-4　12个会员国2020年提供核心自愿捐款的数额

当下形势

世界卫生组织成立70多年来，在很长一个时期内是居于全球卫生领域领导地位的最大、最重要的国际组织。随着形势的变化，世界卫生组织面临的问题越来越大，领导地位受到挑战。首先是经费问题。该组织预算不断增加，目前预算的80%以上依赖自愿捐赠，尽管有了核心自愿捐款，总体上还缺乏统一调度安排。世界卫生组织能够做主的经费（会员国所缴会费）仅占总预算的20%左右。其次，正如世界卫生组织总干事2011年5月在世界卫生大会致辞所言，21世纪的第一个10年，全球卫生的体制结构日趋复杂，特点是有更多的伙伴关系、基金会、金融工具以及双边和多边机构加入卫生领域。人们清楚地意识到在酝酿和制定卫生政策时，有越来越多的利益攸关者试图参与并发表意见。问题就在于如何应对这种复杂性。近年来出现的全球性卫生机构包括：

◇ 全球疫苗免疫联盟（Global Alliance for Vaccines and Immunisation，GAVI），1999年成立，是一个公私合作的全球性卫生合作组织，其宗旨是与政府和非政府组织合作促进全球健康和免疫事业的发展，为发展中国家提供技术和财政支持，主要参与成员包括受援国家政府、发达国家和捐助国政府、联合国儿童基金会、世界银行、国际非政府组织、科研机构、疫苗生产厂商等。世界卫生组织也是其成员之一。

◇ 比尔及梅琳达·盖茨基金会（Bill & Melinda Gates Foundation），2000年成立，创立者为微软公司创始人比尔·盖茨及其妻子，基金会为非营利性机构，旨在促进全球卫生和教育领域的平等，特别是致力于缩小富国和穷国在卫生保健方面的差距，确保卫生保健领域取得能挽救生命的技术进展，并将这些技术提供给最需要的人，在传染病、艾滋病及肺结核、生育保健及儿童保健、全球性卫生保健活动等重点领域投入很大。

◇ 抗击艾滋病、结核和疟疾全球基金（Global Fund to Fight AIDS，Tuberculosis and Malaria，GFATM)，2002 年成立，是专门为防治艾滋病、肺结核和疟疾而成立的一个独特的全球性机构，是政府、民间团体、私营部门和严重受到以上疾病影响群体之间共同合作开展国际卫生资助的一个新的途径，已经发展成为与此相关的主要金融机构。它已经为 150 个国家的 600 多个项目提供了 217 亿美元资助，为 300 万人提供了艾滋病治疗，为 770 万人提供了抗肺结核治疗，挽救了 650 万人的性命。

世界卫生组织在技术上具有独特的优势，上述机构成立之初，该组织在人力资源和技术上予以大力支持，包括帮助受援国家政府编写项目书等。然而这些新成立的机构经费相对充足，人员不断扩充，运行机制也不同于世界卫生组织这样的政府间国际组织（一般认为政府组织带有一定的官僚作风），因此，有的捐助者逐渐对世界卫生组织丧失信心，许多资金不再注入世界卫生组织。据报道，2010 年该组织已有 3 亿美元的赤字，2011 年通过的双年度正常预算为 39.6 亿美元，远低于秘书处提出的 48 亿美元的需求。这将导致该组织总部从现有职位中裁减 300 个职位。近年来严峻的金融形势以及全球卫生状况的变化把该组织的改革推向风口浪尖，对世界卫生组织的整体评估明显呈现负面趋势，认为该组织机构陈旧臃肿，缺乏对工作流程及职员的适当评定机制。一些会员国希望将该组织职能集中到少数核心领域，有的专家认为这无法彻底解决问题，呼吁对世界卫生组织结构和管理机制进行整顿。一些会员国提出借此次危机对该组织进行现代化革新。哈佛公立卫生学校的巴里·布鲁姆（Barry Bloom）在《自然》（*Nature*）杂志上呼吁，优先改革重点应是加强该组织凝聚力，进行外部审查，成立一个论坛以使非政府机构、制药公司和其他利益相关者也能就此提供建议。

世界卫生组织是全球卫生工作的领导和协调机构，在领导全球卫生事业的发展进程中，在各方面取得了巨大成就。例如，20 世纪严重危害人类健康的天花曾夺去 3 亿人的生命。通过世界卫生组织和会员国十年的共同努力，最终于 1980 年宣布消灭了天花病毒。但是，进入 21 世纪以后，全球关注的突发公共卫生事件带来了前所未有的挑战。如何应对这些突发传染病，有许多值得总结的经验教训。其中，最重要的一点是需要具有法律约束力的工具。

《国际卫生条例》（International Health Regulation，IHR）是世界卫生组织主持制定的具有法律约束力的工具。为了最大限度防止传染病的跨国传播，减少对世界交通运输的干扰，世界卫生组织早在 1951 年就制定了《国际公共卫生条例》并于 1969 年进行修订改为现名。2003 年暴发的"非典"疫情进一步凸显了《国际卫生条例》的重要性及其不足之处，当年 5 月召开的第 56 届世界卫生大会决定再次紧急修订《国际卫生条例》。现行的《国际卫生条例》于 2005 年 5 月正式通过，2007 年 6 月 15 日生效。但是，非洲暴发的埃博拉出血热疫情以及全球暴发的新冠疫情，让人们看到该条例有许多需要完善之处，诸如病毒溯源等问题。2020 年 5 月 19 日第 73 届世界卫生大会通过应对新冠疫情的决议，要求世界卫生组织以"透明、负责和迅速的方式"启动病毒溯源。根据这项决议，世界卫生组织 2021 年 10 月 13

日宣布成立了新型病原体起源国际科学咨询小组（Scientific Advisory Group on the Origins of Novel Pathogens，SAGO）。小组中的26位成员是从100多个国家700多位提出申请的专家中选拔出来的各个领域的顶尖专家（包括来自菲律宾、沙特阿拉伯、澳大利亚、美国、俄罗斯、德国、苏丹、丹麦、印度、黎巴嫩、古巴、喀麦隆、荷兰、柬埔寨、法国、缅甸、巴西、越南、尼日利亚、日本、肯尼亚、瑞士、南非、泰国、英国、中国的专家），不仅体现了地域和性别的多样性，专业也涵盖了流行病学、动物健康学、生态学、临床医学、病毒学、基因组学、分子流行病学、分子生物学、生物学、食品安全、生物安全、生态安全和公共卫生等相关领域。2021年11月23日小组召开第一次会议，谭德塞总干事任命南非人兽共患虫媒病毒和呼吸病毒研究专家玛丽特杰·文特尔（Marietjie Venter）为组长，法国环境和传染风险专家让-克劳德·曼努格拉（Jean-Claude Manuguerra）为副组长。小组成员包括中国和美国各一名专家：中国科学院北京基因组研究所副所长杨运桂、美国疾病控制和预防中心的英格·达蒙（Inger Damon）。小组成员将以个人身份任职。作为世界卫生组织的咨询机构，该小组的职能是就世界卫生组织开展病原体溯源研究，建立全球框架提供建议；对病原体溯源的优先研究和实地调查向世界卫生组织提供建议；提供信息和意见以协助世界卫生组织秘书处制订小组的详细工作计划。2021年11月29日至12月1日，世界卫生组织召开了有史以来的第二次特别会议，通过了题为《全球团结合作：为预防、防范和应对大流行设立政府间谈判机构》的唯一决定。智利和澳大利亚牵头提出草案，参加提案的有非洲集团成员、欧盟成员，另外有43国，包括巴西、印度、巴基斯坦等发展中国家以及美、英、日、加等发达国家。根据该决定，政府间谈判机构将在2022年8月1日前开会讨论工作草案的进展情况；还将举行公开听证会，通报审议情况；向2023年第76届世界卫生大会提交进展报告；结果将提交2024年第77届世界卫生大会审议。谭德塞总干事称“这是具有重要历史意义的决定”，“必将为构建一个更加安全公平的全球卫生治理体系提供新的机遇和希望”。

上述《国际卫生条例》是世界卫生组织通过的第二个具有法律约束力的文件。事实上，《烟草控制框架公约》(Framework Convention on Tobacco Control，FCTC）是世界卫生组织主持制定的第一个具有法律效力的国际公共卫生公约。1999年第52届世界卫生大会决定启动公约的谈判，2003年5月第56届世界卫生大会一致通过该公约。烟草，包括二手烟雾危害，每年夺去超过500万个生命，造成数百亿美元的经济损失，其中大部分来自低收入和中等收入国家。如果这种发展趋势得不到有效遏制，到2030年，每年死于烟草的人数可能增加到800万以上。该公约在防治非传染病方面的重要意义不言而喻。中国于2003年11月10日成为该公约的第77个签约国。但是，控制烟草的工作依旧任务艰巨。

与中国的关系

中国是世界卫生组织的创始国之一。1945年4月至6月联合国制宪会议在美国旧金山举行，其间，中国代表团成员宋子文先生的秘书施耿元医生与巴西代表团保罗·苏泽（Geraldo H. de Paula Souza）医生就成立国际性卫生组织交换意见，两国代表团在联合国制宪会议期间发表联合宣言，倡议成立世界卫生组织。经三年的筹备并草拟《世界卫生组织组织法》，1948 年 4 月 7 日正式宣布世界卫生组织成立，《世界卫生组织组织法》生效的 4 月 7 日后来被确定为世界卫生日。施耿元医生参与筹备工作和《世界卫生组织组织法》起草工作，为世界卫生组织的成立做出了重要贡献，中国是世界卫生组织名副其实的创始国。根据《世界卫生组织组织法》规定，世界卫生组织成立六个地区机构，中国位于西太平洋地区。1948 年 7 月，世界卫生组织执行委员会召开首次会议，中国提议将西太平洋地区办事处设在上海，菲律宾则提议设在马尼拉。由于时值中国内战，世界卫生组织放弃选项上海，办事处暂设泰国曼谷后移香港九龙，1951 年搬到菲律宾马尼拉。中国台湾地区卫生主管部门负责人方颐积当选为西太平洋地区首任主任（任期 1951 年 7 月至 1966 年 7 月）。1949 年，中华人民共和国成立后，周恩来总理致函联合国秘书长要求承认中国政府在联合国及其专门机构的合法席位。1950 年，第三届世界卫生大会举行，邀请中国与会，但同时又邀请了蒋介石集团。我国外交部部长声明：蒋介石集团不能代表中国。蒋介石集团宣布退出，我们也未出席。1972 年 5 月 10 日，第 25 届世界卫生大会决议恢复中国在该组织的合法席位。新中国和世界卫生组织的合作经历了如下几个发展阶段：

◇ 1972—1978 年：1972 年世界卫生组织总干事坎道博士访华，宣布与台湾断绝一切联系，姬鹏飞外长会见并表示我国将逐步参加世界卫生组织活动。1973 年 5 月，卫生部黄树则副部长率中国代表团出席第 26 届世界卫生大会，中国当选为执委会会员国。当年我国张炜逊医生出任该组织助理总干事。那个时期，我们的主要活动是出席会议（卫生大会、地区委员会、执委会），视之为国际政治讲坛，发言不多，重点宣传我国卫生成就或阐明立场，常是原则性、政治性表态，替第三世界讲话。那时许多数据都保密，国民经济总产值等都不对外公布。结果数额被高估，会费曾名列第六，比英国还要高（1975 年 620 万美元，1978 年 880 万美元）。“文革”期间，我国把会员国应当享受的权益看成是外援，拒绝接受世界卫生组织的技术合作和预算拨款。

◇ 1978—1985 年：改变观念，开创合作新局面。卫生部和世界卫生组织 1978 年 10 月签署《卫生技术合作谅解备忘录》，是我国引进信息、技术的起点。1981 年世界卫生组织在京设立协调员办事处，后升为代表处。会费所占份额从改革开放前的 5.4%降至 1.59%。

1982 年 10 月和 1983 年 9 月双方签署基本文件和新的谅解备忘录，从此开始接受世界卫生组织拨款，派人出国留学、考察培训，开展技术合作，建立世界卫生组织合作中心，并推荐人员到秘书处为国际职员，专家应聘为专家委员会成员。世界卫生组织给我国的拨款逐年增加，甚至超过我国会费。1982—1983 年度，我国接受世界卫生组织对华合作正规预算为 230 万美元，1984—1985 年增至 420 万美元。

◇ 1986—1996 年：进一步解放思想，开拓合作新局面，创造几个第一。

● 1986 年 9 月，我国改变司长带队出席世界卫生组织地区委员会的惯例，由部领导率团出席第 37 届西太平洋地区委员会会议，该做法延续至今。

● 1986 年底 1987 年初，我国利用参加世界卫生组织执委会的机会和麻风防治官员磋商，草拟第一个消灭麻风决议草案。

● 1987 年 5 月，第 40 届世界卫生大会，我国提交《走向消灭麻风》决议草案并获通过 WHA40.35 号决议。这是我国第一次独立提交决议案，也是世界卫生组织首次提出消灭麻风。

● 1987 年 9 月，世界卫生组织西太平洋地区委员会会议在北京召开。这是第一次在我国召开世界卫生组织地区委员会。

● 1989 年 5 月，陈敏章部长当选第 42 届世界卫生大会主席，这是我国部长第一次担任大会主席。

● 1989 年 5 月，宋允孚司长当选执委会代表，中国执委第一次代表执委会出席世界卫生大会。

● 1989 年 8 月，在西方对我国实行“制裁”的情况下，我国仍成功举办中国—世界卫生组织联合协调委员会会议，是第一次也是迄今规格最高的一次联合协调委员会会议。

● 1991 年，世界卫生组织颁发“人人享有卫生保健”金质奖章，陈敏章部长成为获此殊荣的第一位部长。

● 1992 年李世绰司长当选世界卫生组织执委会主席，是我国执委第一次担任该职务。

● 世界卫生组织对我国拨款大幅增加。图 A-5 为世界卫生组织 20 世纪 80 年代初至 90 年代初给我国拨款的情况，预算外经费未列入。

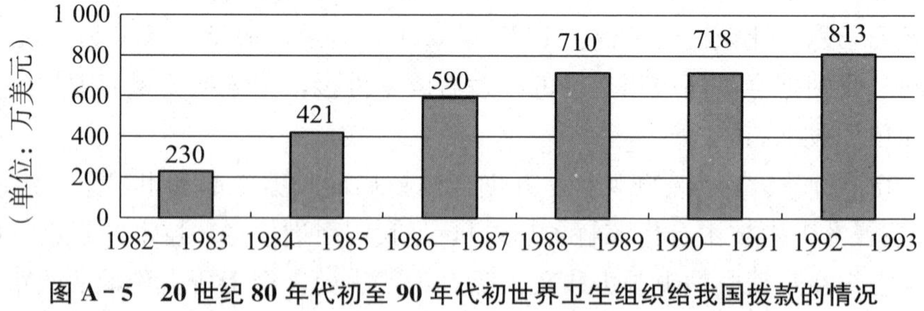

图 A-5　20 世纪 80 年代初至 90 年代初世界卫生组织给我国拨款的情况

◇ 1997 年起出现涉台问题。

● 1997 年 5 月，有些国家在世界卫生大会提出邀请台湾地区为大会观察员，此后每年提出，连遭否决，2002 年在执委会提出被否决。

● 2005 年，考虑到“非典”等传染病防治的需要，中国与世界卫生组织秘书处就涉台问题签署备忘录，同意世界卫生组织邀中国台湾地区专家参与秘书处组织的技术活动，台湾地区发生卫生突发事件，世界卫生组织实地考察提供技术援助。

● 2008 年，台湾当局负责人变更，两岸关系缓和，世界卫生大会没出现涉台提案。2008 年 12 月 31 日，胡锦涛同志提出，对于台湾地区同外国开展民间性经济文化往来的前景，可以视需要进一步协商。对于台湾地区参与国际组织活动问题，在不造成“两个中国”“一中一台”的前提下，可以通过两岸务实协商做出合情合理的安排。

● 2009 年 4 月，由世界卫生组织总干事邀请台湾卫生部门派员作为观察员出席第 62 届世界卫生大会。台湾卫生部门负责人叶金川 4 月 28 日率 15 人与会。观察员没有表决权、选举权。此后中国政府连续八年同意台湾地区以观察员身份参加世界卫生大会，这是在海峡两岸关系和平发展的背景下做出的特殊安排。此安排的前提和基础就是“坚持一个中国的原则立场和两岸协商”。自 2018 年 5 月召开的第 71 届世界卫生大会起，由于“民进党上台后顽固坚持‘台独’立场，拒不承认两岸同属一个中国，台湾参加世卫大会的政治基础不复存在”。

◇ 2003 年出现“非典”疫情，既是挑战也是机遇，双方合作不断发展。

● 2003 年，我国出现“非典”疫情，突如其来的灾难是一次严峻考验。“非典”是新病毒引起的呼吸道疾病，流行速度快，感染范围广，引起人们的恐慌和西方一些媒体对我国的指责，我国在危难时刻对许多问题做出了新思考、新对策。

● 2003 年 4 月，世界卫生组织提名总干事李钟郁访问中国，吴仪副总理会见。同年 5 月吴仪副总理出席世界卫生大会，这是我国出席大会最高规格的代表团。李钟郁当选新任总干事。

● 李钟郁 2004 年访问中国，胡锦涛主席和温家宝总理会见，5 月双方签署新的合作备忘录，中国加大对世界卫生组织的支持力度，自愿捐款 140 万美元，2005 年第一次使用上述捐款派人，开创以自愿捐款方式推荐派出国际职员的先例。2005 年我国再次捐款 172 万美元。

● 2004 年 9 月，第 55 届西太平洋地区委员会会议在上海召开，全国人大常委会副委员长韩启德、国务院副总理兼卫生部部长吴仪出席。这是第二次在我国召开地区委员会会议，进一步展示了我国改革开放的成果。

● 2006 年 5 月，李钟郁总干事不幸病逝。我国 2006 年 7 月宣布提名陈冯富珍参选，11 月 9 日陈冯富珍当选，2007 年 1 月 4 日上任。

◇《世界卫生组织—中国国家合作战略》。

2008 年 5 月世界卫生大会期间，中国首次与世界卫生组织签署《世界卫生组织—中国国家合作战略（2008—2013）》。该战略是促进中国卫生发展而开展合作的中期框架，进一步强化了双方的合作关系。战略以中国的卫生工作重点、目标和战略以及世界卫生组织和国际框架为基础，确保 2020 年普遍享有基本卫生服务，它同时也是世界卫生组织“中期战略计划”及联合国千年发展目标的战略目标的一部分。

2013 年 2 月，双方发布《中国—世界卫生组织国家合作战略（2013—2015）》，制定了四项重点合作领域，即加强卫生系统，推进全民健康覆盖；降低影响公众健康的主要疾病以及卫生安全危险因素引起的发病和死亡；通过开展省级公共卫生行动，减少中国部分地区的卫生不公平；支持中国参与国际卫生合作，为全球卫生做出贡献。

◇ 抗击埃博拉疫情。

2014 年 2 月，埃博拉疫情在西非暴发后，中国政府迅速反应，开展史无前例的援助与合作行动，向发生疫情的国家提供紧急援助，包括提供总价值约 7.5 亿人民币的物资、现汇、粮食等。在 3 个月的时间里，为塞拉利昂援建并投入运行了一个固定的生物安全三级实验室；为利比里亚援建 100 张床的埃博拉治疗中心，向几内亚、塞拉利昂、利比里亚和周边国家增派各类医务人员近 1 000 人，累积检测病毒样本超过 4 900 份，收治患者 800 余名，完成埃博拉防控的公共卫生培训超过 1.2 万人次，并派专家参加了联合国埃博拉特使团、世界卫生组织驻疫情国家的合作中心。这次救援行动覆盖非洲 13 国和联合国、世卫组织、非洲联盟等国际和地区组织。2014 年 11 月 5 日，根据与世卫组织签署的协议，中国常驻联合国日内瓦办事处和瑞士其他国际组织代表团吴海龙大使出席我国提供 200 万美元的交接仪式。

◇“一带一路”卫生合作。

2017 年 1 月，习近平主席首次到访瑞士并在世界卫生组织见证了《中华人民共和国政府与世界卫生组织关于“一带一路”卫生领域合作的谅解备忘录》等协议的签署。这是中国政府与联合国专门机构签署的第一个关于“一带一路”的合作协议。

◇ 关于抗击新冠疫情的合作。

2020 年自新冠疫情发生以来，中国一方面在国内采取严格的防控措施，一方面与世界卫生组织不间断地沟通，及时提供数据，开展战略合作。2020 年 1 月 20 日至 21 日，世界卫生组织派出专家组赴武汉实地考察。1 月 28 日世界卫生组织总干事谭德塞来访，在北京与习近平主席会见。2 月中旬，由 25 位来自流行病学、病毒学、临床管理、公共卫生等领域的中外专家组成的中国—世界卫生组织新型冠状病毒肺炎联合专家考察组，赴北京、广东、四川和湖北实地调研。3 月，中国政府决定向世卫组织捐款 2 000 万美元，4 月决定追加 3 000 万美元现汇捐款，用于世界卫生组织的新冠疫情防控工作，重点是加强发展中国家的卫生体系。2021 年 5 月 7 日，世界卫生组织宣布中国医药集团北京生物制品研究所研发的新冠灭活疫苗正式通过世界卫生组织紧急使用认证。2021 年 9 月 21 日，习近平主席以视频方式出席第 76 届联大一般性辩论，表示“中国将努力全年对外提供 20 亿剂疫苗，在向‘新冠疫苗实施计划’捐赠 1 亿美元基础上，年内再向发展中国家无偿捐赠 1 亿剂疫苗。中国将继续支持和参与全球科学溯源，坚决反对任何形式的政治操弄”。

◇ 合作中心。

截至 2022 年 3 月，世界卫生组织设立在中国的合作中心共有 64 个，涵盖 30 余个学科，数目之多位居世界卫生组织西太平洋地区各国之首。世界卫生组织合作中心作为中国与世界卫生组织开展卫生技术合作的窗口，在促进国际、国内卫生技术交流、人员培训等方面发挥了积极的辐射和示范作用，成为促进我国医学科学现代化，早日实现人人享有卫生保健目标的重要力量。

附录二

《国际公务员行为标准（2012年修订版）》*

导言

1. 联合国和专门机构体现世界人民的最崇高的愿望，其宗旨在于使后代免遭战祸，使男女和儿童有尊严地和自由地生活。

2. 国际公务员制度有责任将这些理想转变为现实。它借助会员国内部发展起来的优良公共行政传统：才干、正直、公正、独立和谨慎。但除此以外，国际公务员担负着一项特别的任务：即为和平、为尊重基本权利、为经济和社会进步、为国际合作而服务。因此，国际公务员有责任遵循最高的行为标准；因为归根结底，使联合国系统能创建一个公正和平世界的是国际公务员。

指导原则

3. 联合国各组织遵循的价值观也必须是指导国际公务员各类行为的准则：基本人权、社会正义、人格尊严与价值以及对男女与大小各国平等权利的尊重。

4. 国际公务员应与其各组织抱持相同的理念。只有信守这一理念才能保证国际公务员的忠诚和国际视野；共同信守这一理念能保证国际公务员将组织利益置于个人利益之上，以负责任态度使用其所属组织的资源。

5.《联合国宪章》中载明的忠诚概念概括了国际公务员行为各个方面，包括诚实、真实、公正和廉洁等品格。这些品格与《宪章》中同时载明的才干和效率一样，都是最基本的要求。

6. 宽容和谅解是人的基本价值观。两者对国际公务员极为重要，国际公务员

---

* 该标准为2012年制定，2013年发布。

必须一视同仁地平等尊重所有人。这种尊重会造就一种关心所有人需求的气氛和工作环境。要在多文化环境中做到这一点，就需要有一种远不止于被动接受的积极肯定态度。

7. 国际忠诚意味着忠于整个联合国系统而不仅仅是某人所供职的组织；国际公务员有义务理解并体现这种广泛的忠诚。在多个组织的国际公务员同在一个国家或地区服务的情况下，必须对联合国其他组织的国际公务员采取合作与谅解态度，这显然是极为重要的。

8. 若要保持国际公务员制度的公正性，国际公务员就必须独立于其所属组织以外的任何权力机构。他们必须在行为中体现这种独立。按照其就职誓言，他们不应寻求也不应接受其所属组织以外任何政府、个人或实体的指令。从任何意义上讲，国际公务员都不是政府或其他实体的代表，也不是其政策的代言人，这一点无论如何强调都不为过。这也同样适用于从政府借调的人员以及从别处调来提供服务的人员。国际公务员应当时刻明白，通过表达其对《宪章》及每个组织相应文书的拥护，会员国及其代表均承诺尊重这种独立性。

9. 公正意味着宽容和节制，特别是在对待政治或宗教信仰问题上。国际公务员的个人意见固然不可侵犯，但他们无论作为个人还是作为团体成员，不享有擅自公开就有争议事项采取立场或表达信念的私人自由，不论使用什么方法。这可意味着，在某些情况中，个人意见只可有策略、慎重地加以表达。

10. 这并不是说国际公务员必须放弃其个人政治观点或本国立场，而是说，他们必须在任何时候都保持广泛的国际视野以及对整个国际社会的理解。

11. 国际公务员制度的独立性与会员国——有时同其他成员一道——共同构成了组织这一事实并无冲突，也不会掩盖这一事实。在行为上如能促进与各个会员国的良好关系，并有助于提高它们对各组织秘书处的信赖和信心，就会强化组织并增进其利益。

12. 在特定国家或地区负责项目的国际公务员有可能被要求特别注意保持其独立性。有时他们可能会接到东道国的指示，但这不应影响他们的独立性。倘若在任何时候他们认为这种指示威胁到他们的独立，他们必须征求上级的意见。

13. 各级国际公务员都要对自己在履行职能时采取的所有行动以及做出的所有决定和承诺负责并接受问责。

14. 国际视野来自对联合国系统各组织在其法律文书中所述宗旨和目标的理解和忠诚。这意味着，除其他外，尊重他人持不同见解和遵循不同文化习惯的权利。它要求乐于毫无偏见地与各种国籍、宗教和文化的人士共事；它要求始终保持敏感认识，注意自身言行可能使他人产生何种看法。它要求避免任何会被解释为有偏见或不宽容的言论。工作方法在不同文化中可能会有所差异，但国际公务员不应因守其本国或本地区的态度、工作方法或工作习惯。

15. 不受歧视是一项基本人权。国际公务员应毫无区分地尊重所有人的尊严、价值和平等。必须坚持不懈地避免思维成见。《宪章》中的一条基本原则是男女平等，因此各组织应尽力促进性别平等。

工作关系

16. 管理人员和主管人员身处领导岗位，有责任在相互尊重基础上确保营造一个和谐的工作场所。他们应倾听各种意见和看法，确保工作人员的优点得到适当承认。他们需要为工作人员提供支持；这一点在工作人员因履行职责而受到批评时尤为重要。管理人员也有责任指导和调动工作人员积极性，促进他们的发展。

17. 管理人员和主管人员起表率作用，因而有着坚持最高行为标准的特殊义务。向下属工作人员索取人情、馈赠或借贷是很不合适的。他们必须公正行事，不得偏袒和恐吓。在与他人任命或职业有关的事务中，国际公务员不应为个人原因而试图对同事施加影响。

18. 管理人员和主管人员应同工作人员有效地进行交流并分享相关信息。国际公务员同样有责任向其主管人员提供一切相关事实和信息，服从并维护所作的任何决定，即使这些决定不符合他们的个人看法。

19. 国际公务员必须遵循所接到的与其职务有关的指示。他们如果对某项指示是否符合《宪章》或任何其他章程、理事机构决定或管理细则和条例存在疑问，应首先征求主管人员意见。如果国际公务员无法同主管人员达成一致意见，国际公务员可要求书面指示。对于这些书面指示，可通过适当机制办法加以质疑，但任何质疑均不应耽误有关指示的执行。国际公务员也可将其意见记入正式文件。他们不应执行明显违背其职务或威胁他们自身或他人安全的口头或书面指示。

20. 国际公务员有义务向所属组织内负责采取适当行动的官员或单位报告任何违反组织规章的行为，并配合进行经正式授权的审计和调查。本着善意报告违规行为或配合进行审计和调查的国际公务员有权得到保护，不受报复。

骚扰和滥用权力

21. 任何类别或形式的骚扰都是对人类尊严的冒犯，国际公务员不得从事任何形式的骚扰。国际公务员有权享有没有骚扰或滥权行为的工作场所环境。所有组织都必须禁止任何类型的骚扰。各组织有义务订立规则并提供指导意见，说明何种行为构成骚扰和滥用权力以及如何处理不可接受的行为。

22. 国际公务员不得滥用权力，或以冒犯、羞辱或恐吓他人或使其难堪的方式使用自己的权力或职位。

利益冲突

23. 如果国际公务员的个人利益妨碍其履行公务，或令人质疑国际公务员身份所需的正直、独立和公正品质，则可能发生利益冲突。利益冲突包括国际公务员由于与其组织的关联而可能直接或间接地不当受益，或使第三方不当受益。利益冲突现象可产生自国际公务员个人或家庭同第三方、个体、受益者或其他机构的交往。

如果确实出现利益冲突或出现可能的利益冲突，就应以最符合组织利益的方式披露、处理和解决所涉冲突。引发利益冲突的问题有可能非常敏感，需要谨慎处理。

信息披露

24. 国际公务员应避免协助第三方与其所属组织打交道，若这可导致获得实际上或感觉上的优惠。这一点在采购事务中或在谈判预期招聘事宜时尤其重要。有时，如果有必要让所属组织确信不存在任何利益冲突，那么根据组织政策，国际公务员可能会因其职位或职能而需要披露某些个人资产。各组织必须确保对所披露的任何信息予以保密，而且必须仅为既定目的或者按照相关国际公务员的授权使用信息。国际公务员还应事先披露在履行职务过程中可能出现的利益冲突，并就此种冲突的缓解和补救措施征求咨询意见。他们在履行公务和处理个人事务时应当致力于维护和加强公众对公务员自身及其所属组织廉正性的信心。

联合国各组织资源的使用

25. 国际公务员有责任保护联合国各组织的资源，这些资源应被用于交付有关组织的授权任务和增进有关组织的最高利益。国际公务员应仅为授权目的审慎地使用其所属组织的资产、财产、信息及其他资源。组织可以依照适用的政策，有限度地允许个人使用组织资源，如电子和通信资源。

离职后限制

26. 国际公务员从联合国系统各组织离职后，不应不当利用其先前的职务和职位，包括未经授权使用或传播非公开或保密性质的信息；国际公务员、包括采购部门工作人员和申购官员，也不应为了第三方的利益或应第三方要求，企图不当地影响组织决定，以此谋求被第三方雇佣。

秘书处的作用（总部和外地工作地点）

27. 各秘书处的主要职能是协助立法机关开展工作，并贯彻它们的决定。行政首长负责指导并管理秘书处的工作。因此，国际公务员在向有关立法机关或委员会提交提案或主张某种立场时，所代表的是行政首长的立场，而不是个人或下属单位的立场。

28. 国际公务员在向立法机关或代表机构提供服务时，只应为有关组织的利益服务，不应为个人或下属单位的利益服务。未经行政首长核准，国际公务员不宜为政府或其他国际公务员制度的代表撰写关于所讨论问题的讲话稿、论点或提案，但完全可以提供事实材料、技术咨询或协助诸如撰写决议草案等工作。

29. 国际公务员绝对不宜为了自己或他人升迁，或为了阻挡或改变对自己地位不利的决定而游说或寻求政府代表或立法机构成员给予支持。政府已经接受《宪章》和联合国系统各组织章程，因而已承诺维护国际公务员的独立性；所以，政府代表和立法机构成员理应不同意这类请求也不介入这类事情。国际公务员处理这类事务的正确途径是通过行政渠道。每个组织都有责任提供这些渠道。

工作人员和管理当局的关系

30. 建立一个有利环境对于营造建设性的工作人员和管理当局之间关系至关重要，也符合各组织的利益。管理当局与工作人员之间的关系应当遵循相互尊重的原则。在审议就业和工作条件以及工作人员福利时，当选的工作人员代表可发挥重大作用。自由结社是一项基本人权，国际公务员有权组织和加入旨在促进和维护其利益的协会、工会或其他团体。工作人员和管理当局的不断对话是必不可少的。管理当局应促进这种对话。

31. 当选的工作人员代表享有其代表身份所带有的相应权利，其中可包括有机会向其所属组织立法机关作陈述的权利。这些权利的行使方式应符合《联合国宪章》、《世界人权宣言》和各项国际人权公约，而且不得损害国际公务员制度的独立性和完整性。工作人员代表在行使其享有的广泛言论自由时，必须秉持负责任的态度，并避免对组织作出不应有的批评。

32. 工作人员代表在任职期间或任期结束后均应受到保护，不因其作为工作人员代表的地位或活动而受到歧视或带有偏见的待遇。各组织应避免无理干涉工作人员工会或协会的管理。

与会员国和立法机构的关系

33. 所有国际公务员都有明确的义务，与各国政府维持尽可能良好的关系，避免采取任何可能损害这种关系的行动。他们不应干涉政府的政策或事务。他们不得个别地或集体地批评政府或试图损害其声誉。同时，国际公务员理当可以自由发表支持其所属组织的政策的言论。为损害或推翻一个政府而从事的任何直接或间接活动均构成严重的不当行为。

34. 国际公务员不是其本国的代表，也没有权力担任联合国系统各组织与他们本国政府之间的联络员。不过，行政首长可以请国际公务员行使这种职责。这种职责性质独特，必须由具备国际忠诚和正直品格的人来行使。政府和有关组织都不应使国际公务员处于其对国际的忠诚和对本国的忠诚可能相互冲突的困境。

与公众的关系

35. 联合国系统各组织的成功运作有赖于公众的支持。因此，所有国际公务员都有责任不断促进公众对其所属组织宗旨和工作的了解。他们需要熟悉自己组织的成就，也需要熟悉整个联合国系统的工作。

36. 有时，国际公务员可能受到来自组织外的批评；为了履行其作为国际公务员的职责，他们应当有技巧和有节制地作出回应。国际公务员所属组织有义务对他们因在履行职责过程中采取行动而招致的批评作出辩护。

37. 国际公务员不宜公开表达个人不满或批评其所属组织。国际公务员应当恪守其忠于组织的誓言，在任何时候都致力提高国际公务员的正面形象。

与媒体的关系

38. 与媒体保持开放而透明的关系是传达各组织信息的有效方法。各组织应制定准则和程序，并为此适用下列原则：国际公务员应当视自己为所属组织代言者，避免提出个人想法和观点；任何情况下都不得利用媒体来谋取私利，表示个人不满，擅自透露信息或企图影响其所属组织的决策。

资料的使用和保护

39. 透露机密资料可能会严重损害一个组织的效率和信誉，因此国际公务员有责任在处理所有公务时保持谨慎，未经批准不得透露机密资料。国际公务员不得为一己之私利用未经公开但因其所任职务而获得的资料。这种义务不因离职而终止。各组织必须订立一套关于机密资料使用与保护的准则，而此类准则同样必须跟上信息技术及其他新技术的发展。这种规定不应影响秘书处和会员国之间交换资料方面的既定做法，以确保会员国最充分参与各组织的活动和工作。

尊重不同习俗与文化

40. 世界是一个由不同民族、语言、文化、习俗和传统组成的多元结构。切实尊重所有这些方面是对国际公务员的一项基本要求。与特定文化不相容的任何行为都必须避免。不过，如果某一传统直接有违联合国系统通过的任何人权文书，国际公务员必须以该人权文书为准。国际公务员应当避免奢华的生活方式，也不应妄自尊大。

安全和保障

41. 虽然行政首长可根据任务需要来指派工作人员，但各组织有责任在没有任何歧视的情况下确保其工作人员的健康、福祉、安全和生命不致遭受不应有的危险。各组织应采取措施保护工作人员及其家属的安全。与此同时，国际公务员有义务服从一切旨在保护他们安全的指示。

个人行为

42. 国际公务员的私生活属于其本人事务，各组织不应干涉。不过，在一些情况下，国际公务员的行为可能对组织造成影响。因此，国际公务员必须铭记，他们在工作场所以外的所作所为即使与公务无关，也可能损害组织的形象和利益。国际公务员家属的行为也可能造成这种情况，因而国际公务员有责任确保其家属充分认识到这一点。

43. 国际公务员所享有的特权和豁免完全是为了组织的利益而授予的。国际公务员不能因享有这些特权和豁免而可以不遵守当地法律，也不可以此作为无视个人在法律或财政方面所承担义务的借口。应当铭记，只有行政首长才有权放弃国际公务员所享有的豁免权或确定豁免的范围。

44. 违反法律可以是严重的刑事活动或轻微的犯法行为，有关组织可被要求根据个别案件的性质和情况作出判断。被国家法院裁定有罪通常是——但并非都是——有说服力的证据，证明国际公务员从事了所起诉的行为，而国家刑事法律通常认定的犯罪行为一般也是违反国际公务员行为标准的行为。

外界雇用和活动

45. 国际公务员的首要义务是全力从事其所属组织的工作。因此，国际公务员未经事先许可，不应在外界从事有薪或无薪的、有损此项义务或不符合其身份或与所属组织的利益相冲突的活动。与此有关的任何问题均应请示行政首长。

46. 当然，如果不涉及上述情形，外界活动有可能对工作人员及其所属组织都有好处。各组织应容许、鼓励和便利国际公务员参与能增进与私人和公共机构接触的专业活动，从而有助于保持和加强他们的专业和技术能力。

47. 国际公务员在有薪假或无薪假期间都应铭记，他们仍然是其所属组织雇用的国际公务员，因而仍应遵守组织的规则。因此，他们只有在获得适当的授权之后才可在度假期间接受有薪或无薪的工作。

48. 鉴于国际公务员必须保持独立和公正，他们虽然保留投票权，但不应参与政治活动，例如竞选或担任当地或国家政治职务。不过，这不表示他们不可以参与地方社区或民间活动，但这种参与必须符合其在联合国系统的服务宣誓。国际公务员在支持某个政党或某一政治运动时必须谨慎从事，他们不应接受或募集资金，撰写文章或公开演说或向新闻界发表谈话。对于这些情形，必须作出判断，如有疑问，应请示行政首长。

49. 政党党员身份的实际意味因国家而异，因此难以制定对所有情况一律适用的标准。一般而言，国际公务员可以是某一政党的党员，但该政党的主导观点以及其对党员规定的义务必须符合联合国系统的服务誓言。

外界给予的馈赠、荣誉和薪酬

50. 为了保护国际公务员制度的正面形象不受任何污损，国际公务员未经行政首长批准，不得接受组织外任何来源给予的任何荣誉、勋章、馈赠、薪酬、好处或超出标价的经济利益；这种外部来源应理解为包括政府以及商业公司和其他实体。

51. 国际公务员不应在任职联合国系统组织之前、期间或之后接受政府或任何其他来源给予的与该项任命有关的补充付款或其他补贴。为平衡此项规定，一般的理解是，政府或其他实体应当认识到这种做法不符合《宪章》的精神以及联合国系统各组织的章程，不应支付或表示愿意支付此类款项。

结论

52. 为了达到国际公务员的行为标准，所有各方都必须尽最大的努力。国际公务员必须致力恪守本文内载述的价值、原则和标准。他们必须积极主动地维护这些价值、原则和标准。他们应当胸怀责任感，促进实现他们加入联合国系统时已表示忠实信守的广泛理想。各组织有义务借助包括各种条例规则及其他行政文书在内的政策框架，执行这些标准。会员国则应当恪守《宪章》和其他组成文书的规定，维护国际公务员制度的独立性和公正性。

53. 为了有效实施这些标准，必须广泛进行传播，并且实行必要措施和机制，以确保整个国际公务员制度、各会员国和联合国系统各组织都了解这些标准的范围和重要性。

54. 这些标准受到尊重，可以确保国际公务员制度在履行其职责和满足世界各国人民的愿望方面继续发挥有效的作用。

附录三

《国际公务员行为标准（2013）》（英文版）

STANDARDS OF CONDUCT FOR THE INTERNATIONAL CIVIL SERVICE

2013

Introduction

1. The United Nations and the specialized agencies embody the highest aspirations of the peoples of the world. Their aim is to save succeeding generations from the scourge of war and to enable every man, woman and child to live in dignity and freedom.

2. The international civil service bears responsibility for translating these ideals into reality. It relies on the great traditions of public administration that have grown up in member States: competence, integrity, impartiality, independence and discretion. But over and above this, international civil servants have a special calling: to serve the ideals of peace, respect for fundamental rights, economic and social progress, and international cooperation. It is therefore incumbent on international civil servants to adhere to the highest standards of conduct; for, ultimately, it is the international civil service that will enable the United Nations system to bring about a just and peaceful world.

Guiding principles

3. The values that are enshrined in the United Nations organizations must also be those that guide international civil servants in all their actions: fundamental

human rights, social justice, the dignity and worth of the human person and respect for the equal rights of men and women and of nations great and small.

4. International civil servants should share the vision of their organizations. It is loyalty to this vision that ensures the integrity and international outlook of international civil servants; a shared vision guarantees that they will place the interests of their organization above their own and use its resources in a responsible manner.

5. The concept of integrity enshrined in the Charter of the United Nations embraces all aspects of an international civil servant's behaviour, including such qualities as honesty, truthfulness, impartiality and incorruptibility. These qualities are as basic as those of competence and efficiency, also enshrined in the Charter.

6. Tolerance and understanding are basic human values. They are essential for international civil servants, who must respect all persons equally, without any distinction whatsoever. This respect fosters a climate and a working environment sensitive to the needs of all. To achieve this in a multicultural setting calls for a positive affirmation going well beyond passive acceptance.

7. International loyalty means loyalty to the whole United Nations system and not only to the organization for which one works; international civil servants have an obligation to understand and exemplify this wider loyalty. The need for a cooperative and understanding attitude towards international civil servants of other United Nations organizations is obviously most important where international civil servants of several organizations are serving in the same country or region.

8. If the impartiality of the international civil service is to be maintained, international civil servants must remain independent of any authority outside their organization; their conduct must reflect that independence. In keeping with their oath of office, they should not seek nor should they accept instructions from any Government, person or entity external to the organization. It cannot be too strongly stressed that international civil servants are not, in any sense, representatives of Governments or other entities, nor are they proponents of their policies. This applies equally to those on secondment from Governments and to those whose services have been made available from elsewhere. International civil servants should be constantly aware that, through their allegiance to the Charter and the corresponding instruments of each organization, member States and their representatives are committed to respect their independent status.

9. Impartiality implies tolerance and restraint, particularly in dealing with political or religious convictions. While their personal views remain inviolate, international civil servants do not have the freedom of private persons to take sides or

to express their convictions publicly on controversial matters, either individually or as members of a group, irrespective of the medium used. This can mean that, in certain situations, personal views should be expressed only with tact and discretion.

10. This does not mean that international civil servants have to give up their personal political views or national perspectives. It does mean, however, that they must at all times maintain a broad international outlook and an understanding of the international community as a whole.

11. The independence of the international civil service does not conflict with, or obscure, the fact that it is the member States that collectively make up—in some cases with other constituents—the organization. Conduct that furthers good relations with individual member States and that contributes to their trust and confidence in the organizations' secretariat strengthens the organizations and promotes their interest.

12. International civil servants who are responsible for projects in particular countries or regions may be called upon to exercise special care in maintaining their independence. At times they might receive instructions from the host country but this should not compromise their independence. If at any time they consider that such instructions threaten their independence, they must consult their supervisors.

13. International civil servants at all levels are accountable and answerable for all actions carried out, as well as decisions taken, and commitments made by them in performing their functions.

14. An international outlook stems from an understanding of and loyalty to the objectives and purposes of the organizations of the United Nations system as set forth in their legal instruments. It implies, inter alia, respect for the right of others to hold different points of view and follow different cultural practices. It requires a willingness to work without bias with persons of all nationalities, religions and cultures; it calls for constant sensitivity as to how words and actions may look to others. It requires avoidance of any expressions that could be interpreted as biased or intolerant. As working methods can be different in different cultures, international civil servants should not be wedded to the attitudes, working methods or work habits of their own country or region.

15. Freedom from discrimination is a basic human right. International civil servants are expected to respect the dignity, worth and equality of all people without any distinction whatsoever. Assumptions based on stereotypes must be assiduously avoided. One of the main tenets of the Charter is the equality of men and women, and organizations should therefore do their utmost to promote gender equality.

Working relations

16. Managers and supervisors are in positions of leadership and it is their responsibility to ensure a harmonious workplace based on mutual respect; they should be open to all views and opinions and make sure that the merits of staff are properly recognized. They need to provide support to them; this is particularly important when staff are subject to criticism arising from the performance of their duties. Managers are also responsible for guiding and motivating their staff and promoting their development.

17. Managers and supervisors serve as role models and they have therefore a special obligation to uphold the highest standards of conduct. It is quite improper for them to solicit favours, gifts or loans from their staff; they must act impartially, without favouritism and intimidation. In matters relating to the appointment or career of others, international civil servants should not try to influence colleagues for personal reasons.

18. Managers and supervisors should communicate effectively with their staff and share relevant information with them. International civil servants have a reciprocal responsibility to provide all pertinent facts and information to their supervisors and to abide by and defend any decisions taken, even when those do not accord with their personal views.

19. International civil servants must follow the instructions they receive in connection with their official functions and, if they have doubts as to whether an instruction is consistent with the Charter or any other constitutional instrument, decisions of the governing bodies or administrative rules and regulations, they should first consult their supervisors. If the international civil servant and supervisor cannot agree, the international civil servant may ask for written instructions. These may be challenged through the proper institutional mechanisms, but any challenge should not delay carrying out the instruction. International civil servants may also record their views in official files. They should not follow verbal or written instructions that are manifestly inconsistent with their official functions or that threaten their safety or that of others.

20. International civil servants have the duty to report any breach of the organization's regulations and rules to the official or entity within their organizations whose responsibility it is to take appropriate action, and to cooperate with duly authorized audits and investigations. An international civil servant who reports such a breach in good faith or who cooperates with an audit or investigation has the right to be protected against retaliation for doing so.

Harassment and abuse of authority

21. Harassment in any shape or form is an affront to human dignity and international civil servants must not engage in any form of harassment. International civil servants have the right to a workplace environment free of harassment or abuse. All organizations must prohibit any kind of harassment. Organizations have a duty to establish rules and provide guidance on what constitutes harassment and abuse of authority and how unacceptable behaviour will be addressed.

22. International civil servants must not abuse their authority or use their power or position in a manner that is offensive, humiliating, embarrassing or intimidating to another person.

Conflict of interest

23. Conflicts of interest may occur when an international civil servant's personal interests interfere with the performance of his/her official duties or call into question the qualities of integrity, independence and impartiality required the status of an international civil servant. Conflicts of interest include circumstances in which international civil servants, directly or indirectly, may benefit improperly, or allow a third party to benefit improperly, from their association with their organization. Conflicts of interest can arise from an international civil servant's personal or familial dealings with third parties, individuals, beneficiaries, or other institutions. If a conflict of interest or possible conflict of interest does arise, the conflict shall be disclosed, addressed and resolved in the best interest of the organization. Questions entailing a conflict of interest can be very sensitive and need to be treated with care.

Disclosure of information

24. International civil servants should avoid assisting third parties in their dealings with their organization where this might lead to actual or perceived preferential treatment. This is particularly important in procurement matters or when negotiating prospective employment. At times, international civil servants may, owing to their position or functions in accordance with the organization's policies, be required to disclose certain personal assets if this is necessary to enable their organizations to make sure that there is no conflict. The organizations must ensure confidentiality of any information so disclosed, and must use it only for defined purposes or as authorized by the international civil servant concerned. International civil servants should also disclose in advance possible conflicts of interest that may arise in the course of carrying out their duties and seek advice on mitigation and remediation. They

should perform their official duties and conduct their personal affairs in a manner that preserves and enhances public confidence in their own integrity and that of their organization.

Use of the resources of United Nations organizations

25. International civil servants are responsible for safeguarding the resources of United Nations organizations which are to be used for the purpose of delivering an organization's mandate and to advance the best interests of the organization. International civil servants shall use the assets, property, information and other resources of their organizations for authorized purposes only and with care. Limited personal use of the resources of an organization, such as electronic and communications resources, may be permitted by the organization in accordance with applicable policies.

Post-employment restrictions

26. After leaving service with organizations of the United Nations system, international civil servants should not take improper advantage of their former official functions and positions, including through unauthorized use or distribution of privileged or confidential information; nor should international civil servants, including those working in procurement services and as requisitioning officers, attempt to unduly influence the decisions of the organization in the interest or at the request of third parties with a view to seeking an opportunity to be employed by such third parties.

Role of the secretariats (headquarters and field duty stations)

27. The main function of all secretariats is to assist legislative bodies in their work and to carry out their decisions. The executive heads are responsible for directing and controlling the work of the secretariats. Accordingly, when submitting proposals or advocating positions before a legislative body or committee, international civil servants are presenting the position of the executive head, not that of an individual or organizational unit.

28. In providing services to a legislative or representative body, international civil servants should serve only the interests of the organization, not that of an individual or organizational unit. It would not be appropriate for international civil servants to prepare for Government or other international civil service representatives any speeches, arguments or proposals on questions under discussion without approval of the executive head. It could, however, be quite appropriate to provide factual information, technical advice or assistance with such tasks as the preparation of

draft resolutions.

29. It is entirely improper for international civil servants to lobby or seek support from Government representatives or members of legislative organs to obtain advancement either for themselves or for others or to block or reverse unfavourable decisions regarding their status. By adhering to the Charter and the constitutions of the organizations of the United Nations system, Governments have undertaken to safeguard the independence of the international civil service; it is therefore understood that Government representatives and members of legislative bodies will neither accede to such requests nor intervene in such matters. The proper method for an international civil servant to address such matters is through administrative channels; each organization is responsible for providing these.

Staff-management relations

30. An enabling environment is essential for constructive staff-management relations and serves the interests of the organizations. Relations between management and staff should be guided by mutual respect. Elected staff representatives have a cardinal role to play in the consideration of conditions of employment and work, as well as in matters of staff welfare. Freedom of association is a fundamental human right and international civil servants have the right to form and join associations, unions or other groupings to promote and defend their interests. Continuing dialogue between staff and management is indispensable. Management should facilitate this dialogue.

31. Elected staff representatives enjoy rights that derive from their status; this may include the opportunity to address the legislative organs of their organization. These rights should be exercised in a manner that is consistent with the Charter of the United Nations, the Universal Declaration of Human Rights and the international covenants on human rights, and does not undermine the independence and integrity of the international civil service. In using the broad freedom of expression they enjoy, staff representatives must exercise a sense of responsibility and avoid undue criticism of the organization.

32. Staff representatives must be protected against discriminatory or prejudicial treatment based on their status or activities as staff representatives, both during their term of office and after it has ended. Organizations should avoid unwarranted interference in the administration of their staff unions or associations.

Relations with member States and legislative bodies

33. It is the clear duty of all international civil servants to maintain the best

possible relations with Governments and avoid any action that might impair this. They should not interfere in the policies or affairs of Governments. It is unacceptable for them, either individually or collectively, to criticize or try to discredit a Government. At the same time, it is understood that international civil servants may speak freely in support of their organizations' policies. Any activity, direct or indirect, to undermine or overthrow a Government constitutes serious misconduct.

34. International civil servants are not representatives of their countries, nor do they have authority to act as liaison agents between organizations of the United Nations system and their Governments. The executive head may, however, request an international civil servant to undertake such duties, a unique role for which international loyalty and integrity are essential. For their part, neither Governments nor organizations should place international civil servants in a position where their international and national loyalties may conflict.

Relations with the public

35. For an organization of the United Nations system to function successfully, it must have the support of the public. All international civil servants therefore have a continuing responsibility to promote a better understanding of the objectives and work of their organizations. This requires them to be well informed of the achievements of their own organizations and to familiarize themselves with the work of the United Nations system as a whole.

36. There is a risk that on occasion international civil servants may be subject to criticism from outside their organizations; in keeping with their responsibility as international civil servants, they should respond with tact and restraint. It is the obligation of their organizations to defend them against criticism for actions taken in fulfilment of their duties.

37. It would not be proper for international civil servants to air personal grievances or criticize their organizations in public. International civil servants should endeavour at all times to promote a positive image of the international civil service, in conformity with their oath of loyalty.

Relations with the media

38. Openness and transparency in relations with the media are effective means of communicating the organizations' messages. The organizations should have guidelines and procedures in place for which the following principles should apply: international civil servants should regard themselves as speaking in the name of their organizations and avoid personal references and views; in no circumstances should

they use the media to further their own interests, to air their own grievances, to reveal unauthorized information or attempt to influence their organizations' policy decisions.

Use and protection of information

39. Because disclosure of confidential information may seriously jeopardize the efficiency and credibility of an organization, international civil servants are responsible for exercising discretion in all matters of official business. They must not divulge confidential information without authorization. International civil servants should not use information to personal advantage that has not been made public and is known to them by virtue of their official position. These obligations do not cease upon separation from service. Organizations must maintain guidelines for the use and protection of confidential information, and it is equally necessary for such guidelines to keep pace with developments in communications and other new technology. It is understood that these provisions do not affect established practices governing the exchange of information between the secretariats and member States, which ensure the fullest participation of member States in the life and work of the organizations.

Respect for different customs and culture

40. The world is home to a myriad of different peoples, languages, cultures, customs and traditions. A genuine respect for them all is a fundamental requirement for an international civil servant. Any behaviour that is not acceptable in a particular cultural context must be avoided. However, if a tradition is directly contrary to any human rights instrument adopted by the United Nations system, the international civil servant must be guided by the latter. International civil servants should avoid an ostentatious lifestyle and any display of an inflated sense of personal importance.

Security and safety

41. While an executive head assigns staff in accordance with the exigencies of the service, it is the responsibility of organizations to ensure that the health, well-being, security and lives of their staff, without any discrimination whatsoever, will not be subject to undue risk. The organizations should take measures to protect the safety of their staff and that of their family members. At the same time, it is incumbent on international civil servants to comply with all instructions designed to protect their safety.

Personal conduct

42. The private life of international civil servants is their own concern and organizations should not intrude upon it. There may be situations, however, in which the behaviour of an international civil servant may reflect on the organization. International civil servants must therefore bear in mind that their conduct and activities outside the workplace, even if unrelated to official duties, can compromise the image and the interests of the organizations. This can also result from the conduct of members of international civil servants' households, and it is the responsibility of international civil servants to make sure that their households are fully aware of this.

43. The privileges and immunities that international civil servants enjoy are conferred upon them solely in the interests of the organizations. They do not exempt international civil servants from observing local laws, nor do they provide an excuse for ignoring private legal or financial obligations. It should be remembered that only the executive head is competent to waive the immunity accorded to international civil servants or to determine its scope.

44. Violations of the law can range from serious criminal activities to trivial offences, and organizations may be called upon to exercise judgement depending on the nature and circumstances of individual cases. A conviction by a national court will usually, although not always, be persuasive evidence of the act for which an international civil servant was prosecuted; acts that are generally recognized as offences by national criminal laws will normally also be considered violations of the standards of conduct for the international civil service.

Outside employment and activities

45. The primary obligation of international civil servants is to devote their energies to the work of their organizations. Therefore, international civil servants should not engage, without prior authorization, in any outside activity, whether remunerated or not, that interferes with that obligation or is incompatible with their status or conflicts with the interests of the organization. Any questions about this should be referred to the executive head.

46. Subject to the above, outside activities may, of course, be beneficial both to staff members and to their organizations. Organizations should allow, encourage and facilitate the participation of international civil servants in professional activities that foster contacts with private and public bodies and thus serve to maintain and enhance their professional and technical competencies.

47. International civil servants on leave, either with or without pay, should

bear in mind that they remain international civil servants in the employ of their organization and remain subject to its rules. They may, therefore, accept employment, paid or unpaid, during their leave only with proper authorization.

48. In view of the independence and impartiality that they must maintain, international civil servants, while retaining the right to vote, should not participate in political activities, such as standing for or holding local or national political office. This does not, however, preclude participation in local community or civic activities, provided that such participation is consistent with the oath of service in the United Nations system. It is necessary for international civil servants to exercise discretion in their support for a political party or campaign, and they should not accept or solicit funds, write articles or make public speeches or statements to the press. These cases require the exercise of judgement and, in case of doubt, should be referred to the executive head.

49. The significance of membership in a political party varies from country to country and it is difficult to formulate standards that will apply in all cases. In general, international civil servants may be members of a political party, provided its prevailing views and the obligations imposed on its members are consistent with the oath of service in the United Nations system.

Gifts, honours and remuneration from outside sources

50. To protect the international civil service from any appearance of impropriety, international civil servants must not accept, without authorization from the executive head, any honour, decoration, gift, remuneration, favour or economic benefit of more than nominal value from any source external to their organizations; it is understood that this includes Governments as well as commercial firms and other entities.

51. International civil servants should not accept supplementary payments or other subsidies from a Government or any other source prior to, during or after their assignment with an organization of the United Nations system if the payment is related to that assignment. Balancing this requirement, it is understood that Governments or other entities, recognizing that they are at variance with the spirit of the Charter and the constitutions of the organizations of the United Nations system, should not make or offer such payments.

Conclusion

52. The attainment of the standards of conduct for the international civil service requires the highest commitment of all parties. International civil servants must be

committed to the values, principles and standards set forth herein. They are expected to uphold them in a positive and active manner. They should feel responsible for contributing to the broad ideals to which they dedicated themselves in joining the United Nations system. Organizations have the obligation to implement these standards through their policy framework, including rules, regulations and other administrative instruments. For their part, member States are expected, through their allegiance to the Charter and other constituent instruments, to preserve the independence and impartiality of the international civil service.

53. For these standards to be effectively applied, it is essential that they be widely disseminated and that measures be taken and mechanisms put in place to ensure that their scope and importance are understood throughout the international civil service, the member States and the organizations of the United Nations system.

54. Respect for these standards assures that the international civil service will continue to be an effective instrument in fulfilling its responsibilities and in meeting the aspirations of the peoples of the world.

后　记

2011 年，我撰写出版了《做国际公务员》一书，有关部门和团体，如人力资源和社会保障部、中国科协、中国科学院、中国联合国协会举办“国际组织任职及后备人员培训班”“国际公务员能力建设培训班”，把书发给学员作为参考。有的年轻人受到此书启发到国际组织应聘，有的到国际组织实习或到国外深造，为日后进入国际组织创造条件，有的通过电子邮件或微博、微信与我保持联系，让人感到欣慰。

近年来，国家对推送优秀人才到国际组织任职给予高度重视。有关部门连续举办专题培训，有的高校开办“国际公务员班”“国际组织人才基地”，探索“国际组织需要的复合型人才培养模式”，开设“国际公务员”课程，高校众多学生社团组织了近百场国际公务员讲座。我应邀参与授课和做讲座，感到十分荣幸。

应中国人民大学贺耀敏教授、中国人民大学出版社郭晓明副社长约稿，鼓励我编写这本《国际公务员与国际组织任职》。我结合近年来参加培训授课的经验和为高校做讲座的反馈，在《做国际公务员》一书的基础上，增加了非政府组织任职和近几年的最新情况并更新了统计数字，对原有内容做了必要删改。本书的编写，得到中国科协国际部部长张建生博士、中国国际科技会议中心汪晨晨女士、中国人民大学出版社编辑的热情支持和帮助。在此一并表示衷心的感谢。

我 19 岁高中毕业被派出国留学，23 岁再次出国到非洲参加援外工作，先后从事国际交流 26 年，后又到国际组织任职近 14 年，对涉外工作情有独钟，愿意分享我在国际组织工作的经历和感悟。希望这本小书对有条件、有潜力、有兴趣参与国际组织工作以及有意愿应聘国际公务员的朋友有所裨益。

由于水平有限，不足之处在所难免，敬请读者批评指正。

2021 年 12 月，中国人民大学出版社约我修订本书。第二版前言对本书写作初衷和主要修订内容做了说明。书稿修订过程适逢党的二十大，大会报告指出人类社会面临着前所未有的挑战，我们要积极参与全球治理的改革与建设。这更加凸显了培养推送优秀人才到国际组织任职的必要性和紧迫性。我从退休回国 15 年，也一直致力于此项工作。清代诗人龚自珍诗曰："落红不是无情物，化作春泥更护花。"我今年 77 岁，老牛亦解韶光贵，不待扬鞭自奋蹄。我愿为培养中国优秀人才到国际组织任职工作，继续献出绵薄之力。

宋允孚

2022 年 10 月 31 日

教学支持说明

（教学课件）

中国人民大学出版社政法分社秉承"出教材学术精品，育人文社科英才"的出版宗旨，多年来，出版了大批高质量的法学、教育学、政治学、政治理论公共课教材和学术著作。

我们为本教材制作了相应的 PPT 教学课件，任何一位采用本书作为授课教材的教师均可免费获得该课件。为了确保该课件仅为授课教师获得，烦请您填写如下材料，并将相关信息通过 E-mail 发送给我们，我们将在收到相关信息后通过 E-mail 给您发送该课件。欢迎您加入我们的 QQ 群（全国政管教师交流二群，群号为 648117133），或登录我社官方网站（www. crup. com. cn），注册并认证成为教师会员，以获得更好的服务。

我们的联系方式：

地址：（100872）北京市中关村大街甲 59 号文化大厦 1202 室

中国人民大学出版社政法分社

电话：（010）62515383　62514775（传真）

E-mail：ggglcbfs@vip. 163. com

兹证明____________大学/学院____________院/系____________专业____________学年第____________学期开设的____________课程，采用中国人民大学出版社出版的________________________（书名、作者）作为本课程教材。授课教师为____________，授课班级共________个、学生________人。授课教师需要与本书配套的教学课件。

联 系 人：________________________

通信地址：________________________

邮　　编：________________________

电　　话：________________________

E-mail：________________________

系/院主任：____________（签字）

（系/院办公室章）

________年______月______日